山西财经大学资源型经济转型协同创新中心专项建设经费和

山西省高等学校哲学社会科学一般项目（2016238）

资源型经济转型研究文库

RESEARCH LIBRARY FOR TRANSITION
OF RESOURCE-BASED ECONOMICS

城市土地利用与城市化：
结构与效应

钟顺昌 ◎ 著

中国社会科学出版社

图书在版编目（CIP）数据

城市土地利用与城市化：结构与效应/钟顺昌著 . —北京：中国社会
科学出版社，2019.6
ISBN 978 - 7 - 5203 - 2521 - 9

Ⅰ.①城⋯ Ⅱ.①钟⋯ Ⅲ.①城市土地—土地利用—关系—城
市化—研究—中国 Ⅳ.①F299.22②F299.21

中国版本图书馆 CIP 数据核字（2018）第 103394 号

出 版 人	赵剑英
责任编辑	卢小生
责任校对	周晓东
责任印制	王 超

出　　版	中国社会科学出版社
社　　址	北京鼓楼西大街甲 158 号
邮　　编	100720
网　　址	http：//www.csspw.cn
发 行 部	010 - 84083685
门 市 部	010 - 84029450
经　　销	新华书店及其他书店

印刷装订	北京市十月印刷有限公司
版　　次	2019 年 6 月第 1 版
印　　次	2019 年 6 月第 1 次印刷

开　　本	710×1000　1/16
印　　张	15.5
插　　页	2
字　　数	231 千字
定　　价	80.00 元

凡购买中国社会科学出版社图书，如有质量问题请与本社营销中心联系调换
电话：010 - 84083683

内容提要

　　诺贝尔奖获得者斯蒂格利茨曾预言：中国的城市化将成为影响人类 21 世纪的两件大事之一。从表现过程来看，城市化是以土地城市化为基础的人口城市化发展过程。2015 年，我国城市化水平为56.1%，与世界发达国家的城市化水平相比，还具有较大的提升空间。然而，我国可利用的土地资源日渐稀缺和 18 亿耕地红线的硬约束，使我国城市化进程可能将面临土地资源短缺的"瓶颈"，如何有效地克服这一潜在的困难，使我国城市化能够顺利推进，是一个需要研究的重要课题。与此同时，本书从城市土地利用角度出发，将"城市"理解为"一个被大小不等并占据一定土地资源为前提的多种功能分割又相互合作的结构体系"。而随着我国经济社会发展进入新常态，在供给侧结构性改革的大背景下，城市土地应该做何调整，使其能够成为推动中国城市化发展的新引擎与新动能，也是当下面临的一个亟待解决的问题。

　　基于此，本书拟回答两个核心问题：一是土地资源对城市化进程存在阻尼效应吗？或者说城市化发展存在土地资源"尾效"吗？二是如果存在阻尼效应，那么基于总量—结构的辩证思维，城市用地结构调整能成为缓解中国城市化发展的土地资源"尾效"的重要手段吗？进一步地，如果城市内部用地结构调整能够在一定程度上影响我国的城市化进程，那么这个传导过程是什么？背后的经济学解释是什么？又是什么关键因素在影响着城市内部的用地结构？

　　接着，提出本书的研究假设：①土地资源对城市化发展存在阻尼效应；②用地结构调整是推进城市化发展的重要手段之一，其中，用地专业化对城市化的作用具有边界效应；随着城市化的发展，适度提

高住宅用地和压缩工业用地有利于城市化进程的加快；③产业结构是
用地结构调整对城市化影响的中介变量；④地方政府在政绩考核和财
政缺口方面的偏好是影响用地结构调整的重要因素。

由此，展开本书的假设论证：

（1）本书首先借鉴前人有关阻尼效应的研究方法，以 C—D 生产
函数模型为基础，构建阻尼效应数理模型，然后利用我国大陆除西藏
自治区和重庆市外的 29 个省份 2006—2014 年省际面板数据，构建计
量模型，最终得到 29 个省份土地资源对城市化进程的阻尼效应，结
果表明，土地资源对城市化进程的阻尼效应是存在的，其值为
0.003859，即若没有土地资源的限制，我国的城镇化进程将会平均加
快 0.003859，并且土地资源对城市化进程的阻尼效应整体上呈现出自
西向东逐步增强的趋势。而且发现土地资源对我国地区城市化进程存
在显著为正的空间自相关特征，其中临界权重矩阵下得出的莫兰指数
为 0.242，经济距离权重矩阵下的空间自相关莫兰指数为 0.103。上
述研究表明，城市化进程的土地资源"尾效"存在明显的区域特征，
在供给侧结构性改革战略的引领下，调整城市内部用地结构破解土地
资源总量对中国城市化进程的约束，可能是一个重要的出路。

（2）基于文献梳理，本书构建了城市土地利用的专业化集中度赫
芬达尔（HHI）指数，以表征城市内部建设用地专业化程度，以期从
整体上考察城市内部的用地结构特征对城市化进程的影响。通过对中
国 2006—2014 年省际面板数据的实证研究发现，控制或者不控制其
他变量，基于城市功能视角下的土地资源利用的专业化有利于城市功
能的发挥进而提高了城市化进程，但这一效应存在边际效应，即代表
城市功能的土地资源利用专业化超过一定边界则将抑制中国城市化进
程。总体来看，中国土地利用的专业化集聚对城市化存在倒"U"形
关系，在统计上通过了 1% 的显著性水平检验；进一步考察土地资源
利用专业化集聚在区域上的差异性，研究发现，土地利用的专业化集
聚在东部地区和中部地区具有显著的倒"U"形关系，并分别通过了
5% 与 1% 的显著性水平检验，即土地利用结构变化对城市化具有重要
的调节效应，而在西部地区这一作用并不明显。对基于上述实证结果

的经济学解释是：土地利用的专业化集聚所产生的马歇尔外部性对城市化的促进作用具有边界效应，城市化的持续推进需要通过多样化来克服专业化集聚的风险，其作用机制在于代表城市功能的某类土地利用的专业化集聚会在一定程度上促进城市化水平的提升，但这种持续的某项功能专业集聚会对相关功能的发展产生"挤出效应"，进而影响城市整体功能的发挥，最后可能影响城市化进程。

（3）从理论上分析认为，城市土地利用结构对城市化的影响是基于土地利用结构导向下的产业结构演变，并由此对城市化产生影响。基于此，通过面板数据的格兰杰因果关系检验表明：土地利用结构是城市产业结构的格兰杰原因，且两者没有双向格兰杰因果关系；然后运用2006—2014年省际面板数据，基于空间计量模型讨论了产业集聚结构对城市化的影响效应，以期为用地结构调整提供政策支持。结论表明：从非农产业整体来看，反映马歇尔外部性的产业专业化集聚对城市化具有一定程度的抑制作用，而反映雅各布斯外部性的产业多样化集聚对城市化进程具有显著的促进作用。从分行业的层面来看，制造业的多样化集聚是推进当前中国城市化进程的重要力量，而制造业专业化则显著地抑制了城市化进程；采矿业无论是专业化还是多样化都对城市化存在负效应，而且相比较而言，采矿业专业化集聚对城市化的抑制作用更为明显；而作为城市化发展后续动力的服务业，其无论是专业化集聚还是多样化集聚对城市化进程的促进作用均不显著，这为产业所依附的土地利用结构调整提供了重要思路。

（4）基于上述分析，城市内部土地利用的过度专业化集聚会抑制城市化进程，表明这是一种土地资源错配的情况，为了进一步考察土地资源错配对城市化的影响，本书重点关注了城市土地利用中与城市化关系最为紧密的工业用地与住宅用地的配置情况，考察其对城市化的影响。运用2006—2014年省际面板数据，通过实证研究发现，在研究期内，从全国整体来看，住宅用地加快推进了城市化的进程，而工业用地抑制了城市化的进程。分地区来看，住宅用地在三大区域对城市化均具有显著的促进作用，但工业用地对城市化的抑制作用具有空间差异性。用地结构的不合理配置最终会对房价产生影响，进而会影响城市化进程参与者的住房成本。基于 GMM 估计发现，近年来，用房价格，尤其是居住用房价格上涨加剧了半城市化进程。产生这一问题的原因可能是住宅用地的紧缺影响劳动力的有效供给。与此同时，工业用地过度投放降低了各产业发展的土地成本约束，进而减缓了产业转型升级的激励机制，最终则抑制城市化。然后考察了基于政府行为偏好视角下的城市住宅用地和工业用地结构变动的驱动因素，实证结果表明，财政缺口和增值税偏好使政府相对压缩住宅用地而较多供给工业用地，实现"一箭双雕"。

上述研究具有重要政策启示：在土地资源日益稀缺的今天，土地利用结构的配置对城市化进程产生重要的影响。在我国城市化进程中，"产城分离"是影响城市化发展质量、阻碍城市化进程的一个重要问题，它在本质上表现为特定空间上用地结构单一，功能"一股独大"，这类空间集中体现在具有城市化因子的产业园区和城市新区。因此，加强这类空间的"产城融合"发展是加快推进城市化进程的重要手段。强化空间发展权共享，以空间功能的耦合为基本原则，树立空间创新的思想，着手通过用地结构调整优化，改变空间功能"一股独大"的组织结构形态，实现"产—城—人"的有效衔接和各类要素在一定的尺度空间上集聚。一方面，通过调整工业园区的工业用地面积，适度配置住宅用地，推进房地产业的发展，使居住与生产功能在工业园区得以重组，促进工业园区尤其是近郊工业园区的城市化改造，使其适应快速城市化发展的城市拓展发展新空间的需要；另一方面，培育新兴产业强化城市新区发展的产业支撑，促进人口集聚，降低城市新区的空置率，改变城市新区人气不足的空间发展格局。

目　录

第一章　绪论

第一节　选题的背景及意义

一　选题的背景

我国的城市化是以土地城市化为基础的人口城市化过程。对资源的依赖是人类生存和发展的基础（H. Perloff and L. Wingo, 1961），土地资源也不例外，城市土地问题是城市化过程中的核心问题（戈德伯格，1989），土地利用为城市化提供了物质基础和承载空间，两者相互作用、相互促进。张雷、张淑敏（2008）深刻地阐述了现代城镇化发育的土地资源基础。自新中国成立以来，我国城市化水平由1949年的10.64%上升到2015年的56.10%，具体如图1-1所示。

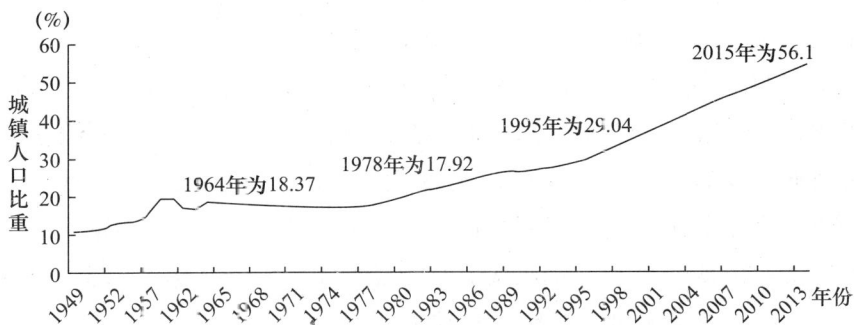

图1-1　新中国成立以来城市化水平演进

资料来源：历年《中国统计年鉴》。

　　基于西方发达国家城市化进程的历史经验，我国还处于城市化加速发展期，如何顺势而为推进城镇化发展是学术界、政府长期高度关注的一个基本问题。李克强总理（2014）在干部培训会议上指出，城镇化是现代化的应有之义和基本之策，是当前我国最大的内需潜力所在，是我国现代化进程中的基本问题，是大战略、大问题。

　　改革开放40年来，土地资源在推进中国城市化进程中发挥了举足轻重的作用。更为具体地讲，在世界城市化进程中，同样是增长20个百分点，英国、法国、德国和美国分别用了120年、100年、80年和40年，而中国仅仅用了22年（陆大道，2007），与西方国家城市化的缓慢进程相比，从某种意义上讲，我国城市化快速启动，是拜"城市土地国有化"这一特殊历史遗产所赐（赵燕菁，2014）。近年来，无论开发区、土地出让金还是土地财政、土地红利（王宏伟，2001；张弘，2004；孙秀林，2013）① 等这些概念频繁出现，都充分说明土地在我国城市化进程中的重要地位和作用。因此，对土地资源的占用成为我国城市化发展的一个重要特征，并纳入城市化进程的框架中，土地利用变化特征将影响城市土地的可持续利用，进而影响到城市化进程（吴次芳、方明，2015），有关土地利用在近年来城市化发展中的特点、地位和问题等概括如下。

　　（一）城市化发展面临着土地资源总量约束的客观事实

　　土地利用为城市化提供了物质基础和承载空间。随着中国城市化步入"快车道"，城市土地利用呈现出较之以往明显不同的特点，并对中国城市化发展产生了深刻影响（刘新卫、张定祥、陈百明，2008）。与此同时，2008年，国务院审议通过了《全国土地利用总体规划纲要（2006—2020年）》，明确规定了18亿亩耕地保护红线。在2008年前后耕地变化呈现明显的差异，在2008年前，耕地减少的速度很快；2008年以后，耕地减少的幅度减缓，减少的速度下降，一定程度表明土地资源日益紧缺，具体如图1－2所示。因此，基于土地

---

　　① 由于篇幅所限，部分文献虽然已经在文中标注，但没有完全纳入参考文献列出，敬请读者和作者谅解。

红线的约束与保障粮食安全的情况，通过大量的土地投入推进城市化进程已不大可取（刘彦随、乔陆印，2014）。

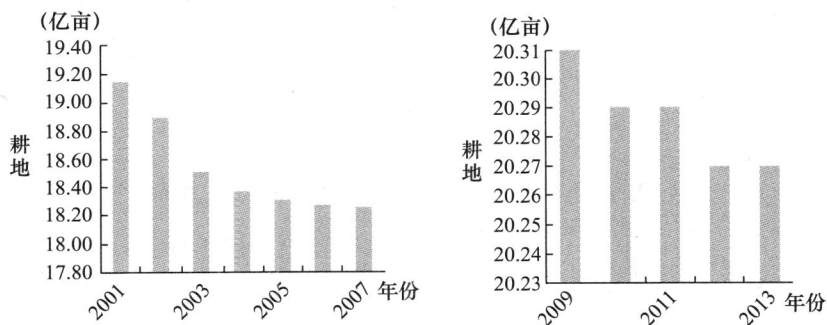

图 1 - 2　2008 年前后我国的耕地变动情况

资料来源：国土资源部官方网站。

在地区层面上，2010—2015 年，城镇人口的空间增长速度已经与城镇供地增长速度呈现出错配的情况，其中，除东北地区之外，东部地区城镇人口增量为 36.0%，高出其城镇建设用地增量 8.6 个百分点；中部城镇地区人口增量占 30.1%，高出其城镇用地增量 1.7 个百分点；西部城镇地区人口增量占 30.1%，高于其城镇用地增量 6.2 个百分点（任泽平，2017），具体如图 1 - 3 所示。因此，城市

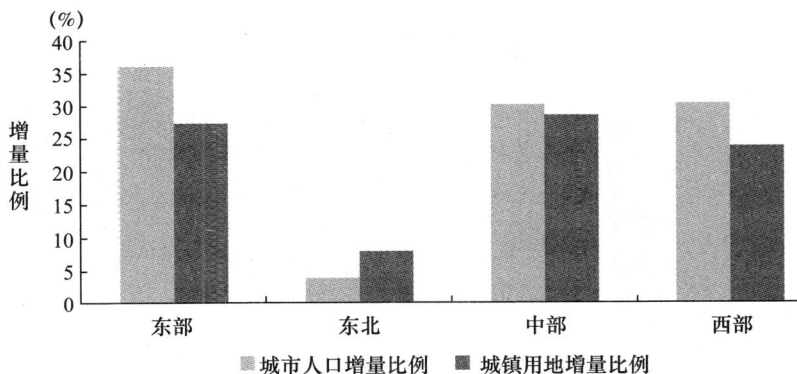

图 1 - 3　2010—2015 年我国分区域城市人口增量比例与城镇用地增量比例

资料来源：任泽平（2017）。

化发展面临着较强的土地资源总量约束（胡观敏，2010；张琳、李娟，2011；赵静，2014；张琳、许晶等，2014；刘耀彬、黄梦圆，2015），那么，如何通过调整城市用地结构来促进城市化发展成为重要的命题。

（二）调整与优化城市用地结构是"调结构、促增长"战略的重要内容之一

杨重光（2001）指出，21 世纪，我国的城市化进程进一步加快，加快城市的建设步伐，从而使城市用地结构发生新的变化，因此，调整用地结构将成为 21 世纪初中国城市土地管理的主要内容。"十三五"规划纲要指出：调结构、促增长，加快推进内涵式发展。那么，在土地资源日益紧缺的大背景下，抓好城市存量用地结构的调整和优化，也是"结构优化"战略中亟待破题的大文章。2016 年，《中共中央国务院关于进一步加强城市规划建设管理工作的若干意见》指出：按照严控增量、盘活存量、优化结构的思路，逐步调整城市用地结构，保证生态用地，合理安排建设用地，推动城市集约发展。基于这一政策导向，可以看出，城市土地利用结构优化、提升对城市经济效益、社会效益和环境效益具有重要意义。

（三）相比国外城市用地结构，我国城市用地结构存在工业用地比例偏大，而居住、道路、绿化等用地相对偏少的问题

城市可持续发展的呼声要求优化城市用地结构配置。对城市化产生重要影响的不仅仅是城市土地总量，还有城市内部体现不同功能禀赋的用地结构。而城市用地结构演变，既是城市化进程不断加快的结果，城市内部用地结构本身也对城市化进程产生重要影响。随着城市用地制度和管理体制的强制性变迁或诱致性变迁，总的来讲，我国城市内部用地结构向着更加优化的目标迈进（郑新奇，2008），但与国外城市土地利用结构相比，我国城市内部用地结构存在着"工业用地比例偏大，而居住、道路、绿化等用地相对偏少"的事实（潘乐，1999；陈章喜，2001；何芳，2004；张洁，2004；徐士珺、郑循刚，2006；牛凤瑞、潘家华，2007；汪德军，2008；叶剑平，2010；郭瑞雪、李树枝，2015）。我国这种城市用地

结构不合理问题所引起的碳排放量增加、生态环境恶化与产业结构升级缓慢等，已成为城市土地利用中较严重的问题（赵荣钦、黄贤金，2013；周葵、戴小文，2013；赵红、陈雨蒙，2013），这些问题的存在势必对城市化进程产生负面影响。因此，要把加快用地结构调整作为转变经济发展方式的重要环节，通过用地结构的调整，调节空间生产力，缓解生态环境压力，引导生产要素的合理流动，进而实现资源的优化配置。

（四）新型城镇化背景下推进产城融合发展要求优化城市内部用地结构

"产城分离"是近年来政府、学术界高度关注的一个重要话题，在2014年发布的《国家新型城镇化规划（2014—2020年）》中就明确规定，加快推进新区的功能混合和产城融合步伐，促进单一生产功能向城市综合功能转型。"产城分离"在本质上就是资源在空间上没有得到合理配置而使空间功能错配。最为典型的是，建立在传统计划经济体制基础上的以GDP为导向、功能单一产业开发区、新城新区，其主要功能为生产功能，而相关配套功能不足，表现在用地结构上就是生产用地与生活用地、商服用地等的不合理配置（曾振、周剑峰、肖时禹，2012）。这种片面强调城市生产职能而忽视城市生活服务职能，导致城市用地结构畸形，一方面表征城市生产功能的工业仓储用地比重居高不下，另一方面表征城市生活功能的居住绿化比重则一直较低（李文彬、陈浩，2012）。这种空间土地资源的不合理配置使空间运行成本较高，城市交通拥堵问题凸显，影响城市的可持续发展，不利于提升城市竞争力，因此，加强空间用地结构优化成为重要的任务。从宏观层面看，产城融合和城市土地利用结构优化的目标是一致的，即实现社会经济的可持续发展。产城融合发展是新型城镇化的基本要求，产城融合为土地利用结构优化指明了具体方向，土地利用结构优化为产城融合提供重要实现路径，两者互相影响、互相促进（瞿颖，2015）。而合理的土地利用结构对空间布局进行优化，为区域产业结构的优化升级和城市配套设施的不断完备提供了充足的空间，推动了产城融合发展，提高了城市化发展的水平与质量（钟顺昌、王德起，2015）。

二　选题的意义

（一）理论意义

第一，进一步丰富完善城市土地利用结构理论。根据结构—功能思维范式，城市用地结构决定城市功能的发挥及用地效益的大小。开展城市土地利用结构研究，探寻土地利用结构专业化与多样化演变的一般规律以及在宏观经济发展中的作用，从政府利益层面进一步揭示影响土地利用结构性错配的因素。基于对城市用地结构的把握更好地揭示城市发展的基本规律，拓宽城市用地结构与空间生产、空间创新之间的关系。城市土地利用结构的形成过程本质上也是空间生产的过程，是组成城市这一系统的不同功能在空间上按照一定的原则分配土地资源的过程，是空间内包含以政府追求自身利益最大化为前提，包含企业、房地产开发商以及居民个体等各类主体相互博弈的过程，它在很大程度上影响城市运行的效率和主要职能的发挥。

第二，丰富我国城市化发展的动力机制理论。本书将试着厘清土地资源对城市化进程的影响和城市土地利用结构对城市化的影响之间内在的逻辑关联，形成一个完整的研究分析框架。土地作为重要的生产要素，在研究城市化动力机制过程中，关注城市空间土地利用结构，并把城市用地结构优化作为推进城市化进程的重要目标。城市化问题是发展中国家面临的基本问题，传统意义上，关于城市化的驱动机制，本着结构—绩效思维范式，主要围绕产业结构、所有制结构、人力资本结构、就业结构、对外开放程度、产业集聚以及制度结构展开讨论对城市化发展进程的影响，为本书考察城市土地利用结构对城市化进程影响的作用机制提供了新思路，也进一步丰富了城市化进程的结构—动力说。伴随着城市土地利用结构的变化，城市化将面临怎样的变化，它们之间有何关系？城市用地结构改变能否促进城市化水平的提高？如果有影响，影响程度是多少？等等，这也将进一步丰富研究城市化发展进程的结构与绩效的研究范式。

第三，探索城市空间治理机制。土地问题是城市经济学中的重要问题，城市空间所存在的一些重要问题，无不与土地资源配置相关，城市空间结构问题本质上是反映城市内部不同功能用途的土地利用结构问题。通过土地利用结构调控推动城市空间治理，进而实现城市经济社会发展。城市空间治理问题研究自从城市诞生之后便有之，如新城市主义、精明增长理论等都是城市治理理论的具体表现，这些主义或者理论都无不与土地利用及结构配置密切相关，但有所不同的是，精明增长理论、新城市主义更多地从城市蔓延的大背景下来探讨这一问题，而本书则以城市化发展为目标导向，讨论什么样的城市空间土地利用结构是有利于城市化发展的以及如何通过城市内部土地利用结构调整优化实现城市化健康与持续发展。

（二）实践意义

深入研究城市土地利用及其内部结构对城市化发展进程的影响及作用机制，对于增强土地调控的城市化进程成效，降低城市内部用地的错配程度，改善土地集约利用方式，提高土地集约利用水平，促进城市空间结构优化和提升城市功能，尤其是对当前的工业园区和城市新区的转型升级发展等具有重要的指导意义。

为政府下一步提高地区城市化发展速度和质量提供政策建议。加快城市化进程作为政府力推的一项工作，本书为政府加快推进城市化进程提供了一个新的视角。中国城市化发展30多年，都是基于土地资源来加以快速推进的，然而，土地的不合理投入，产生的一系列问题又反过来影响了城市化，而本书从较宏观的层面为科学合理利用土地资源提供了一些重要的原则、方向和思路。

通过研究城市化发展与城市用地结构的关系，有助于预测土地利用结构的调整改善将会对城市化进程产生何种程度的影响，以及随着城市化进程的提高，可能存在怎样的用地结构，这为城市土地利用结构优化和城市规划的科学编制提供了政策指导。进而为政府决策和城市规划提供决策参考，也为解决我国当前存在"产城分离"的城市空间发展问题提供了政策支持。

第二节 概念界定

一 城市化

城市化是指人类生产生活方式的非农化过程，它包括就地城镇化和迁移式城市化两个同时进行的过程，都是以土地城市化为基础的人口城市化过程。这决定了城市化进程的空间本位，基于国内外城市化推进的空间模式，包括空间外延扩展、内部重组、跳跃发展和就地发展四大方面。在我国，具体包括开发区模式、新城新区模式、城市扩张模式、旧城改造模式、建设 CBD 模式、乡镇与村镇产业化模式（李强、陈宇琳、刘精明，2012）。其中，后面的乡镇与村镇产业化模式是一种就地城镇化模式。而诸如设立产业开发区、建立新城新区的跳跃式城市化发展方式是推进我国城市化进程的重要手段，也是具有中国特色的发展方式，它主要是在城市的近郊或者远郊通过政府大规模征用农地等方式实现。不同的空间模式，对城市化的影响各不相同。与此同时，不同阶段的城市化空间发展模式对城市化进程的影响存在差异。关于城镇化进程的测度，本书参照通行的办法，即以一定的行政区为边界，在城镇生活半年以上的人口占总人口的比例。此外，值得一提的是，本书不对"城市化"与"城镇化"这两个概念做严格的区分。

二 城市用地结构

结构是指特定范畴中所研究的对象的数量、规模、份额的关系以及由此决定的竞争形式，并形成一个体系（王书汉，2006）。在实践中，某一范畴为这种结构而不是那种结构，背后反映了结构主体各自在整个体系中的地位和力量大小，而这一结构是客观存在的，并随着时间的推移、主体力量的变化而变化（Jiang Guanghui and Wang Deqi，2017）。

城市用地结构是指城市内部各种功能用地的比例和空间结构及相互影响、相互作用的关系（崔功豪、王本琳、查彦玉，1992），它是一个动态演变的过程。关于测度城市用地结构整体特征的指标，现有文献主要有信息熵（陈彦光、刘继、刘明华，2001）、构均衡度与优势度、多样化指数、集中化指数和区位商指数（Feng Jian，2003；Zhao Jing and Xu Jianhua，2004；刘贤腾、顾朝林，2008；赵小汎，2013；周敏、雷国平、匡兵，2016）以及运用经济学上的洛伦兹曲线、基尼系数来表征城市内部用地结构的合理性问题（黄裕锋、徐昌明、黄裕婕，2003；陈军伟、孔祥斌、张凤荣、姜广辉，2006）。在此基础上，有大量学者围绕土地利用结构做了大量与经济发展、城市化相关的研究（谭永忠、吴次芳，2003；张英辉，2008；高雪、任学慧，2010；刘敬财、周宝同等，2011；谭术魁、朱祥波、张路，2014；周敏、雷国平、匡兵，2016）。基于此，本书也运用上述方法从不同侧面测度城市用地结构。

城市用地结构随着社会经济发展的需要用地类型不断调整、演化和重组。土地的增值性（王德起，2010），决定了难以从高价值土地利用向低价值土地利用转变。此外，城市用地结构是一个动态的过程，由此决定了城市的空间结构在集聚经济效应原则下而不断调整，其背后是作为城市微观经济活动主体的城市居民和厂商在城市内部基于各自的经济活动不断组合配置土地资源和要素的过程（江曼琦，2001）。

第三节　国内外文献评述

本章主要从三个方面进行综述：一是从结构—绩效视角考察城市的动力机制；二是土地及其利用与城市化关系，三是城市用地结构与城市化。在此基础上对其进行评述，然后考虑本书的切入点。

一　城市化进程动力机制结构说

基于结构—绩效的经济学逻辑，很多学者从不同的角度对城市化发展绩效进行了探讨。基于城市化发展的推—拉理论，城乡收入差距的悬殊推动城市化的快速推进，基于个体收益的最大化，农业人口向城市转移（程开明、李金昌，2007；李宪印，2011）。而产生收入差距的重要原因在于城市偏向的一系列制度政策（张新民、盛来运、孙梅君，1999；陈钊、陆铭，2004；李国平，2005）。杨治、杜朝晖（2000）认为，城市化进程与经济结构进化密切相关，推进中国城市化的发展，仅靠废除户籍制度是不够的，还必须从调整经济结构、非农产业布局、优化城市结构等方面着手（钟水映、李晶，2002）。产业结构作为经济结构的重要组成部分，产业结构演变对城市化发展形成巨大的推动力（李诚固，2004）。李若建（2006）从就业结构变迁角度研究了对城市化的影响；何景熙、何懿（2013）应用 VEC 模型研究发现，城市化的驱动力受就业结构变动的作用大于产业结构变动的作用，要通过新的产业—就业结构升级才能对城市化产生更大的驱动力，特别是第三产业就业变动对城市化正向影响最大。这一研究与林毅夫（1999）以及陈斌开、林毅夫（2010，2013），唐志军、谌莹（2011），沈可、章元（2013）等的研究结论相吻合，但他们主要从轻重工业结构的角度阐释了城市化滞后的原因。认为重工业与轻工业失衡，资本密集型的重工业导致"资本排斥劳动"的现象产生，因此，工业资本对劳动力的吸收能力下降，制约了中国城市化的快速推进。刘瑞明、石磊（2015）从所有制角度阐释了城市化水平发展缓慢的主要原因。国有企业存在普遍的资本偏向和对整体经济的拖累机制，单位产值所产生的劳动需求相对较少，从而国有产值比重越高的地方，其能够解决的就业越少，最终导致可容纳的城镇人口数越少，城市化进程滞后。孙维胜、滕越（2003）进行了城市化对教育发展需求的理论分析。高翔、鱼腾飞、程慧波（2009）实证研究发现，城市化水平的高低不仅取决于城市规模的大小，还取决于等级规模结构的均衡性，同时，城镇体系的空间结构影响其发展的进程。陆铭、向宽虎、陈钊（2013）认为，要推进城市化进程，大城市的发展不应该被政策所限制。魏后凯（2014）指出，我国的城市化进程中两极化倾向制约了空间资源的有效均衡配置，阻碍了城市化和市民化的进程。王家庭、崔风玉（2010）运用计量模型研究发现，人口教育结构是我国城市化的格兰杰原因。此外，孙永强、巫和懋（2012）实证研究发现，出口结构优化将推动城市化。

二　土地及其利用与城市化进程

城市化是以土地城市化为载体的人口城市化的过程，随着城市化的快速推进，对于土地问题的关注，一方面集中于土地利用变化（LUC），如 Wang Lu（2010）基于历史角度考察了快速城市化区域的土地利用变化问题，构建了土地利用变化模型；Haiyan Zhang（2010）研究了我国三大城市群主要城市的土地利用变化与土地的可持续性指数。另一方面，集中在土地集约利用与城市精明增长，国外学者从 2000 年就开始讨论这一问题，而我国学者 2004 年才开始关注这一问题（A. Downs，2001；T. Daniels，2001；J. E. Hasse，2003；G. E. Moglen，2003；Steven A. Gabriel，2006；B. Appleyard，2007；H. Doygun，2009；马强、徐循初，2004；陈常优、李汉敏、上官清清，2007；曹伟等，2012；王振坡等，2014）。总体上看，对于这一问题的关注，其背景缘于城市化进程中的城市蔓延所带来的城市用地结构的不合理匹配，使人们的通勤成本高，空间关系松散，居民社区感遗失与环境污染。

回顾我国改革开放 40 年来有关城市化与土地利用之间的关系，总的基本观点是在自上而下的城市化发展模式过程中，我国城市化是以农地非农化为基础的人口城市化过程，土地国有化降低了城市化进程中的空间扩张交易成本；随着城市化的进一步发展，城乡二元土地制度对城市化发展的约束，土地制度已成为阻碍我国城市化进程的深层次原因（胡俊波，2006），加快农村土地流转、加快城乡土地市场一体化进程，是推进城市化的关键（夏英煌、张家义，2003；夏绪梅，2004；王志宏，2005；赵崔莉、刘新卫，2011）。随着城市化进程的进一步加快，用地问题日益突出，土地作为重要的生产要素，在城市化的进程中发挥了怎样的作用，成为大家的焦点，大多主要从用地总量与城市化的关系上展开研究。刁承泰（2001）以重庆市为例研究了城市用地与城市发展的关系。周翔（2005）进一步对两者的关系加以论证。张兆福（2002）认为，城市土地利用合理与否对我国城市化进程有着重要影响。杨星、林日丽、布慧敏（2006）以广东省为例，考察了城市化与土地资源之间的矛盾，提出要转变用地方式，调整土地利用结构。宋戈（2004）总结了中国城市化过程中土地利用呈现的基本特点是多元化，土地利用结构及土地利用模式发生调整和变化，由此土地利用的功能结构发生变化。李传裕（2005），熊鹰、文先明、郭娴（2006），程洁如（2009），陈永林、谢炳庚（2015）等分别以江西省、湖南省、广东省梅州市和湖南省长沙市为例研究了城市化发展与土地利用的关系，但该研究多以定性研究为主，并辅以简单的统计描述性分析，对两者的关系加以论证；随着计量经济学的发展，部分学者开始做城市用地与城市化进程之间的实证研究。如王晋良（2009）以大连为例，运用统计模型实证研究了大连市的城市化进程与土地利用的关系；吴次芳（2009）运用时间序列中的协整分析、误差修正模型以及方差分解等计量方法研究了我国1978年改革开放以来到2006年的城市化与建设用地的动态关系。运用同样的方法，赵可（2014）以1982—2011年的数据为例，对此问题也进行了研究，得出了大致相同的结论。此外，许君燕（2010）考察了土地利用与城市化耦合协调机制问题。关于城市化与土地资源在理论上的关系，蒋南平、曾伟（2012）对其进行了阐述，为相关实证研究提供了一定的理论基础。李敏飞（2013）开展了土地资源优化配置促进城市化进程的理论研究，该研究主要从"农用地的优化配置，促进农村城镇产业发展、农地发展权的创设，提供资金支持，促进城市化的功能完善"这两个角度展开。国外学者意识到土地资源与城市化发展有一定的关系，但是，相关文献主要集于土地对经济增长的影响，以刘易斯为代表的发展经济学家认为，土地资源并不是制约经济增长的根本原因，所以，他们并未对两者之间的关系进行深入研究。国内学者如施梁（2002）、王建（2004）、崔云（2009）等对此展开了研究，研究结果也证实了土地资源约束对我国城市化发展的影响。此外，邓翔等（2014）将土地、产业结构放在一起来考察对城市化进程的影响，分城市化发展阶段讨论了土地总量供应和产业结构对城市化的影响，认为在不同的城市化发展阶段，土地供应对其影响存在差异。

　　土地的稀缺性和城市化发展的无限性，决定了两者矛盾的不可避免性。陈波翀、郝寿义（2005）研究发现，在一定的自然资源禀赋约束下，城市化水平与城市化质量之间存在此消彼长的关系，自然资源是城市化快速发展的硬约束。城市化进程受到土地资源约束限制而使城市化进程减慢的现象称为城市化进程中的土地资源消耗"尾效"或者"增长阻尼"（Growth – Drag）。这种"尾效"或者"增长阻尼"（Romer，2001），最早运用于经济增长，近年来，有学者进行了计量研究，运用"尾效"或者"增长阻尼"来讨论土地资源在城市化进程中的作用。刘耀彬、陈斐（2007）首次构建了城市化进程中的资源消耗"尾效"模型，并以我国省际面板数据进行了相关的实证分析。李娟（2010）实证研究发现，我国省际层面城市化进程中的土地资源"尾效"为0.0199%，发现这种约束具有明显的空间自相关性与空间差异性，根据她的研究，反映空间自相关的莫兰指数为0.1919，同时，三大区域土地资源稀缺对城市化进程的增长阻力存在由东至西递减的趋势，同时，张琳、徐晶（2014）进一步证实该论点。刘耀彬和王桂新（2011）实证研究发现，江西省土地资源对城市化进程"尾效"为0.1299%。赵静（2014）通过实证研究发现，兰州城市化进程中土地资源"尾效"为0.9283%。通过阻尼效应的分析表明，在土地资源约束的条件下，进行用地结构调整转换是推进城市化发展、破解土地资源对城市化发展困境的重要手段。总体上看，上述研究为用地结构与城市化关系的研究提供了一个新的思路。

三　城市用地结构与城市化进程

关于城市用地结构对城市化进程影响的文献偏少，在学术界，学者似乎忽视了城市内部用地结构对城市化进程的影响，或者将土地利用结构在城市化进程的过程中作为中介变量考虑，或者仅仅将土地利用结构作为城市化发展的结果加以对待。而事实上，土地利用结构对城市化也存在较强的制约作用，它可能通过"用地结构→产业结构→就业结构"这一过程影响城市化，即土地利用结构将影响着人们的行为活动方式，进而影响经济运行效率（J. Song and D. Song，2006）。部分学者就城市用地结构对宏观经济发展的关系进行了较多的研究。朱道林、赵小双和冰瑞瑞（2013）的考察了不同规模和不同区域的城市的用地结构特征，以及相应的用地结构效益特征。岑树田、李晔

（2013）实证研究表明，改革开放以来，土地要素对我国经济增长的贡献，主要源于土地利用结构变化的推动力，它是土地经济供给动力的 80 多倍，大规模的农用地向建设用地转移，支持了中国经济增长，而且土地利用结构动力的存在，完整地诠释了"尾效"或"阻尼"理论与中国现实产生的差异。但该项研究侧重于建设用地与农业用地之间的结构，那么在城市化过程中，是否也存在这样的情况，有待研究。谢刚（2016）考察了用地结构与产业结构的匹配度对经济增长的影响。鲁春阳、杨庆媛（2012）指出，合理的城市用地结构是促进城市功能发挥及用地效益提升的前提。郭瑞雪、李树枝（2015）讨论了城市内部各类用地结构与城市经济增长的关系。曾伟（2013）研究了土地资源在经济增长中的影响效应，分析了土地资源对城市化数量与质量的影响。石忆邵（2013）讨论了城市用地结构中的生态用地与城市竞争力关系，实证研究发现，城市生态用地的规模和结构变化与城市竞争力的变化存在直接的联系。方明（2015）研究了整个城市用地结构对经济竞争力的影响问题，发现增强城市用地结构的均衡度对提高城市整体竞争力具有重要意义。张海兵、鞠正山和张凤荣（2007）运用多元回归中的典型相关分析方法考察了我国社会经济结构与土地利用结构变化的相关性。

在城市化发展的今天，城市用地结构优化是实现某种目标的手段，而通过用地结构优化实现城市化水平与质量的提升是一个重要的方面。关于城市化与城市土地利用结构是怎样的关系，学术界公认的是：城市化是土地利用变化的主要驱动因子。当然，这一认知主要侧重于农用地与非农业用地的结构关系，随着城市化的发展，城市空间的拓展，农地实现了非农化，并分配到了城市内部不同的功能。而在城市内部，建设用地的结构随着城市化、宏观经济的发展也会逐步调整。调整得当与否对城市化发展进程会产生一定的影响。边学芳、吴群和刘玮娜（2005）运用我国 1981—2000 年城市化和城市土地利用结构的时间序列数据对两者的关系进行探讨，发现城市化推动用地的结构演变。鲁春阳、杨庆媛和文枫（2010）基于协整检验和格兰杰因果关系分析方法对重庆市城市化发展进程与城市用地结构的关系进行了实证研究，发现城市化进程与各类用地比例存在均衡关系。李永乐、吴群和舒帮荣（2012）从城市生产（就业）和生活（居住）两个核心方面，建立了城市化与城市土地利用结构之间的内在关系，并利用 2000—2009 年中国 29 个省份的省际面板数据模型实证研究了各类用地与城市化关系的差异性问题。王超（2015）研究了浙江省城市化与城市土地利用结构的相互关系，发现浙江省及 11 个地级市城市化和城市土地利用结构整体上相关性不明显。彭山桂（2016）以山东省为例，基于理论和实证分析发现，地方政府建设用地供给对人口流动的影响体现在结构而非数量上。

城市用地结构对城市化的影响过程，是基于城市用地结构影响城市产业结构，然后，城市产业结构影响城市化进程，因此，从理论上说，城市产业结构是城市用地结构与城市化进程的中介和桥梁，从根本上讲，产业结构对城市化进程产生的是直接影响，用地结构对城市化的影响，依靠产业结构这一调节变量。从宏观角度来讲，在城市化发展早期，即农业社会时代，农业占主导地位，在这一阶段，第一产业产值占据主导地位，人们更多地考察城市用地与农村用地的结构关系，如何投入更多的农业用地到城市工业用地，以促进非农产业的发展，带动城市化进程。随着城市化进程的加快，第二产业占主导，成为支撑城市化发展的主导力量。与此同时，农业土地资源稀缺，内部挖潜成为关键，促进城市用地的经济供给能力的提高，为城市新兴产业发展提供支持。近年来，关于城市用地结构与产业结构之间的关系也是学者讨论的一个重要话题。徐萍（2004），张颖、王群和王万茂（2007），李培祥（2007）较为深入地探讨了城市用地结构演变与产业结构的关联关系，认为产业发展必须以土地为依托，产业结构优化必须以土地资源的优化配置为前提。土地利用结构的不断调整为产业结构调整提供了条件，是推动产业结构调整的动力。没有土地资源的优化合理配置，产业就不能获得升级。土地资源的优化配置，要求土地资源在各个产业中合理分配，并使土地利用效率水平达到最高，从而推动产业结构的优化。鲁春阳（2010）、王德起（2013）认为，城市用地结构与产业结构的有机耦合是提高城市用地效益、促进产业结构高级化和城市整体功能提升的前提与保障。在短期内，城市用地结构变化推动产业结构优化，随后，产业结构又反作用于城市用地结构。陈丽红（2008）、但承龙（2010）、杨于成（2012）、傅晓珊（2011）、孟媛（2011）、杨于成（2012）、严超（2015）、李秀霞（2013）、张秋月（2013）、郗磊（2013）、周刊（2015）等从不同的地域就两者的关系做了较深入的探讨，为本书进一步考察两者之间的关系提供了重要借鉴。

四　研究评述与本书的切入点

（一）研究评述

总的来讲，学术界关于城市化动力机制或者影响因素的考虑主要集中在产业发展、产业结构、城乡收入差距、教育人力资本结构、所有制结构、出口结构以及城市体系结构，而较少学者关注土地利用结构对城市化发展的影响。相关文献评述如下：

（1）现有研究主要考察包括城乡二元土地制度、农村土地流转制度、土地产权制度以及城市土地制度等在内的土地制度本身对城市化的影响，以及抽象掉制度本身的土地资源、建设用地在量上对城市化的影响。与此同时，当前有少量文献讨论了土地资源对于城市化的阻尼效应，一定程度上通过优化调整城市内部土地利用结构解除或者减少土地资源约束程度提供了指导思想。此外，大多数文献更多地考察城市化对城市建设用地结构的影响，而较少研究城市用地结构对城市化的反作用及其机制，随着土地资源的稀缺，考察土地利用结构调整对城市化的影响就显得日益重要。

（2）当前很少有文献从城市用地结构优化调整的视角考察对城市化进程的影响。部分文献考察了土地投入结构对城市化的协调性问题，但更多的是从农业用地与非农业用地的关系之间加以考察，随着城市化进程的加快，在耕地红线约束的背景下，农用地与城市化之间的矛盾将逐步减弱，城市建设用地利用结构与城市化之间的矛盾将上升为主要矛盾。换句话说，随着城市化进程的变迁，城乡土地之间的矛盾将日益演化为城市内部用地结构之间的矛盾。总的来讲，研究者更多地将视线放在农业用地与非农业用地对城市化的影响上，而很少去关注城市建设用地内部的调整对城市化的影响，可能的原因在于对城市化进程中的土地资源阻尼效应认识得不深。

（3）尽管有学者提出了土地资源对城市化进程的阻尼效应，却没有从土地利用结构层面考虑对城市化的影响。尽管也有文献讨论了土地利用结构对城市化的影响，但并没有对这一逻辑予以澄清，即对于为什么要基于土地利用结构讨论与城市化的关系，尚未给出一个逻辑解释，因此，在学术界就这一问题的研究存在"两张皮"的现象，同时，对城市土地利用结构对城市化的影响这一问题背后的经济学思想尚未给予解释，还是更多地就事论事，没有上升到一定的理论高度，去认知这个问题。

（4）现有文献将城市内部各类用地占比直接作为解释变量放入模型是值得商榷的。同时，缺乏相关控制变量，影响结论的可靠性，而且这一变量设置在一定程度上难以真正反映城市内部用地结构的整体性特征。城市用地结构是一个系统，因此，也需要一个反映整体用地结构特征的指标变量，同时，不同的文献得出的结论也不相同。事实上，对于城市用地结构整体特征的量化，在学术界已有大量的方法，如信息熵、多元化、集中度、区位商等，这为本书提供了基础。在这种情况下，有必要考虑：城市整体的用地结构特征对城市化进程将产生怎样的影响？在区域上有何差异？发生机制（中介力量）又是什么？等等。

（5）当前学术界既讨论了产业结构与城市化进程之间的关系，又讨论了土地利用结构与产业结构之间的关系，这两者的一个共同部分即产业结构，然而，似乎并没有对三者有着怎样的逻辑关联给予探讨，它们之间有着怎样的联系，是一个必须澄清的理论问题。

（二）本书的切入点

从宏观角度看，土地利用结构的调整将引导城市功能不断转变，进而对人口吸纳产生影响。土地是城市功能的物质载体，城市内部土地利用结构反映的是不同的功能承载，反映的是土地资源在不同功能之间的配置问题，这种配置对城市化产生怎样的影响？从这个层面上看，到底城市用地结构演变对城市化发展有着怎样的影响，是我们需要从宏观整体层面把握的问题。

从上面的文献可以发现，当前，研究更多地考察城市化进程中的土地利用结构优化问题，关于土地利用结构优化影响包括城市化进程等在内的社会经济发展的文献研究偏少，而土地利用结构优化是通过合理的土地数量安排和空间布局实现土地资源的可持续利用，土地利用结构优化作为土地利用变化的核心内容之一，而土地利用结构优化的目标导向又是什么，以及为什么要进行结构优化，似乎还没有一个直接的答案，在考察用地结构影响城市化进程之前，需要回答为什么要研究"土地利用结构对城市化的影响"这一问题。基于事物发生的内外因原理，形成了如下认知：从用地结构本身来看，城市内部土地利用结构的变化，反映了城市功能和城市空间结构的变化，它可能将直接影响着我国城市的现代化和城市化发展，这是内因。从外部原因来讲，学者关于土地资源对城市化发展的阻尼效应分析，可能为土地利用结构优化调整，促进城市化发展提供了思路。进一步讲，如果城市化存在土地资源总量的阻尼效应，那么用地结构调整能否成为支撑中国城市化进程的主要动力？这将是本书要讨论的一个基本问题。

学术界仅仅各自论述了土地利用结构影响着城市化、土地资源总量约束着城市化，事实上，土地资源总量对城市化存在阻尼效应与土地利用结构对城市化的影响之间似乎存在重要的内在逻辑关联，而对于这种关联学术界尚未给予一定的关注，都是自说自话，而未将其看作一个有机的整体，加以系统化。对这一问题的认知，还需要一个强有力的理论分析框架，基于新结构经济学，以及当前的供给侧结构性，本书认为，城市土地供给侧结构性改革是整个研究的理论框架，也是整个研究的理论基础。

基于上述分析，本书首先从供给侧结构性改革这一般性理论出发，分析城市土地供给侧结构性改革这一问题。检验土地资源对城市化进程的阻尼效应，在此基础上，讨论城市用地结构的整体特征对城市化进程的影响效应及其区域差异性；然后考察城市用地结构调整对城市化影响的中介效应；最后从土地资源错配的视角，重点考察与城市化进程最为关键的工业与居住这两类用地对城市化进程的影响，并从政府行为层面考察这种城市用地结构错配的驱动机制。

第四节 研究方法与本书结构

一 研究方法

（一）文献研究

充分利用论文检索平台，全面、系统地研究相关文献，归纳相应的研究结论，分析不同研究成果及研究路径的优势和缺陷，适当借鉴他人研究成果并不断修正研究方案。本书主要体现在：①土地资源对城市化发展的阻尼效应分析；②用地结构指标的测度方法，如运用信息熵、区位商、赫芬达尔指数、克鲁格曼专业化指数、吉布斯—马丁多样性指数等来测度城市用地利用的专业化集聚问题；③土地利用结构对城市化的影响的相关研究。

（二）规范研究

本书第二章主要运用规范研究方法，从供给侧结构性改革推演到城市土地供给侧结构性改革，在理论上阐述了土地资源的短缺性、城市内部用地结构的不合理性，以及进一步分析城市土地供给侧结构性改革应该是怎样的。

（三）统计分析

关于统计方法，本书研究主要集中在我国城市土地利用结构的时序变化特征和城市化进程的分布动态，以及产业集聚结构变化特征等方面。

（四）一般均衡分析

本书运用微观经济学的分析思路，将居民、企业和政府作为城市化进程中的理性经济人参与主体，基于居民效用理论和企业利润最大理论，构建了居民、企业和政府基于城市用地的一般均衡模型，考察建设用地供给结构对基于城市化进程过程中的人口流动的影响机理。

（五）经济模型分析

本书的经济模型分析方法，主要集中在以下四个方面：①土地资源对城市化水平的阻尼效应分析；②城市用地结构调整的城市化进程响应研究；③城市用地集聚模式对城市化发展水平的影响的中介效应：产业集聚结构；④城市土地资源错配与城市化发展以及错配机制的实证研究。

（六）比较分析

本书使用的比较方法主要体现在以下两个方面：①国内用地结构与西方主要国家和城市的用地结构比较。②在进行描述性统计分析与实证研究过程中，将分成东部、中西部、大中小城市、不同城市化发展阶段进行比较讨论城市用地结构问题。

二　本书结构

本书内容共计八章：

第一章为绪论部分。包括选题背景、研究意义、相关文献评述及本书研究的切入点、研究思路框架、研究方法以及本书的创新与不足之处。其中，文献评述部分主要包括：①城市化进程动力机制的结构；②城市土地及其利用与城市化；③城市用地结构与城市化的关系研究；④研究评述及本书的切入点。

第二章为本书的一个理论基石。基于供给侧结构性改革的政策背景，本书提出土地供给侧结构性改革，作为本书的概念性分析框架，使全书围绕这一核心概念开展研究。本书主要讨论城市土地供给侧结构性改革的内涵、城市土地供给侧结构性改革本身的理论支撑、城市土地供给侧结构性改革理论的基本结构、城市土地供给侧结构性改革理论分析框架的分析思路与独特之处。

第三章为现象描述与理论假设部分。考察城市形成的本质是由城和市两大功能基于合约而形成的一个整体，功能的对偶互补是城市得以运行的基础，各功能的存在是以占有"一席之地"为前提，不同城市功能拥有土地的多寡，决定了城市的运行效率。在此基础上，分析了城市化进程与土地资源供需，然后考察城市用地结构与城市化发展的时空演变和动态分布特征。提出本书的研究假设：①土地资源对城市化发展存在阻尼效应；②用地结构调整是推进城市化发展的重要手段之一，其中，用地专业化对城市化的作用具有边界效应；随着城市化的发展，适度提高住宅用地，压缩工业用地有利于城市化进程的加快；③产业结构是用地结构调整对城市化影响的中介变量；④地方政府的行为是影响用地结构调整的重要因素。最后，构建基于城市化微观参与主体——政府、企业、个人与土地利用结构的一般均衡分析模型。

第四章为实证研究之一。主要讨论土地资源对城市化进程的阻尼效应，这是本书研究的逻辑起点，为后面研究城市用地结构调整对城市化的影响效应提供依据。

第五章为实证研究之二。如果第四章提出的土地资源总量对城市化发展存在阻尼效应的逻辑假设成立，那么本章基于文献，在控制其他可能影响城市化进程的变量情况下，基于全国层面和区域层面，从表征城市土地利用结构总体特征的专业化指数视角考察对城市化进程的影响。

第六章为实证研究之三。本章在上一章的基础上，讨论城市土地利用结构调整影响城市化进程的中介效应。形成了"土地利用结构—产业结构—城市化"的分析架构。将城市用地结构、城市产业结构与城市化进程有机地衔接起来，构成一个体系。初步回答了产业结构是城市用地结构对城市化影响的中介力量，突破了少数文献就城市用地结构论城市化这种思维。因此，首先基于面板数据，验证土地利用结构与产业结构之间的格兰杰因果关系，若格兰杰检验表明土地利用结构是产业结构变动的格兰杰原因，则进一步分析产业集聚结构对城市化的作用机制，并进行实证检验，以便为土地利用结构调整顺应产业集聚发展提供政策支持。

第七章实证研究之四。基于文献，本章以资源错配的视角从全国和分区域的层面考察对人口城市化进程影响最为明显的住宅用地与工业用地配置对城市化的影响；然后遵循"供求决定价格"的市场规律，延伸讨论城市内部各类房价与半城市化进程的关系。进一步讲，如果城市用地结构调整会影响城市化发展，那么城市用地结构本身是如何变化的？本章将从土地资源的管理者政府层面考察土地利用结构调整的驱动机制问题。

　　第八章基于前面的理论与实证分析，形成了本书总体的研究结论与政策启示，并与本章和本书第三章遥相呼应；最后是对相关研究的展望。

　　图1-4是本书的研究思路与框架结构。

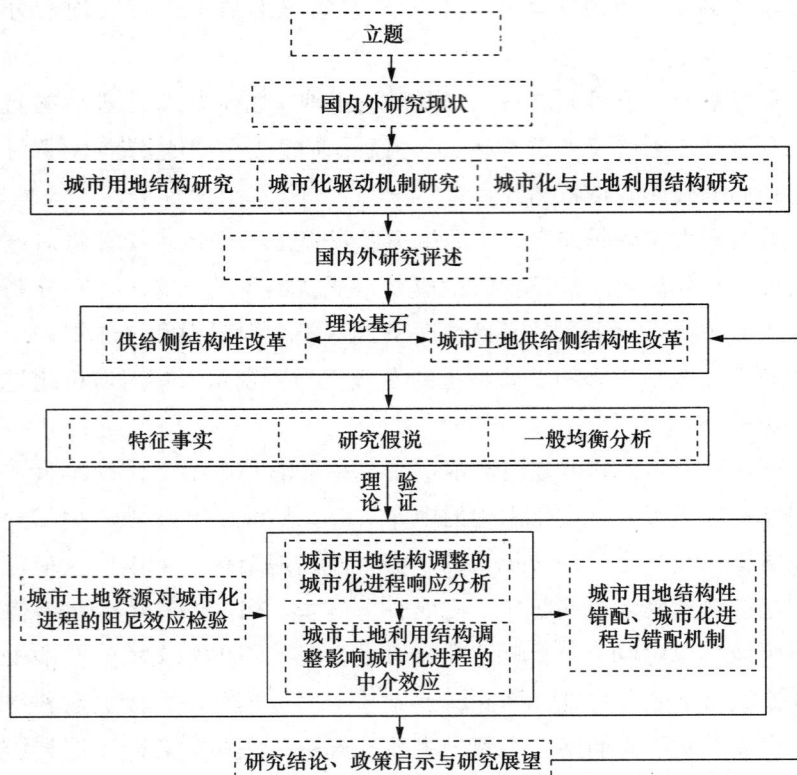

```
                    ┌ ─ ─ ─ ─ ─ ┐
                    │    立题    │
                    └ ─ ─ ─ ─ ─ ┘
                          ↓
                 ┌ ─ ─ ─ ─ ─ ─ ─ ─ ─ ┐
                 │   国内外研究现状   │
                 └ ─ ─ ─ ─ ─ ─ ─ ─ ─ ┘
   ┌ ─ ─ ─ ─ ─ ─ ─ ─ ─ ─ ─ ─ ─ ─ ─ ─ ─ ─ ─ ─ ─ ─ ─ ┐
   │ ┌───────────┐ ┌──────────────┐ ┌──────────────────┐ │
   │ │城市用地结构研究│ │城市化驱动机制研究│ │城市化与土地利用结构研究│ │
   │ └───────────┘ └──────────────┘ └──────────────────┘ │
   └ ─ ─ ─ ─ ─ ─ ─ ─ ─ ─ ─ ─ ─ ─ ─ ─ ─ ─ ─ ─ ─ ─ ─ ┘
                          ↓
                 ┌ ─ ─ ─ ─ ─ ─ ─ ─ ─ ┐
                 │   国内外研究评述   │
                 └ ─ ─ ─ ─ ─ ─ ─ ─ ─ ┘
                          ↓  理论基石
   ┌ ─ ─ ─ ─ ─ ─ ─ ─ ─ ─ ─ ─ ─ ─ ─ ─ ─ ─ ─ ─ ─ ─ ─ ┐
   │ ┌───────────────┐     ┌──────────────────┐ │
   │ │供给侧结构性改革│ ← → │城市土地供给侧结构性改革│ │
   │ └───────────────┘     └──────────────────┘ │
   └ ─ ─ ─ ─ ─ ─ ─ ─ ─ ─ ─ ─ ─ ─ ─ ─ ─ ─ ─ ─ ─ ─ ─ ┘
                          ↓
   ┌ ─ ─ ─ ─ ─ ─ ─ ─ ─ ─ ─ ─ ─ ─ ─ ─ ─ ─ ─ ─ ─ ─ ─ ┐
   │ ┌──────────┐  ┌──────────┐  ┌──────────┐ │
   │ │ 特征事实 │  │ 研究假说 │  │一般均衡分析│ │
   │ └──────────┘  └──────────┘  └──────────┘ │
   └ ─ ─ ─ ─ ─ ─ ─ ─ ─ ─ ─ ─ ─ ─ ─ ─ ─ ─ ─ ─ ─ ─ ─ ┘
                    理论 ↓ 验证
   ┌ ─ ─ ─ ─ ─ ─ ─ ─ ─ ─ ─ ─ ─ ─ ─ ─ ─ ─ ─ ─ ─ ─ ─ ┐
   │              ┌──────────────┐                 │
   │              │城市用地结构调整的│                 │
   │ ┌──────────┐ │城市化进程响应分析│  ┌──────────┐ │
   │ │城市土地资源对城市化│→└──────────────┘→ │城市用地结构性│ │
   │ │进程的阻尼效应检验│ ┌──────────────┐  │错配、城市化进│ │
   │ └──────────┘ │城市土地利用结构调│  │程与错配机制│ │
   │              │整影响城市化进程的│  └──────────┘ │
   │              │   中介效应   │                 │
   │              └──────────────┘                 │
   └ ─ ─ ─ ─ ─ ─ ─ ─ ─ ─ ─ ─ ─ ─ ─ ─ ─ ─ ─ ─ ─ ─ ─ ┘
                          ↓
            ┌ ─ ─ ─ ─ ─ ─ ─ ─ ─ ─ ─ ─ ─ ─ ─ ┐
            │  研究结论、政策启示与研究展望  │
            └ ─ ─ ─ ─ ─ ─ ─ ─ ─ ─ ─ ─ ─ ─ ─ ┘
```

图1-4　本书的研究思路与框架结构

第五节　创新与不足

一　可能的创新点

　　（一）尝试性地提出"城市土地供给侧结构性改革"理论，作为本书的思想基础

　　基于我国当前的供给侧结构性改革大背景，讨论特定供给要素

"土地"的供给侧结构性改革问题，并以"城市化"为切入点，遵循总量—结构思维范式，考虑到可利用土地资源的稀缺性日益增强，土地资源对经济社会发展的阻尼效应日益增强，因此，城市化发展需求与土地资源供给之间的矛盾，将可能从城市化进程与耕地之间的关系转向城市化与城市建设用地之间的关系。对于建设用地而言，它本身由不同城市功能用地组成，而功能用地结构将决定空间生产力，最后将影响存在空间维度的城市化发展进程。基于此，从供给侧结构性改革的一般理论，延及个别，探索城市土地供给侧结构性改革，以此成为本书整体的思想基础。

（二）在本书中做了概念的拓展

1. 拓展了专业化分工的形式

城市内部空间功能分工。基于本书研究的需要，本书将城市理解为功能大小不等而形成的职能结构分工体系，城市空间功能分工是以占据一定的城市土地资源为基础，而且某一功能空间存在一个最大化的收益的边界，进而实现城市内部不同功能的对偶互补，促进包括城市化发展的绩效最大化，这在一定程度上拓宽了分工与合作的外延。

2. 城市土地利用专业化

城市土地利用专业化概念是在区域经济学、城市经济学中的"专业化"和土地、地理学科关于用地结构"均衡度"的基础上，根据研究和学科背景需要提出的。城市土地利用专业化表征城市土地利用整体上集中化程度的指标，具体用 HHI 指数来测度城市用地在不同功能之间分配的均衡性程度。HHI 指标越大，表示专业化程度越高，表明城市用地分配不均衡程度高。反之，该值越小，说明相对多样化程度就越高，表明城市用地分配到各功能的均衡程度越高。在实践中，城市土地利用结构的方式不同，使城市功能定位就存在差异，可能进而影响空间集聚程度，最后影响绩效。

3. 拓展了外部性的外延：空间外部性

新古典经济学的外部性缺乏"空间"属性，城市内部各功能存在最佳空间功能边界，超出则产生"挤出效应"，空间交易成本上升，运行效率降低。

（三）拓宽了贝恩的结构—行为—绩效分析范式

本书基于总量—结构—功能—绩效分析范式，就土地利用和城市土地利用结构与城市化之间的关系形成了一个较为完整的分析体系。在前人研究的基础上，将城市土地利用结构纳入对中国城市化进程影响的框架之中，学术界关于土地资源对城市化的影响问题，主要有两条线索：一条是城市化进程的总量土地资源"尾效"问题；另一条是土地利用结构对城市化进程的作用关系。但是，对于这两条线索，学术界似乎还没进一步考虑两者的内在关联。因此，本书在贝恩关结构—行为—绩效分析范式的基础上，形成了总量—结构—功能—绩效的分析范式，将构建土地利用及其结构与城市化之间一个逻辑体系。

二　存在的不足

需要指出的是，城市化包括质量与数量两个维度，由于篇幅所限，本书仅仅讨论了城市化进程数量与城市土地利用的关系。由于现有条件，数据获得性难，使研究尺度有点偏大。与此同时，本书只从土地供给侧结构性改革的视角讨论对城市化影响，但是，影响城市化进程与经济社会发展，还有需求侧，不能过分夸大供给侧的作用。

第二章 城市土地供给侧结构性改革：
一个概念性框架

本章是全书的理论基石，如前所述，现有相关研究是难以令人满意的，因此，本书试图从城市土地供给侧结构性改革这一角度为城市化发展的土地利用问题提供一个系统的概念性分析框架。土地供给侧结构性改革思想来源于供给侧结构性改革，分析的起点是土地资源的稀缺性引致土地资源的供给侧结构性调整，这是问题的外因。而城市内部土地的资源错配或者配置失当是进行城市土地供给侧结构性调整的内在原因。供给侧结构性改革将这一结构拓展到了空间上，而关键在于土地资源的结构性调整。这一理论框架为本书提供了研究视角，也决定了本书研究的逻辑起点与整体思路。

第一节 从供给侧结构性改革到城市
土地供给侧结构性改革

一 供给侧结构性改革的缘起

在市场经济条件下，交换是经济活动的本质，交换也是经济活动得以顺利开展和延续的基础，而一旦交换失败，就会使产业资本难以转化为货币资本，价值难以实现，意味着产品过剩，并有引发经济危机的可能。基于马克思主义经济学，将过剩分为绝对过剩和相对过剩两个方面。前者表现为在满足有效需求情况下出现的供过于求，后者是由于有效需求不足而产生的过剩。

近年来，我国诸如钢铁、水泥、电解铝和平板玻璃等行业出现了产能过剩问题，但这是一种与传统的生产过剩理论所描述的不一样的过剩形态，是低端产品生产过多而满足市场需要的高端产品生产不足，因此，这本质上是一种结构性过剩，或者结构性配置不当。从投入产出的分析范式出发，追根溯源，是一系列低端、粗放要素的大量投入导致低端产能的过剩。从这个角度来讲，去产能即去低端、粗放的要素投入被提上日程，因此，提出供给侧结构性改革具有明显的历史必然性（逄锦聚，2016；方敏、胡涛，2016；陈奇斌，2016；许梦博、李世斌，2016；李陈，2017）。相对于传统意义上推动经济社会发展的投资、消费和出口的"三驾马车"的"需求侧"，"供给侧"成为当下改革的重点方向，即从供给角度寻求经济增长新动力，主要对象包括劳动力、土地、资本、制度创造、创新等要素。结构性则是对供给端的改革方式提出的内在要求，即从供给结构优化实现供给质量的改善，在宏观层面包含产业结构、要素结构和制度结构的改革（贾康，2016），通过改革的办法推进结构调整，矫正要素配置扭曲，扩大有效供给，适应需求的变化。因此，供给侧结构性改革旨在调整经济结构，使要素实现最优配置，提升经济增长的质量和数量。

优化供给侧结构，解决供给结构的深层次矛盾，激发经济发展新动力，促进产业转型，实现新旧发展模式的转换是供给侧结构性改革的基本目标（陈龙，2016）。结构优化包括诸多领域，本质上在于通过关键领域的结构性优化，寻求与创造新的经济增长机会。供给侧结构性改革是针对具体问题而提出的应对之策，通过一系列"加、减、乘、除"来实现有效的供给，促使全要素生产率的不断提高，实现资源要素配置效率的提升，确保去产能、去杠杆、去库存取得成效（李陈，2017；沈坤荣，2016；冯志峰，2016；胡鞍钢，2016）。在实践中，对于诸多要素，去产能的着眼点是什么？值得思考。去产能，这既是方向也是目标，更多地需要考虑如何真正从投入要素层面去把握这一问题，提高一系列要素的供给效率，促进资源要素在不同生产领域合理流动，科学配置，提升资源要素产出效率，进而实现经济社会发展的动力转换。与此同时，对于去产能的方式，不是运用粗暴的、激进的方式，而是需要通过对要素供给—价格机制进行调控，使这些过剩、低端行业平稳、渐进式地退出市场，减缓社会交易成本。

二　城市土地供给侧结构性改革是重要突破口

土地是重要的生产要素，是供给侧结构性改革的重要内容和对象。大卫·李嘉图指出，"土地是财富之母"，表明土地在经济活动中的重要地位。回顾中国改革开放 40 年来的历程，不难发现城市土地在城市化进程中的重要作用，如工业园区的建立、城市新区的成立、城市住房市场的形成以及当前城市土地市场的二元结构问题等，无不体现了土地资源在经济社会发展过程中的基础性地位，使土地这一传统意义上的资源被逐步演化为今天的"土地资本"，产生了土地一级市场、二级市场，并同货币供给一样，被纳入调控国家宏观政策的有力工具。

要素错配所导致的低端产能过剩是供给侧结构性扭曲的表现之一，诸多行业领域的产能过剩问题，在某种层面无不与城市土地的利用机制存在密切的关系（李春临、刘航、许薛璐，2017），当前低碳发展、绿色发展理念是对产能过剩发展问题的一个正面回应，通过优化城市土地利用结构，促成较低的土地碳排放环境经济效应。城市在本质上是不同的功能相互耦合而构成的分工合作结构体系，这些功能的背后是土地在不同功能之间的分配或者配置。

不同功能属性之间的土地的有效协调配置是保障城市这一系统运行效率最大化的基础。不同价值导向的土地结构安排将产生差异化的空间社会发展绩效，其中，对城市化产生怎样的影响是一个重要的方面。城市作为一个复杂的系统，关于体现城市不同功能的土地该如何分配，成为一个重要的"黑箱"问题。那么在供给侧结构性改革的大框架下，加强土地资源的供给侧结构性改革则成为必然趋势和重要突破口（董祚继，2016）。《中共中央关于制定国民经济和社会发展第十三个五年规划的建议》明确提出，要优化土地等要素配置，推进供给侧结构性改革，对于城市土地供应结构而言，它必须满足城市经济、社会和生态协调发展，对商住用地、工业仓储用地以及公共设施用地等进行科学合理的供地量分配（单丁洁、徐勉，2016）。

城市土地供给侧结构性改革是在一般的供给侧结构性改革的基础上考察作为经济社会发展的城市土地这一要素，如何在供给侧结构性改革中发挥自己应有的作用和功能。城市土地领域的供给侧结构性改革的本质是在城市土地投入环节加强结构性调整，促进城市土地资源在城市空间中得到合理分配，进而实现城市土地资源的最大化配置。而城市土地利用结构的调整需要依靠城市土地制度创新来推进，打破传统的制度安排的路径依赖，从而矫正土地要素配置扭曲。在整个供给侧结构性改革的大背景下，把城市土地作为供给侧结构性改革的重要切入点，切实发挥好城市土地在供给侧结构性改革中的作用，使城市土地要素成为中国经济发展和经济转型升级的重要红利之一，通过供给端发力来进一步释放土地要素红利，进而支撑中国经济转型升级。在城市化的发展过程中保障人口居住功能的前提下，产业发展是城市化的根本前提，在不同的城市发展阶段，产业的转型升级对城市化发展至关重要。产业如何转型则是一个重要的命题，而土地作为财富之母，作为产业发展的依托，有"能力"引导所在区位的土地空间应该发展怎样的产业以促进本地区经济增长和城市化发展，这都依赖于产业用地结构调整。

城市土地供给侧结构性改革有其内在的历史逻辑演进规律。城市土地供给侧结构性改革是对传统工业化道路面临的一系列问题的深刻反思和理性回应。在工业化进程范式下的城市空间粗放式扩张，加剧了我国土地资源自然供给短缺。而以工业化为主导的城市化发展模式更多地强调城市的生产功能，导致其他功能的土地配置存在结构性失衡，在这样的情况下，土地供给侧结构性改革呼之欲出，而它存在的直接目的就在于产生一个创新的空间，创新的空间的产生需要空间的创新为基础，而实现这一目标，以优化城市土地利用结构为手段，促进城市功能提升和产业的转型升级。而空间创新需要一系列的微观机制和宏观调控作为支撑。在微观机制方面，主要依托价格机制、供求机制和竞争机制发挥市场在资源配置中的基础性作用；在宏观调控方面，主要依托一系列的土地制度如土地供应制度、用途管制制度、土地储备制度和土地税费制度。城市土地供给侧结构性改革的逻辑关系如图 2 - 1 所示。

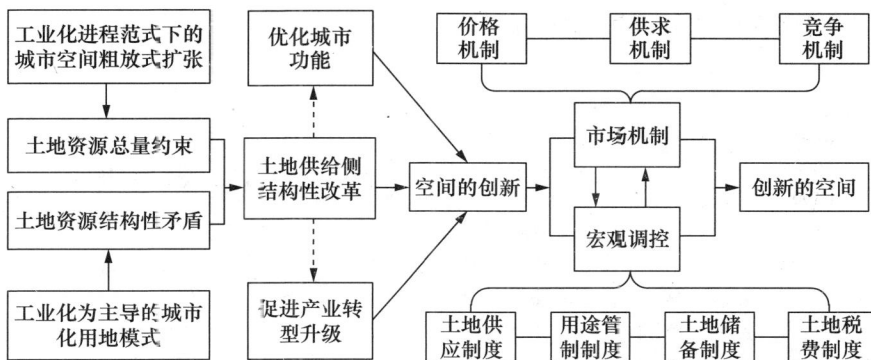

图 2 - 1　城市土地供给侧结构性改革的逻辑关系

三　城市土地供给侧结构性改革的迫切性考量

相对于西方发达国家的工业用地比重（≤10%）与住宅用地的比重（≤30%），当前我国城市内部土地配置失当，工业用地整体上处于过剩而住宅用地处于短缺的状态。2003—2014 年，全国住宅用地累计供应 107.09 万公顷，所占比例为 20.71%，远低于工矿仓储用地的 34.41%，这使商服用地、住宅用地与工业用地价格的差距呈现出"剪刀差"的发展态势。在全国层面，住宅用地与工业用地的价格由 2006 年的 5.11 倍上升到 2015 年的 8.85 倍，商服用地与工业用地的价格也由 2006 年的 3.46 倍上升到 2015 年的 7.21 倍，具体如图 2 - 2 所示。而且这种关系在我国三大区域呈现出不同的特点，东部地区这种"剪刀差"最为突出，从图 2 - 3 可以看出，其商服用地与工业用地之间的地价差距在这 10 年间平均在 11 倍以上，而且 2011 年达到最大值 14.2 倍，之后有所下降，而住宅用地与工业用地的差距在 10 年间维持在 9.5 倍左右。而中部的这种差距最小，住宅用地与工业用地的价格差，由 2008 的 3.77 倍平稳上升到 2015 年的 4.84 倍，商服用地与工业用地价格由 2008 年的 5.22 倍上升到 2015 年的 6.22 倍。

而在西部地区的住宅用地与工业用地价格比在研究期内存在倒 "U" 形，由 2008 年的 5.22 倍上升到 2011 年的 6.45 倍，到 2015 年的 6.23 倍。与此同时，商服用地与工业用地价格由 2008 年的 7.82 倍上升到 2015 年的 10.30 倍。

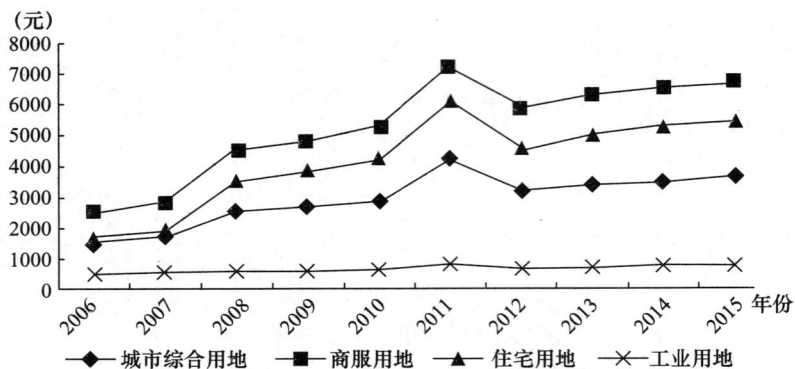

图 2-2　2006—2015 年我国城市综合用地、商服用地、住宅用地与工业用地价格

资料来源：中国城市地价动态监测网站。

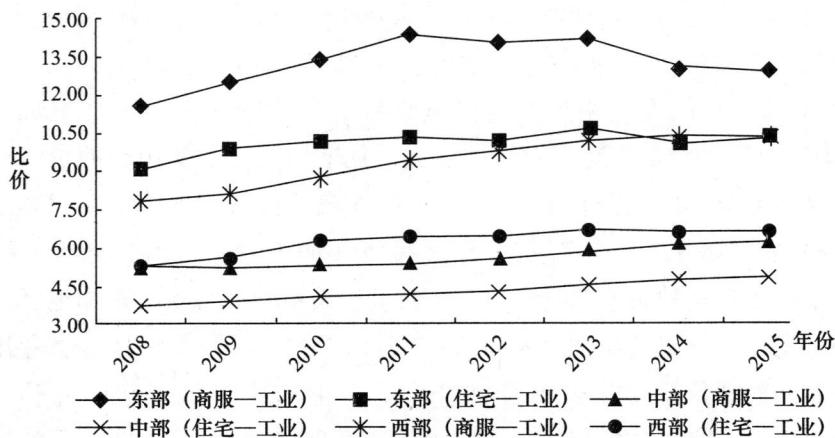

图 2-3　2008—2015 年我国分区域城市商服用地、住宅用地与工业用地价格比较

资料来源：中国城市地价动态监测网站。

而落到具体的空间，不难发现，改革开放以来，新城新区的政府GDP政绩导向，多以工业用地与住宅用地的不合理配置，来换取土地财政，这是供给侧结构性改革中的土地财政杠杆表现之一。以1992年邓小平南方谈话为契机，1993年的分税制改革，各地区形成了"开发区热"。由此可以看出，我国工业用地与住宅用地的结构性失衡的空间来源。究其原因，在于地方政府的财政税收偏好，通过压缩住宅用地，增大工业用地面积。与此同时，想通过这样一个结构性杠杆预期实现理想中的"一举两得"：抬高房价，获取更多的房产税；同时，提供更多的工业用地面积，吸纳更多的企业落户，以创造源源不断的企业税收收入。此外，地方政府通过不公正的价格形成机制干预土地资源的优化配置，对工业用地价格制定最低价，而对于房地产价格则完全由市场决定，两种定价机制，结果出现了一系列连锁反应：一方面是地方政府用低容积率、低地价吸引投资并牺牲土地发展工业；另一方面是不断增强的城镇化发展的住房用地刚性需求，两者都在争夺有限资源。一边是政府希望通过高价出让房地产用地赚取的盈余弥补过低工业用地带来的亏空；另一边是通过房地产的高容积率来弥补过低的工业用地容积率。在这种土地供给政策的引领下，房价会越来越高，工业用地越来越粗放，结构越来越失衡。与此同时，房地产库存与房地产需求形成结构性错配。

各产业内部的用地结构不合理性。在工业用地领域，为了吸引更多的投资，地方政府往往进行恶性竞争，低价招商引资，各种开发园区大肆圈地，拼命扩张。低地价一方面招徕各种虚假投资，形成大量土地闲置；另一方面低端产能不断扩规模，上项目，导致今天供求结构性错配与去产能的重担（殷少美，2016）。在公益性用地领域，地方政府通过公益性项目，大手笔彰显政绩，各地宽马路、大广场建设不遗余力，而反映民生的医疗、教育、保险、卫生用地则占比很小，这种压低土地成本扩大公益用地规模的方式，不仅导致土地利用的浪费，也给社会收益分配产生不公，积累了大量社会矛盾。相关数据表明，2008—2015年，公共管理和社会组织用地供应占服务业供应总量的比重为11.9%，而文化体育和娱乐业供地仅占0.9%，卫生和社会保障业用地仅占 1.7%（李蕾、张迪、郭瑞雪，2016）。

第二节　城市土地供给侧结构性
改革的思想基础

　　城市土地供给侧结构性改革的思想源自总量—结构的辩证法思想，更深层次的思想基础是结构—绩效、空间生产、空间创新和外部性等理论。本书重点讨论后面四个理论，它们之间具有密切的内在联系，其中，以结构—绩效为核心，通过空间生产实现空间创新，达到空间正外部性效应。也就是说，创新发展是发展的总基调，空间创新是创新发展的重要内容之一，空间创新要靠空间生产来实现，通过空间生产实现空间组织结构的调整，空间组织结构调整的过程即空间创新的过程，而空间创新过程是要以空间正外部性为标准的，由此实现结构调整基础上的空间绩效改善。具体如图 2 - 4 所示。

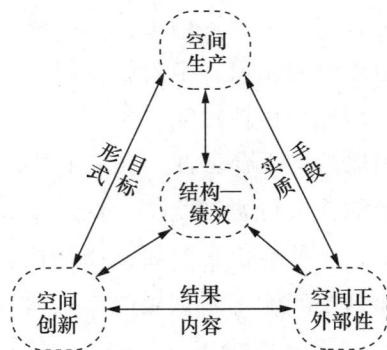

图 2 - 4　城市土地供给侧结构性改革理论思想基础的内在关系

　　传统产业组织理论认为，企业空间集聚促进创新环境的生成，但是，该理论更多的是从宏观层面或者抽象掉空间摩擦，而忽视了推动微观经济活动主体之间的空间关联的组织结构。借鉴贝恩关于"结构—行为—绩效"的分析范式，空间是各种要素综合有机而成的建构体，不同的空间结构形态形成差别化的空间经济绩效。在这当中，不同的空间内部组织结构将影响着经济活动主体的行为模式和行为成本。这一行为模式是产生集聚效应的三大微观机制：共享、匹配和学习。不同的空间组织结构安排使这种空间共享、匹配与学习的效率存在差别。这种柔性化的空间组织结构安排，为集聚提供了物质空间基础。而传统庸俗的空间哲学观，基于空间均质性假定，把空间当作僵化的、刻板的和非辩证的，仅仅被视为社会活动运行其间的、自然的、既定的处所，而不存在任何空间摩擦。在这种哲学语境下，使新古典经济学在讨论经济增长时忽视了空间异质性对经济绩效的影响。空间是对人们行为活动的一种规制，从而建构起特定的社会秩序，这本质上是空间要素的组合配置，空间组织结构将必然影响空间经济活动的绩效。早在60年前，艾萨德在评论一般均衡分析时就认为，希克斯局限于"一个没有空间维度的仙境"之中。库普曼斯（Koopmans）在《关于经济学现状的三篇论文》中说：当我们关注经济活动的区位，并且经济活动的空间分布本身也成为一个变量时，空间的重要影响便开始凸显。回归到现实，远郊工业区是区域政策在空间上的实现，是产业的承接地。然而，它不单是产业发展所依托的地理实体容器，而是重要的生产要素。在既定的区位上，内部的不同组合方式所形成的空间结构决定了不同的经济产出效率。这一结构直接决定着空间转换成本的大小、集聚效应机制的发挥和关联效应的强弱。园区空间组织结构作为园区空间生产的结果，是一系列要素的系统耦合，形成特定的空间要素的组合配置，从而建构起特定的空间秩序，影响人们的行为方式，而这基于多样化空间形态与多样化空间联系等机制来影响园区空间经济活动的绩效。因此，从经济地理学视角来看，空间组织结构问题是我国经济发展中必须考虑的基本问题，同时又是必须理性解决的空间生产力问题，是涉及我国区域空间可持续发展的关键问题。

空间组织结构调整是经济发展方式转变的重要手段。关于加快经济发展方式转变的手段，很多学者提出，要从"要素投入"驱动向"创新"驱动转变，而关于什么是创新，奥地利经济学家熊彼特从五个层面探讨了创新，然而，经济活动的空间化，决定了创新的空间属性，要形成创新的空间需要以空间的创新为前提，但熊彼特尚未将空间纳入创新的对象范畴，直到 20 世纪 80 年代以后，创新才被赋予了空间的内涵。20 世纪 90 年代初，王缉慈的《创新的空间》进一步表明，空间组织在经济增长方面发挥了重要作用，地区活动绩效受制于空间特定的要素组织安排。在快速城市化的今天，空间重构是其重要特征，它表现为城市空间增量的拓展和存量的更新与重组，其本质是通过"调整城市用地结构→改变用地模式→重塑城市空间结构"的机制来促进经济增长。因此，我国正处于经历新一轮城市空间重组过程中，城市形态演变、空间结构调整对经济增长的速度、方式都将产生直接或间接的推动或制约。

空间组织形式影响空间经济效率，维护好空间秩序，着力提高空间运行绩效，是经济发展方式转变的基本目的。通过空间内要素资源的优化组合形成经济增长的结构效应。城市化作为重要的空间生产形式，在我国快速推进，已成为不可逆转的趋势，而远郊工业区作为一种特定的生产空间，如何将生产的空间转化为消费与生产相互耦合共生的城市化空间形态，依赖于产业园区内部空间资源要素组织结构的重塑，依赖于空间组织秩序的合理安排。当刚性的组织结构不适应空间生产力发展的需要时，加快空间组织结构的柔性化就成为必然的选择。这是因为，在经济发展过程中，通过资源、经济要素和经济活动主体在空间上的优化组合，可以获得特有的空间经济效益，即空间组织结构的适时转换是提高资源配置效率的重要方式，进而对经济增长产生重要影响。

一 结构绩效

城市土地供给侧结构性改革遵循了贝恩"结构—行为—绩效"的经典分析模型。城市空间是由众多基于土地支撑的各功能相互耦合而形成的一个系统，土地在不同功能上的分配决定了城市功能的整体差异性，进而影响城市化进程中微观行为主体生产者、消费者与企业在空间流向等方面的决策，进而使空间集聚程度存在差异，并带来不同的空间绩效。从经济学的资源配置角度来讲，既定的要素投入总量该怎么分配是微观经济学中的一个核心问题之一，帕累托最优是西方经济学领域关于资源优化配置的一个重要概念以及判断资源是否得到最优化配置的一个检验标准。它反映了在不同资源稀缺的情况下如何最大化安排资源的一个基本原则。如果这个资源分配是满足帕累托最优，那么这个经济系统将会实现经济效益的最大化。因此，也可以说，在这样的情况下，实现了资源适配。其实，帕累托最优反映的是既定资源应该以怎样的数量结构化和空间结构化配置来达到让资源需求双方都能满意的一个结果。① 在资源稀缺和用途较多的情况下，如何进行有效的分配资源，保障资源的最佳利用，实现空间社会经济绩效的最大化，增强要素的柔性化和弹性程度，在市场经济环境下有效的转移用途，提升空间竞争效应，是 21 世纪面临的重要课题。北京798 艺术街区发生变迁正是基于空间竞争效应而发生的城市土地用途的转向。空间作为重要的生产要素，是各种要素综合有机而成的建构体，不同的空间结构形态形成差别化的空间经济绩效。

城市的发展过程就是结构转换与绩效提升的过程。城市发展与细胞分裂在规律上具有高度的一致性。生物学中的细胞分裂②表明，随着生物体的成长，细胞逐步分裂成一个与母体独立的个体。如法炮制，城市空间系统也是如此。从宏观层面看，城市从"单中心"发展到"多中心"是城市这个生命有机体内部各组成部分发生分化的过程，这种城市空间宏观结构的变化反映了城市内部用地结构的逐步调整。我国的园区经济③是城市空间结构调整的缩影，一方面，原主城区"退二进三"，提升了主城区的功能，形成一个辐射半径较大的核心功能区；另一方面，园区经济作为从原中心城市分化出来从事生产

---

① 在传统的要素最优化配置理论研究过程中仅仅考虑数量结构化配置，在实践中要实现帕累托最优，除考虑数量结构的最优配置外，在特定的实体空间中，还需要考虑空间的适配，否则，对于实践家而言，即使知道了这种数量结构配置，最终可能令他们无处着手，在本书中后面提及的职住分离，在本质上就是一种资源的空间错配问题，即使资源在数量结构上实现了最佳配置。

② 细胞分裂（cell division）是活细胞增殖其数目即由一个细胞分裂为两个细胞的过程。具体参见 http://www.360doc.co，2015 年 7 月 18 日。

③ 传统制造业从中心城市集中迁入城市郊区的一种经济形态。

的职能空间，是原城市空间的重要功能区，随着时代的变化，与主城区较大的空间交易成本以及自身功能的完善，这些区域变成了一个功能相对完善与原主城区平起平坐的相对独立并自我循环的空间，在这个时候，城市由单中心实现了向多中心的蜕变。在功能区向城市新中心的变迁过程中，伴随着土地利用方式的变革，是土地利用结构由"一股独大"转变为空间不同属性的多元主体参与土地利用竞争的局面，空间实现了多元化。因此，城市中心犹如细胞分裂一样，城市在不断的成长中，由原来的单中心逐步分裂演化为多个中心，而且多为"一主一副"或"一主多副"模式，以此缓解单一中心所承受的过大压力，分散人流、物流、能流，使城市空间的经济绩效得到明显的改善和经济总量的提升，由单中心到多中心的演化，使之前的用地结构形态将不复存在，新中心的产生，必然伴随着新的类似于中央商务区的商业中心，进而带动所在区域的发展。

二 空间创新

空间创新是城市土地供给侧结构性改革的逻辑解释。城市化的空间维度，决定了持续推进中国城市化进程需要考虑空间创新，通过空间创新构建一个创新发展的空间。土地供给侧结构性改革正是致力于空间的创新去创造一个创新的空间而努力。进入经济新常态后，我国的生产要素结构正发生深刻的变化，诸如人口红利、土地红利、环境红利在不断消失。通过供给侧结构性改革将以要素驱动为基础的传统增长点转向以创新驱动为基础的新增长点。

在快速城市化的今天，空间重构是其重要特征，这本质上是一种基于空间本身的创新，即空间组织结构的再造，它表现为城市空间增量的拓展和存量的更新与重组，其本质是通过"调整城市用地结构→改变用地模式→重塑城市空间结构"的机制来促进经济增长。因此，我国正在经历的新一轮城市空间重组过程中，城市形态演变、空间结构调整对经济增长的速度、方式都将产生直接或间接的推动或制约作用（刁琳琳，2010）。基于土地供给侧结构性改革的空间创新能够实现空间组织结构的重塑，改变土地利用格局，带来的一系列空间的结构性增长效应，打破空间形成格局的路径依赖，改变不利于当下土地资源配置的制度体系。

三 空间生产

空间生产是城市供给侧结构性改革的内容实质。城市土地供给侧结构性改革的重要内容之一，即调整城市内部用地结构，用地结构的调整过程即空间生产过程。按照现代人文地理学的基本观点、现代空间经济学以及新经济地理学关于空间的阐述，空间并不像新古典经济学家描述的那样，是一个毫无生机可言的仅仅被视为社会活动运行其间的、自然的、既定的容器，空间自身也是在不断的变化过程中的，这即为空间生产。空间生产使空间本身同资本、劳动力等一道是重要的生产要素。因而其不同的空间生产方式将产生差别化的空间经济绩效。这种差异化的空间生产方式，从新马克思主义学派对马克思主义学派的生产理论继承和发展来看，首先表现为空间资源如何进行合理的分配，进而决定空间的生产与消费。空间资源分配的背后是权力、资本、公平与效率等价值取向的结盟与权衡，而空间资源分配不公是社会财富分配在空间上的衍生，同时，这一分配不公是其他分配不公的重要导火索。基于用结构的视角去审视发展中的问题，而城市土地资源的结构性错配是一个重要的方面。

城市化具有明显的空间属性，它是一种特定空间自生产行为。一方面不断调整空间本身的组织结构，另一方面也调整着空间社会生产关系。空间资源分配不公而引起的空间正义问题是城市化进程中的重要问题。而空间批判是对空间生产过程中产生的一系列问题的反思，它对马克思关于资本主义批判的继承。事实上，土地资源在不同经济主体之间的不平等分配，构成了空间批判的事实基础，这种不平等的空间分配的背后在于资本和权力的结盟。因此，从这个角度来看，空间生产过程是基于资本与权力交互作用下的土地资源的分配—生产—消费—交换的过程。在当代城市空间生产过程中，资本对于空间的权力垄断，使资源分配存在具有显著的趋利导向，使以土地为基础的资源分配的不正义性，这种分配的非正义所产生的城市空间结构形态成为资本的附庸，按照资本收益最大化进行资源的配置，资本逻辑决定城市的空间结构形态演变。在实践中，有限的城市建设用地，工业用地低价过度供给，以刺激更多的企业落户，创造更多的税收，而住宅用地高价减量化供给，使贫富收入差距逐步拉大。

党的十八届三中全会以来，明确提出，要坚持以人为本为核心价值理念的新型城镇化。实质上是要重回城镇化的空间正义本质，即对空间资源占有、利用和消费的正义，符合价值理性和工具理性，破除唯资本逻辑下的资源配置方式，向符合空间正义的方向转向。以空间正义的价值目标和原则，对资本加以规范和引导，使其克服其增值和贪婪的本性，促进城市空间生产更加合理、有序地进行，合理划分生产、生活、生态空间以形成城市内部"三生"功能的互动协调和促进不同规模的城市实现功能的优势互补，形成节约和集约发展的城镇新格局。强化城市生活生态功能和更好地发挥城市生产功能，将生态文明的理念融入城市发展，构建绿色低碳的生产、生活和消费模式。

四 空间外部性

空间正外部性效应是城市空间结构调整的驱动力。城市土地供给侧结构性改革基于土地利用结构调整，将空间功能边专业化边界控制在最佳的范围，降低空间交易成本，增强空间的功能集聚程度，而空间功能集聚反映的正是雅各布斯外部性效应。雅各布斯外部性是一种基于多样化相互联系效应，对多样性的强调带来城市空间结构趋于刻于扁平化。

基于上文的分析，我国城市土地利用结构不合理的空间来源是大量的工业园区与新城新区。而这类地区一个重要的特点就是远离主城区而又要依靠主城区、空间功能"一股独大"，并具有明显的空间垄断特征，缺乏空间竞争机制，降低了空间发展的活力，助长了空间用效率低下的情况发生。根据现代区域经济学的基本思想，这种"一股独大"的空间组织结构方式，是一种马歇尔专业化思维范式在空间组织结构上的应用。然而，马歇尔专业化具有历史阶段性，随着城市的演化会被雅各布斯的多样性所取代。同时，马歇尔外部性具有较弱的抗外部环境变化所带来的风险的能力。因此，无论是政府还是学者更多地支持雅各布斯多样化的城市空间发展战略，一个重要的原因就在于这种空间特征的抗击风险的能力强于专业化。美国汽车城底特律的破产，是这一情况的典型案例。与此同时，雅各布斯在《美国大城市的死与生》中深刻地揭示了城市内部空间多样化带来城市空间的繁荣。

产业多样化的背后是以土地利用类型的多样化为支撑的。与其说是产业的多样化，还不如说是支撑产业多样化的土地利用结构的多样化。土地利用类型的多样化为产业的多样化提供了支持，功能的多样性是城市多样件的基础，不同功能的融合交会产生部分之和大于整体的效应。各种功能的融合反映了不同功能内在的联系，功能之间可以相互激发创新性，并有利于提高空间生产力的组织模式，因为人的聚集会促进各项活动的发展。事实上，从"增长极"理论角度来看，马歇尔的专业化空间强调的是产业功能增长极，抽象掉了空间中的其他功能，而雅各布斯多样性强调的是地理空间增长极，将具有多样化特征的城市理解为区域经济增长的核心，产因城而聚，城因产而生，地理增长极是产业增长极的空间化。同样是增长极，但就其内涵而言，后者远比前者要深刻丰富，根本就在于地理增长极考虑了内部空间结构效应。因此，从某种意义上讲，功能增长极是一种形而上学的城市发展观，而地理增长极是一种对立统一的城市发展观。

第三节　城市土地供给侧结构性
改革理论的基本结构

一　城市土地供给侧结构性改革的动力机制

城市土地供给侧结构性调整的动力之一：土地资源总量的稀缺性，决定了随着城市化进程的不断加深，人地关系变得紧张。如前文所述，空间和土地资源的自然供给不足已成为制约我国城市化进程的矛盾焦点。一方面，国家粮食耕地和生态"安全底线"遭到近些年来"城市蔓延式扩张"的严重威胁，使 2011 年的《国家"十二五"规划纲要》和《全国三体功能区规划》（国发〔2010〕46 号）对新城新区和城市边界都做了明确的规定，并且提出了四类空间开发模式等，都是基于城市空间边界扩张无序、蔓延无度这一事实的正面应对。另一方面，"发展缺空间""用地缺指标"已成为各城市普遍面临的发展难题（刘士林，2015）。因此，城市空间拓展的无限性与土地资源的有限性，决定了不可能走粗放型的城市空间扩张模式，而且，国家粮食安全底线决定了农业耕地资源不可能全部转化为城市建设用地。当前，中国城市化处于约56.1%的水平上，按照西方国家的城市化发展轨迹，还有25%—30%的人口落户城镇，因此，还需要大量的空间去承载这部分人口，然而，土地资源总量的约束，决定了我们必须把对土地利用的需求由外部转向内部，由增量调节转向存量挖潜，由自然供给转向经济供给。实现资源从粗放投入向集约利用转换，通过土地利用结构优化，提升土地资源的经济供给能力，摆脱土地资源自然供给的刚性约束。此外，由此延伸出一个重要的动机：寻求"土地红利"的新方式。1978年改革开放以来，我国城镇化快速推进，还得益于"土地红利"①，同时，对于面临的一些诸如土地城市化大于人口城市化、土地粗放利用等情况也与"土地红利"的利用方式密切相关。随着转变经济发展方式和新型城镇化战略的提出，传统粗放型的土地投入模式将会逐步停止，这样，从传统土地利用方式中获得的"土地红利"将会日益减少。因此，转变"土地红利"的利用方式将成为落实国家新型城镇化战略的一个重要抓手。那么从调整城市内部土地利用结构的角度看，应加强低效存量工业用地的再度资本化、开拓新型土地财政以应对新型城镇化公共成本的攀升。

城市土地供给侧结构性调整的动力之二：城市土地利用结构本身的不合理性。城市内部用地诸如商服用地、住宅用地和工业用地的结构不合理，在供给关系的作用下价格分化严重。一方面是代表工业用地的产业园区大规模供给，超出最佳的空间功能专业化发展效益边界，空间集约利用程度低，产业转型升级的激励不足，使"产城分离"情况明显；另一方面是城市住宅用地及商服用地供需失配，城市"地王"频出；此外，土地储备融资的杠杆过高，成为地方政府债务的主要组成部分，高额的利息支出，进一步推高了土地收储成本、形

---

① 陈浩、张京祥（2015）将"土地红利"的内涵理解为土地资源的使用、土地资产的增值及其利用给经济发展带来的利好。

成土地供给价格恶性上涨循环，增加了地方政府的债务杠杆风险（黄燕芬、李怡达、夏方舟，2016；黄发儒，2016；殷少美，2016）。而且，就建设用地本身来讲，各产业和行业之间的资源配置不平衡，土地资源配置过程中仍以传统产业为主，新兴产业土地供需矛盾依然尖锐，因此，需要严控新增产能，停止向过剩行业供地，逐步向新兴产业供地，降低这类产业的用地成本，同样是供给侧结构性改革急切的任务。

二　城市土地供给侧结构性改革的传导过程

城市土地供给侧结构性改革，通过优化城市整体空间结构促进城市空间绩效的提升。从宏观层面讲，城市土地供给侧结构性调整，其目的在于保持功能用地比例协调，保障代表生产与生活各功能之间的互动、耦合协调，进而使空间结构优化，保障城市能够健康可持续发展。与此同时，随着城市化的发展，城市的性质不断发生变化，相应的城市内部的职能也相应地发生变化。因此，为了顺应城市发展需要，通过调整城市土地在城市不同功能之间的分配，进而使城市得到成功转型，城市能级不断提高。

城市土地供给侧结构性改革的侧重点在于"调控城市产业用地结构—促进产业转型与结构优化—产业发展水平提升"这一过程。在上述前提下，城市的可持续发展还需要进一步把握好生产功能这一关，产业层次决定了城市的发展层次。城市土地在产业之间怎样分配决定了产业结构及其绩效。因此，调整城市土地供应结构，优化不同行业或企业的土地供应数量；通过土地供应结构的变化，将直接影响不同产业和企业的发展，进而优化产业结构；通过土地供给侧结构性改革，将逐步实现对'僵尸'企业和落后产能的关停并转；通过加大对新兴产业用地的支持，促进类似于新兴产业成功落地，进而形成新兴产业对传统产业的替代效应和收入效应。

图 2-5 显示，纵轴为传统产业用地规模，横轴为新兴产业用地规模，相对而言，产业用地更多地分布在传统产业领域，为了支持新兴产业发展，降低其发展成本，通过相对提高传统产业用地的价格，使传统产业成本上升，对其产生"挤出效应"，从而使低端产业、产

能过剩行业被迫外迁或者退出市场，这样，为更多的高端产业发展提供了空间载体，进而形成替代效应（$X_2 - X_1$），同时，这一用地调整，使土地的经济供给能力提高，空间生产力提升，空间效用曲线向外推移，即由 U_1 上升到 U_2，形成因改变土地利用方式而产生的土地收入效应（$X_3 - X_2$），进而最后形成用地结构调整的经济发展总效应（$X_3 - X_1$）。

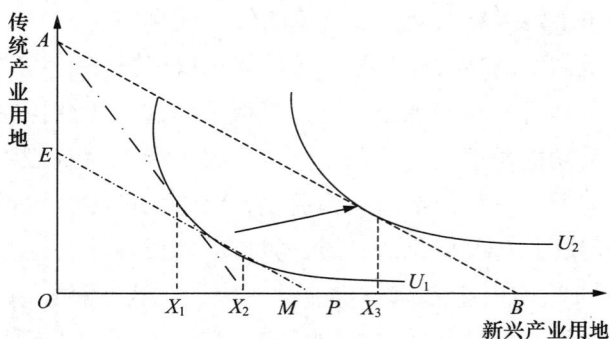

图 2 – 5 城市土地供给侧结构性改革形成的产业结构的收入替代效应

2014 年以来，服务业在经济发展中的地位不断提高，并由 2014 年的 50.5% 上升到 2015 年的 54.1%，因而存在着代表工业的第二产业在经济增长中的份额将逐步降低，由此，相应的产业用地需要逐步做出调整以适应这种产业高级化发展的需要。此外，对于房地产供应明显偏多或在房地产用地规模过大的市、县，遵循供给侧结构性调整思路，通过政府的力量，引导未开发房地产用地转型利用于战略性新兴产业、养老产业、文化产业、体育产业等项目（卢为民，2016）。

三 城市土地供给侧结构性改革的制度支撑

政府是城市土地资源的供给者和管理者，相应的城市土地供给侧结构性改革的动力主体在于其自身。因此，资源配置的体制机制本身便成为资源配置失当的重要制度原因。党的十八届三中全会明确指出："坚持政府在配置资源的基础性作用和更好地发挥政府规划的作用。"众所周知，新中国成立以来，市场和计划是配置资源的两种方式，也是资源配置的两种结构。在新古典经济学理论中，市场机制是实现资源优化配置的基础，导致经济绩效损失或者市场失灵的原因一般有垄断、外部性和信息不对称三个方面。后来有学者指出，不光有市场失灵，政府也是有限政府，它也会存在失灵，即"政府失灵"。

推进城市土地供给侧结构性改革的实质，就是要正确处理好市场与政府在城市土地利用方面的关系，充分发挥市场在城市土地资源配置中的决定性作用，并更好地发挥政府的作用（冯广京，2016）。但是，多年来，住宅用地价格高企、工业用地价格超低，导致资源利用效率降低、产业结构失衡，影响民生事业和经济持续健康发展，而价格高低本身是中性的，是市场本身的表现，进一步思考，出现这种畸形的价格无不与政府作为土地资源管理者的行为方式有关，这种价格格局的背后反映了政府这只"有形的手"基于某种目标而进行操控。一方面通过供给结构干预，对工业用地最大限度地供应，对住宅用地压缩供应；另一方面对价格的决定机制进行干预，对住宅用地实施市场化的价格决定机制，对于工业用地则实施政府指导价。

因此，强化土地供给侧结构性改革，关键还是需要破解促使政府做出这样的选择的制度弊端。土地尽管作为生产要素参与经济活动，但国家作为土地的所有者对土地进行了一系列的管控，在实践中，土地的实际管理权限落在地方政府官员手中，尤其是强势官员的介入，使土地供应主体呈现出地方化与官员个体化。由此，整个土地供应计划成为官员的个体行为，这就存在着通过损害土地供应和土地利用效率来实现个人目标的风险，导致了土地供应的结构异化，产生一些负面的经济社会效应。因而，在城市土地供给侧结构性改革过程中需要有相应的制度支撑。

四　土地供给侧结构性改革的成功需要结合土地需求侧

供给侧结构性改革的初衷就是增加有效供给，化解无效供给，而有效与无效的标准，在现行的政策背景下，既取决于生态诉求，又取决于市场需求。因此，有效的供给依赖于与现实需求相符。单就产业供地结构而言，产业的发展是城市化的根本力量，何种产业助推城市化发展，降低区域发展的风险是必须考量的问题，因而在土地供应上需要全面考察所支持的产业的发展潜力，否则将带来新一轮的产业能过剩。在实践中，很多地方政府因项目一打着"新兴产业、新业态"的旗号就盲目供地，缺乏对市场前景的评估预测，这种盲目性最后将可能造成新一轮的产能过剩。从不同规模的城市发展来看，存在着城市化进程缓慢的小城市住宅用地供给过多，而工业用地供给不足，城市化水平高的大城市住宅用地供给短缺，而产业用地供给过度的局面。这在未来的土地供给侧结构性改革过程中，需要从用地需求分析的角度，调整土地供给结构，促进城市工业用地与住宅用地的有效匹配。

第四节　城市土地供给侧结构性改革理论框架的分析思路及独特之处

一　城市土地供给侧结构性改革概念框架的分析思路

（一）一般—个别的分析方法

供给侧结构性改革，对于中国城市化发展进程具有调节作用，但是，供给侧结构性改革是一个复杂的系统，涉及的内容很多，基于要素投入层面，本书以土地供给侧结构性改革为切入点，研究土地利用的结构变迁对城市化的影响效应问题。

（二）稀缺—阻尼的矛盾焦点

土地资源供给的稀缺性与有限性，经济社会发展对土地的需求无限性，构成土地资源约束的经济社会发展阻尼效应。首先讨论土地资源对经济社会发展绩效的阻尼效应，然后再讨论土地供给侧结构性改革。

（三）总量—结构的矛盾突破

由增加总量向调整结构转变。在城市化发展过程中，城乡在耕地保护与耕地利用之间的矛盾逐步演化为城市内部各功能用地之间的矛盾。外部矛盾向内部矛盾转变，在农业用地与非农业用地的矛盾日益尖锐的情况下，即在城市用地增量有限的情况下，将矛盾的焦点指向城市内部用地结构。

（四）结构—绩效的思维范式

城市化是用地结构等投入的函数，不同的结构形成不同的绩效。新制度经济学家诺思（1981）在其著作《经济史上的结构和绩效》的开篇第一句话就说明了结构与绩效两者的逻辑辩证关系。因此，遵循这一思维，本书按照"土地利用—空间优化—城市发展"的逻辑，揭示用地结构对城市进程的影响。首先，基于结构—功能分析范式，城市土地利用结构决定着城市空间的功能分工格局以及由此决定的土地利用专业化效益的发挥。城市用地结构调整的正负效应，会通过城市经济增长、产业结构、工业化和城市化进程反映出来。其次，按照结构—绩效的思维方式，空间土地利用的结构影响作为经济活动主体的企业与居民的行为，进而对活动的绩效产生或正或负的影响。城市化是城市发展的核心，这是本书关注的重点。什么因素影响着城市化进程，或者说，基于投入产出的分析范式，是什么样的投入，影响着城市化，对于这一命题，既要关注经济活动投入的总量，也需要关注投入结构，不同的结构会能产生不同的绩效。

（五）被动—主导的地位转向

在供给侧结构性改革的背景下，强化要素供给在经济发展中的地位，促成经济发展的新动能，就需要使要素配置从过去被动地顺应经济发展需要地位向主导经济发展地位的转变，土地作为物质的承担者，随着其稀缺性的增强，有能力决定怎样使自身实现经济社会效益最大化。

二 城市土地供给侧结构性改革理论框架的独特之处

城市土地的供给侧结构性改革，是基于土地自身的改革顺应经济社会发展的需要，突破了被决定的局面，即土地资源不需要被动地接受城市化的影响，而应该站在一个主导城市化过程的战略性功能地位，通过城市内部土地供给侧结构性调整，促进地区产业结构优化升级，加快推进城市化发展，以土地供给侧结构性改革引领城市功能的提升和各城市化主体的利益协调，促进中国城市化发展。

（一）城市土地供给侧结构性改革理论框架具有十分深厚的跨学科理论基础

随着空间稀缺性程度的增加，空间及其结构问题日益成为重要的命题。在城市化任务繁重与土地资源总量约束的背景下，需要做的就是转移视角，寻求新的发展动力，从总量向结构转换，强化结构生产力。而这个结构根植于空间，因此，需要有空间创新的思维，在空间日益紧缺的后工业化时代，空间本身也日益演化为重要的生产要素。如何利用好有限的空间以创造最大化的城镇化发展效益是一个十分重要的课题，同时，空间自身不是固定不变的，而是处于不断的运动变化过程中，这一过程受到空间内部不同利益主体之间的博弈力量强弱的对比。空间是不同功能形成的实体，每一个功能背后都有各自的利益主体。基于这些基本的认知，首先基于微观经济学领域中的资源配置理论来说明这一问题，土地供给侧结构性改革的基本目标是实现土地资源的有效配置，降低土地资源在空间错配的程度，而不同主体对土地资源的需求，构成了特定的空间实体。按照现代人文地理学的观点，空间是重要的生产要素，其实，对这一观点不难理解，随着生产力水平的提升，交通基础设施的改善，产生了时空压缩效应，由此降低了居民与企业的生活生产的空间交易成本，从而使企业生产函数发生变化。此外，按照柴彦威教授关于空间的理解，他认为，空间是由不同功能实态的生产空间与生活空间、交通基础设施空间和公共服务空间等组成的，因此，从这个角度讲，空间是代表不同功能实体相互协调而形成的系统，不同功能实体相互协调在本质上是分工在空间上的拓展，即空间分工，这是空间的本质特征，而空间分工的经济效率起源于空间分工本身基础性资源土地在不同功能间的配置。功能间的相互协调配置，才能使部分功能之和大于整体功能，这是对斯密分工形式和理论的进一步发展。城市化的有序推进是城市空间结构的有序性的反映，需要不同功能处于"其乐融融"的状态。

（二）城市土地供给侧结构性改革，是实现经济要素在地理空间上的合理分布和资源的最佳配置，寻求实现城市空间发展方式转变的新途径

关于发展方式，在学术界最早提出在要素投入方式方面，要实现

从粗放型向集约化的转向，后来以胡锦涛同志为总书记的党中央在转变经济增长方式理论的基础上提出转变经济发展方式，将经济结构战略性调整作为转变经济发展方式的主攻方向（李陈，2017）。当前的供给侧结构性改革思想是上述思想的继承和发展。这些思想是我们正确把握土地供给侧结构性改革的理论前提。土地供给侧结构性改革就是全面提升土地利用效率，实现土地要素投入方式由传统的粗放型向集约化转型，更加注重在城市化进程中以土地城市化为前提的空间生产与扩大再生产形式，应该是从传统的外延式空间生产向内涵式空间生产转型。在城市这样一个复杂而有序的空间系统中，土地资源具有多重属性，它被分割为生产资料和消费资料，一部分用于工业生产活动，一部分被投入到居民居住消费活动中。在实践中，工业生产活动具有优先性，落在空间上是工业用地的优先提供，但这不代表反映居民消费的居住休闲用地不需要供给或者短缺，否者将最终导致城市化进程这一特殊的空间扩大再生产受到制约。土地供给侧结构性改革是转变经济发展方式在土地资源领域的理论探索，而优化土地利用方式是土地供给侧结构性改革的基本诉求，土地作为空间载体，本质上又是以空间正义这一原则为指导的空间生产方式的调整，其中，空间正义首先表现为空间资源的分配正义，在此基础上，实现普通居民的居住正义、生态正义和经济正义。

（三）城市土地供给侧结构性改革理论框架突破了传统对城市建设用地相关研究的宏观化，是时代的转型和矛盾三体的转向

中国一直关心农地流转以及农地非农化在整个城市化进程中的功能与作用，而往往忽视了城市内部的用地结构问题，人们包括地方政府一直将矛头指向了农村土地，而忽略了城市内部的用地问题。在城市化的过程中，我们需要加强建设用地的集约有效利用，而建设用地本身是一个抽象的和宏观的问题，而它的内部是由代表不同城市功能的各类用地构成的。过去，无论是政府部门还是学者都普遍较重视农村土地在整个城市化中的作用与地位，在整个城市化进程中，这是很重要的一环。早期和中期的城市化都是在农村土地的基础上发展起来的，进而有学者将土地声称为"土地资本"，这一阶段，城市化过程

就是大量郊区农业用地转化为城市用地、实现土地这一要素价值增值的过程。而对于远离郊区的农村用地而言，为了配合城市化发展，很多学者也提出要强化这类农村地区的土地资本属性和土地流转。然而，城市空间总有一定的空间边界，在生态环境与耕地红线不断告急的情况下，不可能无限制地进行粗放型的土地扩张，不可能无限制地使用农村土地资本这一杠杆来推动城市化进程。因此，在这种情况下，我国将进入后城市化阶段，而后城市化阶段，其矛盾的焦点，将从城乡之间的矛盾统一体转向了城市内部自身的矛盾统一体，即这一阶段，整个空间的矛盾主体对象将发生转向。若我们将前城市化阶段看成努力提升人口城市化进程"量"的阶段，那么后城市化阶段则是通过努力提升城市化发展的"质"的阶段，以此来推动人口城市化进程。

（四）城市土地供给侧结构性改革概念性框架更能直面揭示城市土地资源的稀缺性和城市内部各功能之间的矛盾与问题

城市内部土地利用结构是城市微观层面的视角，空间生产理论说明了城市内部基于资本逻辑引导下的城市空间结构形态是为资本价值最大化服务的，这使城市内部空间具有潜在的不合理性，加之政府对城市空间具有强有力的空间垄断权力，使权力与资本结盟共同主导了中国城市空间结构安排势，这必会对城市化以人为本这一价值立场造成侵害。这种资本与权力结盟的背后，正是地方政府借助于空间规划，通过工业用地与住宅用地的结构性失衡手段，与房地产开发商、工业企业家一道决定了城市空间的结构性安排，而这种安排，作为城市化的重要主体的居民却被排除在这个体系之外，他们成为这个体系的局外人，是被动的接受者。理论上讲，政府是公众的代言人，但政府作为理性经济人，难以完全反映公众的利益，政府的诉求与民众的诉求可能存在偏差，因此，这种空间资源分配，难以真正反映民众的利益，进而必然影响着城市化的进程。

（五）城市土地供给侧结构性改革是中国特色社会主义政治经济学理论的重要组成部分，是马克思的生产理论到新马克思主义学派的空间生产理论的延伸

与西方资本主义私有制国家不同，我国的社会主义公有制经济属

性，决定了土地资源领域的国家所有权，同时基于市场经济体制属性，决定了我国的城市土地供给侧结构性改革需要从市场和政府两个层面加以驱动，既要充分发挥市场在城市土地资源配置中的基础性作用和内生动力，促进经济效率的提升，又要充分发挥政府的宏观调控地位和外部动力，实现社会的公平正义。城市土地供给侧结构性改革是马克思主义政治经济学关于生产力与生产关系的辩证关系向微观城市内部空间的拓展，它反映的是空间生产力与空间生产关系之间的问题，即特定城市空间内部的土地资源怎么分配、分配多少的问题，由此决定了空间扩大再生产的水平。总之，我国城市土地供给侧结构性改革是基于当前国家经济发展阶段而进行的在土地领域的创新，其理论应从属于中国特色社会主义政治经济学范畴（秦静，2016；肖林，2016）。

本章小结

城市土地供给侧结构性改革是供给侧结构性改革理论的重要组成部分，这是本书围绕"土地利用结构对城市化进程的影响"这一命题进行研究的理论分析框架和理论基石，否则就是"无源之水"。基于这样的考虑，本章的主要内容可以概括如下：

第一，本书关于土地供给侧结构性改革这一概念的提出是一个循序渐进、逐步推演的过程，先从一般性的供给侧结构性改革提出的背景、实质和目标谈起，认为供给侧结构性改革实质上就是从资源要素供给一端发起，即通过优化资源投入结构，提高供给质量，降低近年来的产能过剩等问题。供给侧结构性改革怎么落实则是问题的所在，而土地又是重要的要素资源，基于此，本书以土地为突破口，基于供给侧结构改革的理论范式，来考虑城市土地供给侧结构性改革。

第二，分析了土地供给侧结构性改革的思想基础。本书从结构—绩效理论、空间创新理论、空间生产理论以及马歇尔和雅各布斯的外部性理论等论述了土地供给侧结构性改革的理论基础。其中，结构调整带来经济绩效，这种调整过程是对熊彼特创新理论在空间上的拓展。土地是一定空间中的土地，空间生产的过程即土地利用结构调整的过程，这种空间调整的格局，反映了土地利用格局，是多样化还是专业化，由此决定了空间生产的绩效，而这些理论之间相互关联共同构成土地供给侧结构性改革的理论基础。

第三，分析了城市土地供给侧结构性改革理论的基本结构。首先阐述了土地供给侧结构性改革的动力机制问题。一个是土地资源稀缺性，另一个是城市土地利用内部结构本身的问题，工业用地与住宅用地的不合理配置这一杠杆，带来城市内部发展的畸形。其次讨论了城市土地供给侧结构性改革的动力主体问题，接着讨论了城市土地供给侧结构性改革的传导过程，然后讨论了城市土地供给侧结构性改革的制度支撑，最后认为，土地供给侧结构性改革的成功需要结合土地需求侧来进行。

第四，讨论了城市土地供给侧结构性改革理论框架的分析思路与独特之处。对于分析思路主要基于因果联系与矛盾的对立统一观等角度展开，然后简要地讨论了这一概念性分析框架的独特之处。首先，城市土地供给侧结构性改革理论框架具有十分深厚的跨学科理论基础。其次，城市土地供给侧结构性改革，是寻求实现城市空间发展方式的转变的新途径。此外，城市土地供给侧结构性改革概念性框架揭示了城市土地资源的稀缺性和城市内部各功能之间的矛盾与问题；同时，城市土地供给侧结构性改革理论框架突破了传统对城市建设用地相关研究的宏观化，是时代的转型和矛盾主体的转向。最后指出，城市土地供给侧结构性改革是中国特色社会主义政治经济学理论的重要组成部分，是马克思的生产理论到新马克思主义学派的空间生产理论的延伸。

第三章 城市用地结构与城市化进程:
特征事实和研究假设

　　本章是本书第四章至第七章研究的基础,通过对基本现象的描述,然后提出拟验证的理论假设。本章首先从城市的性质出发,分析在既定条件下专业化收益最大化时城市空间功能分工的最佳边界;然后,从城市化发展的质与量辩证关系的角度,简要地论证在城市化发展过程中城市用地由总量到结构转换的历史必然性问题。接着考察我国城市用地结构的时序变动情况,并与国外城市用地结构做了简要比较,最后考察城市化发展进程的分布动态。对此,本书提出了四个假设:①土地资源对城市化进程存在阻尼效应。②城市土地利用专业化有利于城市化进程,但存在边界效应。③用地结构调整助推产业结构调整这一中介效应影响城市化。④地方政府的税收偏好将会影响城市用地结构变化。最后,借鉴已有的研究成果,基于数理模型构建了作为城市化微观行为主体的地方政府、企业和居民基于城市土地利用的一般均衡模型,通过模型的建立和求解,考察建设用地供给结构对人口流动的影响机理。

第一节 城市的性质、空间功能
分工与城市用地结构

一 城市的性质:城和市的一个合约

　　城市化发展实质上是城市的发展壮大的过程,既包括外延式的空间规模扩大、经济总量提高,也包括内涵式的城市空间结构日益优化，相比较而言，空间结构优化相对更为重要。因此，讨论城市化需要首先从讨论城市本身开始。

城市是空间不同功能互动耦合而形成的一个实体。"城"和"市"并非一开始就结合在一起，恰恰相反，在早期两者之间在空间上是彼此分离的（彭官章，1991）。而且它们各自承担的社会功能不同，"城"背后的产权主体是政府，承担的是政治功能；市的产权主体是从事经济活动的工商业者，承担的是经济功能。基于一般的逻辑，城的正常运行需要市作为物质基础，而市的稳定发展需要城提供保障。作为彼此相对独立的功能单元"城"和"市"，随着私有制的发展，外敌入侵与弱肉强食成为一个时代的显著特征，使"市"需要获得更多的财产保护，而"城"为了取得更多的城池而需要大量军费开支，这使"城"和"市"达成一个合约，城市税收制度逐步形成，即税收是"市"为获得"城"的保护所发生的费用，因此，城市可以说是城和市交换的结果，"获得保护权""收取保护费"是城和市交易的内容，为了降低交易的成本，提高交易的效率，两者集聚到了一起。由此可见，城市是一种制度安排，是一个历史范畴，出于交易费用的理性动机将促进职能专业化的空间融合与聚集，正是职能的空间融合促进了城市的发育成长。因此，城市形成的一个重要动机是服务于交易的实现，降低交易成本，而以功能单一为特征的空间具有不同空间之间的交易成本的不可克服性，为了降低交易成本，提高交易效率，同一空间由单一功能需要向多样化的空间形态转变，促使城市形成。具体如图 3-1 所示。

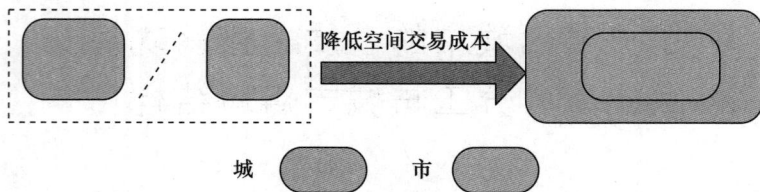

图 3-1　城市形成的基本过程模拟

城市的合约性质，体现了支撑城市发展的不同功能在空间上的对偶互补关系。城市是反映经济基础的"市"与表征上层建筑的"城"在同一空间上的功能叠加性发展，使空间功能从单一走向多元，而在已有的功能上又叠加上新的功能，推动了空间由低级向高级的转换，同时又使诸功能构成一个统一的整体，以整体的非加和性的特点极大地增强空间功能的能量，产生出倍增效应（孙志刚，1999）。这种倍增效应缘于功能集聚，而集聚的方式就是不同功能的匹配互补。

二　空间功能分工边界与专业化收益

上面回答了城市的性质即是不同功能为了降低交易成本而达成的一个合约，由此两者相互融合为一个整体，可以看出，城市空间内部是存在分工的。若各功能实现自身功能的最大化，那么整个城市空间将是一个最优的城市空间结构。在既定的城市空间中，各种功能都因为在空间中有"一席之地"而得以存在。假设各功能获得的平均收益都是一样的，那么占地多少决定了其功能在整个城市空间中的地位。

因此，承担不同功能的客体在城市空间内部占有一席之地，就是空间功能分工①，并在相应的功能空间上形成专业化收益。按照经济学的逻辑，任何专业化收益都来源于规模经济。但是，专业化收益存在空间边界，即如果某一功能所占据的土地利用超过一定的空间边界，就会产生边际收益递减，产生负外部性效应。这种负外部性一方面表现为对其他功能空间的挤占，使其他功能发展不足，导致功能之

---

① 空间分工是分工在空间上的衍生，是分工的空间化问题。传统意义上的分工主要是指劳动分工，是在企业内部，不同生产环节分配给不同的劳动者来完成的过程，随着分工的进一步细化，出现了同一空间上不同企业间的产业链分工，随着社会经济活动的空间化，空间被纳入主流经济学，出现了地域分工，即基于比较优势，表现为不同的区域生产不同的产品，即产品分工的空间上的差异性。苏联著名经济地理学家巴朗斯基曾极其精辟地指出："地理分工乃是社会劳动分工的空间形式。"上述分工主要侧重于劳动产品本身的分工，本书将主要关注城市空间或体基于空间本身的分工，这一分工基于空间的稀缺性，落在土地上就是不同土地性质所产生的不同的功能结构关系。这种空间分工与产品分工在本质上是一样的，劳动产品的空间分工，使这些不同的生产环节的产品构成了最终产品。相类似，空间分工从整个社会经济活动而言，代表不同属性的土地的分割所产生的居住功能、生产功能、社会管理功能等是保障城市健康运行的基础。

间没有很好的协调，使整个空间运行效率低下；另一方面，超过一定边界，这种功能可能所产生的产品或者服务超出了市场所需，形成产能过剩的格局，另外，就是内在的自我边界过大导致空间功能没有得到最佳的利用。亚当·斯密指出，分工带来效率，但存在一定的理论缺陷，在当时只是考虑了企业内部生产线的分工，而这种分工的空间交易转换成本趋近于零，分工会带来经济效率的提高，但过度的功能空间分工难以避免较大的空间转换摩擦成本，在这种情况下，分工将带来效率的损失，即过度的空间分工未必就是有效率的，因此说，分工具有空间边界性。空间边界的不合理，导致空间功能的不合理匹配，从而降低了空间关联效应和空间多样化效应，产生空间冲突，根本无法独立生成一个有机的城市细胞，从而造成城市肌体的"组织坏死"。为了说明这一问题，借用微观经济学领域的短期生产理论关于某一种可变生产要素的最优利用，如图 3 - 2 所示。在图中，纵轴 Q 表征城市内部某一功能基于空间分工的产出，包括总产出 TP、平均产出 AP 和边际产出 MP，横轴 Land 表示某一功能所预计可能投入土地的量，从图中可以看出，不同的投入阶段产出效益是存在明显差异的。由此将这种产出分为第Ⅰ阶段、第Ⅱ阶段、第Ⅲ阶段三个阶段。

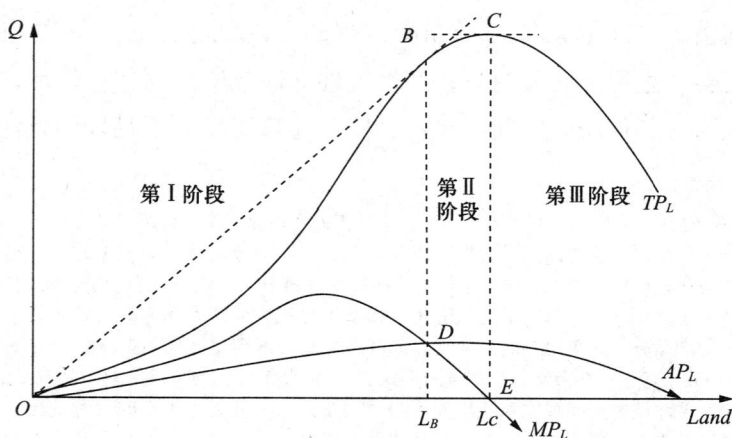

图 3 - 2 城市功能分工的专业化收益与最佳功能空间边界

短期内，在既定的城市空间上，当某一功能所投入的土地（Land）在第Ⅰ阶段的情况下，该功能所带来的平均产出是增加的；在第Ⅱ阶段，产出继续增加并达到最大值，边际收益由递增然后逐步递减，但仍然大于零，且大于平均产出，说明还获得功能专业化好处的机会，这对于某一功能而言，有必要再扩大空间边界。当空间边界拓展到第Ⅲ阶段时，发现总产出并没有得到有效增加，因此，要保障最大化的专业化收益，最佳的功能边界，应该在 Lc 阶段。

上述分析隐含着一个假定即城市某一功能专业化的最大收益是以既定的需求相结合，这个既定的需求是其他空间功能对本功能空间的需求。如果超出其他功能空间的需要，那么，就说明该空间没有实现最佳的配置，最终影响了整体空间绩效的发挥。因此，正如前面所分析的，城市内部每一种功能都会占据一定的城市土地，那么，城市是一个被多种功能分割又相互合作的结构体系。城市的健康可持续发展是功能专业化收益与空间交易费用两者相互权衡的结果，而权衡的原则是功能的专业化边际收益和由此形成的空间交易边际成本相等。如果前者大于后者，说明城市某一功能边界还有扩大边界的需要；而前者小于后者则表明城市空间边界过大，影响了自身的发展并造成了对城市相关功能空间的挤出，最终使城市整体功能没有得到最大化的发挥。当然，这里说的成本包括自身的运行成本和产生的外部性成本。因此，城市内部包含着生产、生活等基本对偶的互补功能，任何城市功能都不能脱离其他功能而单独存在（彭坤焘、赵民，2010）。即空间功能的不合理配置，超出一定的功能边界，将会带来负外部性，即土地资源的有限性，某一功能的过度集聚可能又会制约其他功能的发挥，最后又抑制城市的发展。因此，资源配置结构的合理性是促进经济效率发挥的前提，马克思早在《资本论》中就发现了生产资料生产（第Ⅰ部类）和消费资料生产（第Ⅱ部类）的有效配置对社会经济持续发展的重要性，否则就容易导致生产与消费的不匹配，形成生产过剩或者短缺，最后引发经济危机。如果从这个角度来理解空间内部功能结构，则可以将城市内部空间，从属性上分为生活空间（第Ⅰ类）和生产空间（第Ⅱ类），这两类空间只有保持一个恰当的比例，才能顺利实现各自的交互，然后实现两大空间之间的交互。这样，城市才能够顺利运行。因此，基于空间分工的各类用地之间需要保持一个最优的比例关系，才能提高城市空间集聚经济绩效。

从静态来看，基于城市土地分配导向下的城市内部的功能体系与基于人口规模背景下的城镇体系具有内在的逻辑一致性。如果城市某一功能越强大，其所占据的土地资源就越多；相反，如果某一功能越小，其所占的土地资源就越少，由此形成一个金字塔形的功能体系。当然，城市空间功能体系具有动态变化特征。从长期来看，空间专业化功能边界是一个不断调整的过程，图 3 - 3 较形象地表达了不同时期城市空间功能的特征。在城市化进程的早期，城市空间的功能分工表现为高度集中在功能 A 上，它是这一时期的主要城市功能；功能 B 次之；功能 C 最弱，但整体上表现为功能单一。① 到了下一个城市发展阶段，城市主导功能发生变迁，用地结构不断调整，各城市功能结构日益均衡，这本质上是功能的叠加性原理。随着城市的发展，功能的叠加性将日益突出，体现了城市空间的多样性日益增强，实现了由马歇尔的专业化外部性向雅各布斯多样化外部性的转变。这种空间功能结构的差异，使集聚经济效果存在差异。如功能单一的"钢都"鞍山和与之相距不远的功能呈现出多样化的大连，在 GDP 方面也由此呈现巨大的差异，大连同期的产值是鞍山的 1.68 倍，这就是功能叠加水平差异的结果。又如以煤炭为"一股独大"的城市大同，第二产

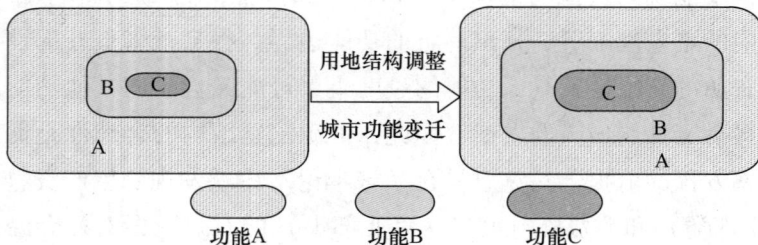

图 3 - 3　城市功能变迁与用地结构变迁示意

---

① 城市包含较多的功能，不限于此。本书只是举例说明，城市是一个被大小不等并占据一定土地资源为前提的多种功能分割又相互合作的结构体系。

业产值占68%，由于城市功能单一，缺乏形成倍增效应的机制，使其总产值与我国沿海一个普通县的发展水平相当（孙志刚，1997）。因此，随着城市的发展，城市化进程的推进，必须通过调整城市用地结构来适应城市发展的需要，否则将会导致空间交易成本的不断增大。

第二节 城市用地结构的时序变动与城市化进程的分布动态

一 城市化发展与城市土地资源供求

（一）城市化发展与城市土地需求

从长期来看，城市是一个集多种功能于一身、多种要素集聚在一起的空间实体。城市的发展依赖于人口的增长与经济的发展。因此，在用地的安排上，就需要满足工业仓储用地、商业办公用地与零售用地需求以支持城市经济的运行，这一部分用地更多地服务于生产活动。与此同时，需要与经济发展相适应的服务于城镇人口生活的生态住宅用地，以及支撑城市生产生活的相关基础设施用地。具体如图3-4所示。

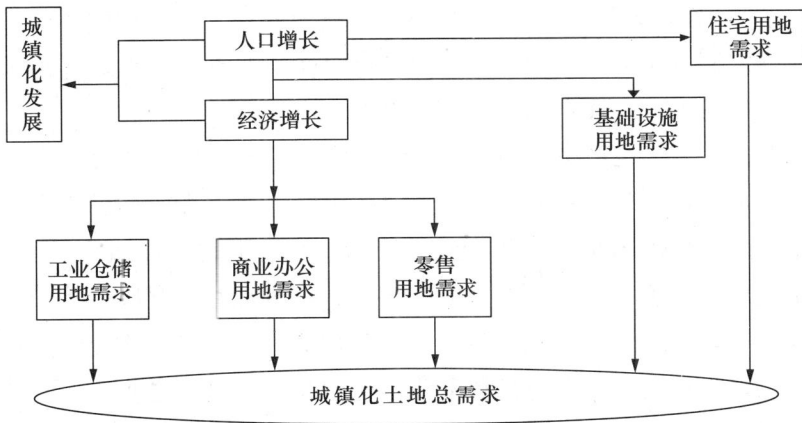

图3-4 城镇化发展的土地需求示意

资料来源：甄峰（2011）。

　　城市化发展是质与量的统一，是总量调整与结构调整的并存，但在不同的阶段则各有侧重，主要矛盾各不相同。城市化发展伴随着人口的迁移式城市化过程，同时也伴随着农村的就地城镇化过程，前者表现为人动而产业不动，后者表现为人不动而产业发生变动。在城市化发展的早期，这一转化过程主要表现为社会经济发展对城市化发展"量的增长"的要求，这一要求主要体现为城市空间规模外延式的扩大，由此引申出来的是农村地域空间的就地城镇化发展模式以及大规模农业用地向城市"流转"，这两种城市化空间演变体现的都是城市土地在增量上的需求，而对于土地利用结构来说，还不是矛盾的主要方面。当城市化在量上发展到一定阶段时，各种矛盾凸显，而提升城市化发展的质则成为主要矛盾，尤其是农村土地资源稀缺，大规模向城市转移土地变得难以为继。这就需要从城市内部寻求解决矛盾的突破口，进而反映为社会经济发展对于城市化"质的提高"的要求。当前国家提出的生态文明，正是对发展质量提出的新要求，即通过集约节约利用城市土地资源，优化空间结构，以满足城市居民对居住、商务、文化教育、休闲娱乐、环境生态等方面的更高需求。因此，从节约土地资源的角度来看，城市化"质的提高"更加注重城市内部用地的潜力挖掘，降低外延土地增量需求，放缓城市用绝对地规模的增长（蒋南平、曾伟，2012）。换句话说，就是主要通过不断调整城市内部各功能之间的用地比例关系，实现城市空间生产方式由外延式扩张向内涵式发展转变，逐步实现城市化水平的提升。

　　总体而言，在城市化的不同阶段，城市土地利用模式表现出不同的特征。在城市化的初期和中期，城市化以"外延式"拓展为主，即城市化的土地需求集中表现为增量需求。与此同时，在城乡关系上，整个城市化进程是城乡之间为争夺和保护农地资源的矛盾；随着城市边界的约束，进入城市化后期，城市化将以提高城市系统质量为主，城市土地需求集中表现为存量调整，这个时期，城乡之间的矛盾变成次要矛盾，矛头更多地转向了城市内部各功能之间的矛盾。当前的城市化发展过程中对城市土地的增量需求与存量调整同时存在，但后者是战略重点。图3-5描述了城市化质与量和城市用地总量和结构的统一的逻辑关系。

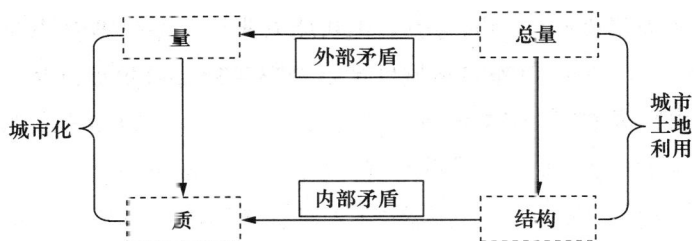

图 3 - 5　城市化的质与量和土地利用的总量与结构

其实，当城市化发展进入中后期时，城市土地资源日益紧缺，可能将陷入类似于经济发展的"中等收入陷阱"那样的状态，而需要土地利用方式的一个跳跃。在城市化发展的中后期，强化用地结构的调整，源于城市性质逐步发生变动，即逐步由生产性城市向消费性城市转换，城市的能级得到提升，城市的生产功能日益淡化，大量低端的生产被转移到城市化水平比较低的地方，尤其是在劳动力保持稳定的后工业化时代，工业用地的增长将会稳定下来，而住宅、生态、商服、交通和旅游用地将会增加。那么，在有限的土地资源的条件下，通过提高工业用地的集约利用程度，退二进三，腾出更多的空间，提高商服、生态用地，实现城市功能的更新升级，由此将城市由生产性空间向消费性空间转型。

（二）城市化发展与城市土地供给

根据"三生"空间理论，城市化包括经济城市化、社会城市化和生态城市化（见图 3 - 6）。为了满足城市化发展中的城市土地需求，需要增强城市土地的供给。供给本身包括自然供给和经济供给。自然供给即绝对量的供给，它是城市实现空间扩张和城市数量增加的基础，这种自然供给借助于农用地非农化来实现，并使农地价值的初始增值。而农地的非农化使农村土地减少，进而推动农业人口向城市转移，实现城市化，因此，在土地向城市"流转"的过程中，农村人口向城市的流动和集聚是必然趋势，城市化过程也是农业人口和农村土地向城市流转的过程。而农地资源的稀缺性，决定了农地向城市流转这一自然供给的边界性，转而投向土地自身的经济供给，这种供给即在总量不变的情况下，需要对存量用地深度开发，调整内部结构，提高利用效率和利用强度，以增加城市土地的相对供给量，实现供给能力的提升，进而与需求相匹配。

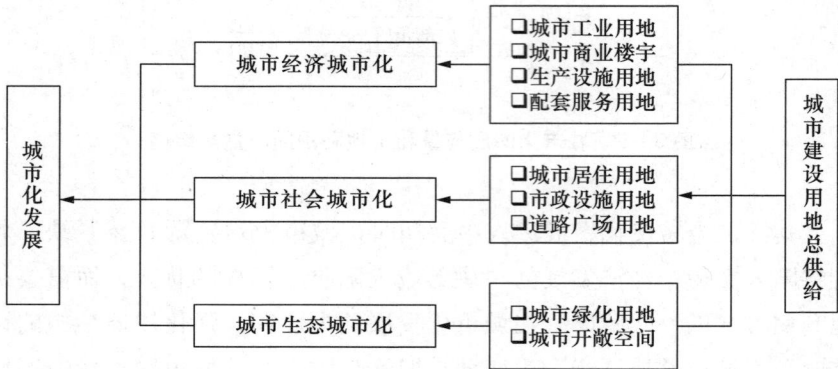

图 3 - 6　城市化发展的土地供给框架

资料来源：甄峰（2011）。

当然，不同城市化动力机制下的土地供给方式以及配置效率是存在明显差异的。在传统的计划经济体制下，尤其是 1978 年以前，政企不分，土地的供应方式主要是无偿划拨，整个城市空间以"前厂后院"的单位制为主体，不存在功能分区的情况，整个城市空间形成了小而全的小农家庭式的空间经济格局，导致了城市管理成本的上升，城市环境污染严重。这本质上是一种空间分工的低效率，是一种落后的空间生产组织方式。1978 年改革开放以来，国家逐步实行市场化的经济体制，在用地上逐步实现了由"无偿划拨"到与"招拍挂"并行的双轨制。空间功能分区日益明显，空间专业化分工的效率日渐体现出来。但城市蔓延、工业用地与住宅用地的二元价格形成机制，产生了一些负面影响。

城市是动态的，这种动态性更为直观的反映是城市空间扩展过程，这一过程中，伴随着支撑城市发展所需要的空间结构落在具体在空间上即土地利用结构，一个空间之所以能成为城市，需要不同功能的土地的有效供给。基于前面的分析可知，关于城市的理解，在宏观的较抽象层面，城市空间内部包含"生产—生活"等基本的"对偶"互补功能，城市功能的普遍"对偶"互补是城市得以正常运转的保证，也是形成"城市空间绩效"的基础，离开了某一功能就不能称其为"城市"。在空间传递效应的作用下，连接城市与农村的远郊工业区将逐步演化为城市发展的新空间，而远郊工业区空间结构呆板，功能单合一，以生产功能为主，是其重要特征，如何将用地结构"一股独大"转换成具有生产—生活功能互动的多元化空间结构的用地供给体系，是需要关注的一个重要问题。

二　城市用地结构的时序变动

（一）不同阶段的城市用地结构演变的总体特点

关于我国城市用地结构演变历程阶段的划分，江曼琦（2001）、张颖（2007）等一般将其划分为古代、近代及新中国成立后三个阶段。鲁春阳（2011）认为，1949 年新中国成立后至 1978 年改革开放前，一系列经济制度的变革对其产生了很大的影响，城市用地结构呈现出一些新的特征。因此，本书借鉴鲁春阳（2007）的研究，将城市土地利用结构的演变历程划分为古代、近代、1949—1978 年改革开放前和 1979 年以灭四个阶段，具体如表 3 - 1 所示。

表 3 - 1　　　　　我国不同阶段的城市用地结构演变特征

阶段划分	城市用地结构的基本特点
古代	①政治机构、防御设施、商业、手工业、居住等成为城市的用地主体；②城市具有明显的政治色彩，等级体系明显，城市用地结构层次分明，有明确的功能分区；③城市中手工业作坊由城郊集中成区布置向城内前点后坊方式发展，形成居住、生产、销售空间一体化的用地布局模式；④城市中的商业发展突破城垣的限制，在城外交通最便捷的地方形成新的商业区
近代	①城市内部开始出现商务中心；②近代资本主义业萌芽和交通运输的发展，城市中的工业迅速增加与高度集中，工业企业沿交通线呈现集中与分散相结合的分布形态；③受地价影响，住宅用地分化现象明显；④城市用地中消费性设施用地占比大

阶段划分	城市用地结构的基本特点
1949—1978 年	①城市用地扩展由快到慢；②功能分区明确的卫星城与功能混杂的老城区并存；③城市内部以多种功能混杂为主要用地特征；④城市的性质由消费性转向生产性，城市工业占主导，居住围绕生产而布局，呈现出工业用地集中与分散相结合的空间格局，重工业在城市边缘区形成相对集中的工业区，传统手工业和中小企业集中于城市内部
1979 年以来	①城市用地规模快速扩展；②城市功能日益完善，功能日益协调，城市工业用地比例相对下降，公共设施、商业、绿地等用地规模大幅增加；③住宅用地布局不断完善，其空间分异特征逐渐明显

（二）我国城市用地结构时序变化的整体考察

图 3－7 和图 3－8 分别从绝对量和相对量角度考察了近十年来我国城市用地结构的变化趋势，可以发现，无论是相对量还是绝对量，城市基础设施建设用地从 2008 年后得到快速的增长，其原因可能与 2008 年国际金融危机导致全球经济下滑有关，经济增长的"三驾马车"的重要一架出口受到重创，经济增长乏力，因而缓解经济矛盾，将作用力转向了消费与投资，而消费是个人行为，因此，拉动经济增长的重担落在了投资上。而首要的投资就是基础设施投资，2008 年政府的 4 万亿投资计划，有相当一部分就用在基础设施建设上，因此，在用地结构安排中处于优势地位。

单从绝对量上讲，住宅用地、工矿仓储用地和商服用地从 2008 年以后呈现倒"U"形的发展态势；从相对量的角度来看，这三类用地都呈现出不同程度的下降趋势，其中下降较快的是工矿仓储用地，其次是住宅用地，然后是商服用地。但总的来讲，无论是绝对量还是相对量，除基础设施等其他用地外，工业用地在整个城市中占据着重要的地位。

另外，近年来，城市住宅用地增幅呈放缓趋势，增长向中西部地区、中小城市偏移。相关统计表明，2009—2014 年，我国城市住宅用地面积累计增幅为23.0%，与全国城市用地的总增幅基本接近，且增幅由2010年的5.3%下降至2014年的3.6%，呈放缓趋势。自2011年起，中部、西部地区的城市住宅用地年度增幅维持在5%—6%，均大于东部、东北部地区的年度增幅。

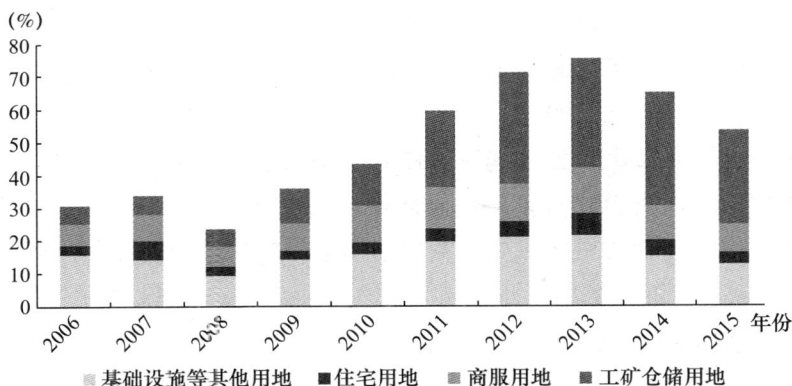

图3-7　2006—2015年城市建设用地供应情况

资料来源：国土资源部网站。

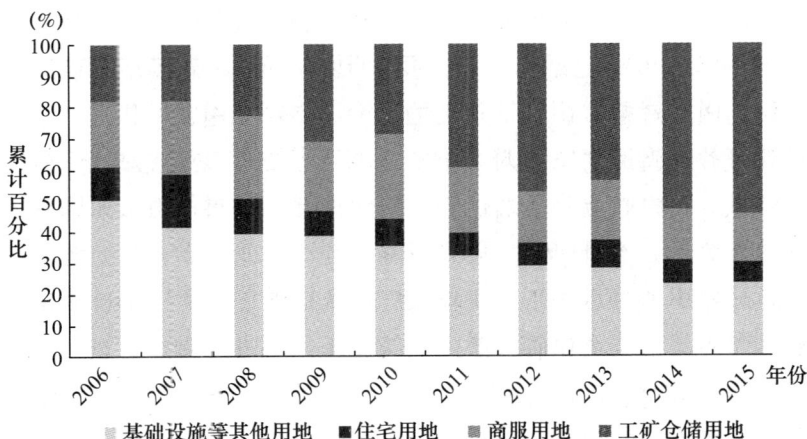

图3-8　2006—2015年城市各类用地结构

资料来源：国土资源部网站。

表 3-2 是 2006—2014 年全国及东部、中部和西部三大区域城市
内部各功能用地的比例，全国的工业仓储用地与住宅用地比值维持在
0.77∶1，东部维持在 0.86∶1，中部地区维持在 0.72∶1，西部地区维持在
0.64∶1，表明相对于住宅用地而言，我国工业用地呈现出自东向西工
业用地逐步减少，比较而言，住宅用地比例在三大区域差异较小。其
他用地而言，西部地区在道路广场绿地用地、公共设施用地以及市政
公用设施用地的比重较其他区域都高。

表 3-2　　　　2006--2014 年全国及东部、中部、西部三大区域
城市土地利用比例结构平均水平

地区	住宅用地	工业仓储用地	公共设施用地	道路广场绿地用地	市政公用设施用地
全国	0.3138	0.2415	0.159	0.248	0.039
东部	0.3050	0.2625	0.1525	0.242	0.0345
中部	0.3185	0.230	0.162	0.247	0.0425
西部	0.3180	0.2035	0.1705	0.2645	0.0435

资料来源：《中国城市建设统计年鉴》。

从城市层面考察用地结构①情况来看，表 3-3 报告了 2006—2014
年不同规模城市用地结构特征。可以看出：相对而言，城市规模越
大，住宅用地就越稀缺。而与此同时，城市规模越大，其工业仓储用
地占整个城市用地的比重就越高。与前面的结论结合起来可以看出，
东部的工业仓储用地占城市用地的比例较大，是基于东部地区规模较
大的城市居多；其他用地在各类城市中的比例变化不大。此外，还可
以发现，住宅用地与工业仓储用地在城市规模上呈现一定程度的反向
变化，表明在不考虑其他类用地的情况下，可以看出，城市住宅用地
与工业仓储用地之间相互排斥和挤出。

_____

①　由于 2011 年以后城市土地利用分类做了部分调整，基于此，为了统计口径的前后
一致性，我们将 2012 年后的公共管理与公共服务用地与商业服务设施用地进行合并形成
2012 年以前的"公共设施用地"。将 2011 年及其以前的对外交通用地、道路广场用地和绿
地进行合并，行成"道路广场绿地用地"。

表 3 – 3　　　　　2006—2014 年不同规模城市用地结构平均水平

城市规模	住宅用地	工业仓储用地	公共设施用地	道路广场绿地用地	市政公用设施用地
Ⅱ型小城市	0.315	0.20	0.133	0.286	0.065
Ⅰ型小城市	0.324	0.226	0.112	0.279	0.059
中等城市	0.318	0.266	0.113	0.256	0.046
Ⅱ型大城市	0.295	0.274	0.114	0.264	0.053
Ⅰ型大城市	0.288	0.253	0.132	0.276	0.051
特大城市	0.274	0.315	0.102	0.269	0.041

资料来源：《中国城市建设统计年鉴》。

（三）我国区域城市用地结构相似性

通过测算各地区的用地结构可以看出，各地区的用地结构具有较为明显的同构现象。关于衡量结构相似性，主要采用联合国工业发展组织（1980）提出的结构相似性系数，其计算办法如式（3 – 1）所示：

$$S_{ij} = \frac{\sum_k x_{ik} x_{jk}}{\sqrt{\sum_k x_{ik}^2} \sqrt{\sum_k x_{jk}^2}} \tag{3 – 1}$$

式中，S_{ij} 为地区 i 与地区 j 之间的产业结构的相似性系数，x_{ik}、x_{jk} 分别表示地区 i 和地区 j 某用地类型 k 占建设用地的比重。S_{ij} 在 0—1 之间变动，如果该值越接近于 1，表示两地区的用地结构相似性程度越高；反之，如果该值越趋近于 0，表示两地的用地结构差异化程度越高。显然，按照上述办法判断的用地结构趋同反映了地方政府的用地模式，发现地区间城市内部用地结构具有较高的相似性程度（具体结果见附录）。当然，一般来讲，随着经济社会的发展，不同地区土地利用结构的相似性程度会逐步提高，土地利用结构趋同化将成为必然，这是经济社会发展的一般规律。

城市土地利用结构趋同的背后是产业结构趋同，它是我国产业发展普遍存在的一个重要问题。而土地利用的同构为产业的同构奠定了基础。反映了长期以来，由于政绩考核体制激励和约束下的我国地区间的恶性竞争问题，各地区追求大而全、小而全的产业体系，未能坚持比较优势原则来合理选择城市发展的主导产业，城市的功能性质不明显，使各地区在用地格局上呈现出相似的特征。

（四）我国城市用地结构的信息熵与均衡度

衡量土地利用结构的计量方法一般有信息熵、均衡度和优势度。均衡度与优势度都是基于信息熵得出的。假定一个城市的建设用地的总面积为 Q，该市的土地根据其职能可分成 k 种，每个职能类的面积为 Q_i，则有：

$$Q = \sum_{i=1}^{k} Q_i \tag{3-2}$$

各类土地职能所占城市建设用地的比例为：

$$P_i = \frac{Q_i}{\sum_{i=1}^{k} Q_i} \tag{3-3}$$

按照信息论的原理，并参考香农—威纳（Shannon – Weaner）指数，则定义土地利用结构的信息熵为：

$$H = - \sum_{i=1}^{n} P_i \ln P_i \tag{3-4}$$

基于陈彦光、刘明华（2001）的城市用地结构的熵值定律，信息熵的高低反映了城市土地利用的均衡程度，该值越高，表明土地利用的职能类别越多，各职能类的面积相差越小。一般认为，信息熵值越小，系统越有序，结构性将越强；反之，信息熵值越大，系统将越无序，结构性将会越差。通过图 3 – 9 可以看出，近年来，我国土地利用信息熵整体上处于下降的趋势，表明城市土地利用系统向有序的方向转变，也表明我国城市内部土地利用的专业化程度加强。在地区层面，东部地区的信息熵值最小，中部次之，而西部的信息熵最大。表明自东向西土地利用结构系统的有序性程度逐步降低。

与此同时，本书考察了不同城市规模的土地利用结构信息熵和均衡度，比较可知，大城市的土地利用信息熵值要小于小城市的土地利用信息熵，即信息熵与城市规模成反比例关系，具体如图 3 – 10 所示。这一关系与不同规模的住宅用地与工业用地的比例关系有内在的相

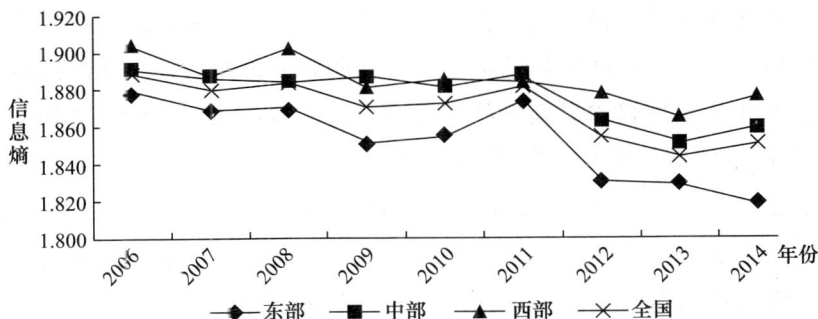

图 3 - 9 2006—2014 年我国城市土地利用结构差异的信息熵指数

资料来源:《中国城市建设统计年鉴》。

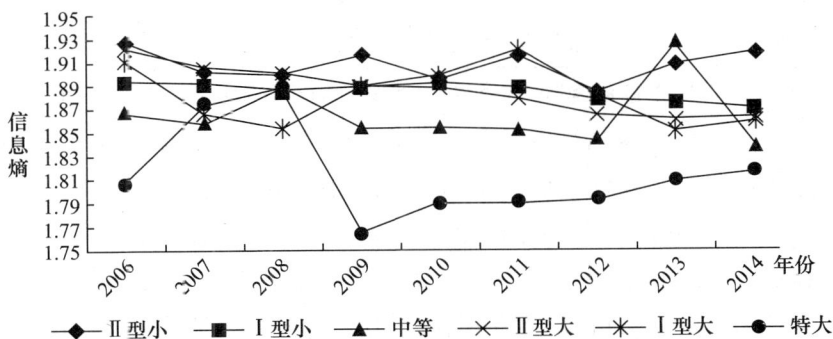

图 3 - 10 2006—2014 年不同规模城市用地结构的信息熵指数比较

资料来源:《中国城市建设统计年鉴》。

似性，土地利用结构信息熵在人口规模越大的城市，信息熵值越偏小，其原因可能在于城市规模越大，利用土地的均衡程度相对要高；即城市所处的等级程度越高，发展越成熟，内部建设用地主要职能的构成差别越小。本质在于大城市具有明显的雅各布斯多样化特征，城市用地内部呈现出相对均衡的分布态势；相反，在小城市，其雅各布斯的专业化特征更明显，其用地的专业化程度更高，因此，内部出现相对专业化的用地分布特征。综合性城市的信息熵值低于专业化城市。综合性城市土地构成种类齐全，职能数多，各类土地面积相差较小，故信息熵值较低；而专业化城市不仅土地构成相对不全，而且土地职能单项突出，种类差别较大，其信息熵值高，综合性城市的均衡度也大于专业化城市，而优势度则表现为综合性城市小于专业化城市，这一结论与李江、郭庆胜（2002）有一定的差异。

无独有偶，在分地区层面，信息熵值自东向西增强，而按照地区经济发展水平，我国经济发展水平自东向西逐步下降，表明从地区层面来看，信息熵可能与经济发展水平反向相关。从人口规模角度看，信息熵与城市规模也呈反向关系。由此，城市规模较大的城市经济发展水平都较高，两者具有内在的一致性，具体如表 3 - 4 所示。

表 3 - 4 　　　　2006—2014 年我国各省份城市土地
利用结构差异的信息熵指数

区域	2006 年	2007 年	2008 年	2009 年	2010 年	2011 年	2012 年	2013 年	2014 年
全国	1.889	1.880	1.884	1.870	1.872	1.882	1.854	1.844	1.850
北京	1.837	1.849	1.854	1.856	—	1.845	—	—	1.736
天津	1.892	1.907	1.909	1.921	1.921	1.923	1.871	1.868	1.874
河北	1.915	1.911	1.898	1.892	1.894	1.899	1.852	1.861	1.863
山西	1.922	1.939	1.866	1.929	1.929	1.904	1.852	1.850	1.882
内蒙古	1.882	1.882	1.862	1.874	1.889	1.882	1.874	1.862	1.899
辽宁	1.879	1.866	1.877	1.845	1.844	1.838	1.784	1.788	1.789
吉林	1.845	1.850	1.866	1.858	1.845	1.860	1.802	1.794	1.790
黑龙江	1.848	1.834	1.838	1.836	1.837	1.842	1.846	1.814	1.814
上海	—	—	—	—	—	—	1.708	1.718	1.718
江苏	1.833	1.816	1.812	1.810	1.824	1.824	1.841	1.834	1.833
浙江	1.850	1.848	1.862	1.870	1.865	1.866	1.853	1.854	1.849
安徽	1.821	1.824	1.826	1.832	1.831	1.806	1.863	1.841	1.838
福建	1.897	1.855	1.856	1.860	1.866	1.872	1.839	1.846	1.855
江西	1.829	1.837	1.840	1.838	1.879	1.848	1.871	1.874	1.866

续表

区域	2006 年	2007 年	2008 年	2009 年	2010 年	2011 年	2012 年	2013 年	2014 年
山东	1.878	1.875	1.870	1.866	1.871	1.883	1.872	1.862	1.841
河南	1.926	1.929	1.915	1.916	1.900	1.918	1.894	1.873	1.875
湖北	1.918	1.916	1.922	1.930	1.897	1.903	1.835	1.823	1.848
湖南	1.915	1.898	1.897	1.887	1.888	1.879	1.840	1.850	1.861
广东	1.888	1.859	1.865	1.798	1.808	1.868	1.813	1.810	1.795
广西	1.922	1.917	2.049	1.899	1.909	1.879	1.866	1.871	1.868
海南	1.818	1.790	1.783	1.865	1.862	1.874	1.721	1.765	1.749
重庆	1.779	1.775	1.726	1.735	1.786	1.811	1.795	1.793	1.797
四川	1.844	1.835	1.829	1.826	1.826	1.849	1.862	1.846	1.849
贵州	1.895	1.896	1.893	1.917	1.930	1.937	1.889	1.854	1.855
云南	1.968	1.794	1.780	1.790	1.809	1.818	1.781	1.816	1.836
西藏	1.968	1.966	1.965	1.967	1.781	—	1.822	1.759	1.881
陕西	1.861	1.863	1.816	1.855	1.868	1.856	1.916	1.873	1.880
甘肃	1.955	1.935	1.930	1.942	1.931	1.875	1.900	1.899	1.914
青海	1.856	1.869	1.869	1.883	1.876	1.851	1.746	1.711	1.719
宁夏	1.916	1.908	1.910	1.916	1.872	1.876	1.835	1.846	1.841
新疆	1.900	1.904	1.931	1.916	1.913	1.899	1.852	1.859	1.864
东部	1.877	1.868	1.870	1.850	1.855	1.873	1.830	1.829	1.819
中部	1.892	1.888	1.885	1.887	1.882	1.888	1.863	1.851	1.859
西部	1.904	1.888	1.903	1.881	1.886	1.884	1.878	1.865	1.877

（五）土地利用结构的区位熵

土地利用结构的区位意义是指区域内各种类型的土地相对于高一层次区域间的相对集聚程度。通常利用区位熵指数来表示：

$$Q_i = \frac{s_i / \sum s_i}{S_i / \sum S_i} \qquad (3-5)$$

式中，Q_i 为区位熵指数；s_i 为区域内第 i 种土地类型的面积；S_i

为高层次区域内地 i 种土地的面积。如果区位熵 $Q_i \geq 1$，则表示该种类型在该区域具有区位意义；相反，如果 $Q_i < 1$，则表示该种类型的土地不具有区位意义。

2006—2014 年我国各省份及东部、中部和西部三大区域的城市用地结构区位熵指数平均水平如表 3-5 所示。

表 3-5　　2006—2014 年我国各省份及东部、中部和西部
三大区域的城市用地结构区位熵指数平均水平

地区	住宅用地	工业仓储用地	公共设施用地	道路广场绿地	市政公用设施用地
北京	0.878	0.920	1.239	0.900	0.640
天津	0.908	1.546	0.876	0.991	0.865
河北	1.045	1.080	0.966	1.012	1.066
山西	1.009	1.057	1.004	0.923	1.688
内蒙古	1.056	0.970	1.000	1.101	1.195
辽宁	1.036	1.051	0.851	0.956	0.739
吉林	1.142	1.087	0.873	0.821	1.080
黑龙江	1.174	1.156	0.824	0.902	0.997
江苏	1.048	1.089	0.767	0.888	0.966
浙江	0.931	0.984	0.911	1.012	0.900
安徽	0.976	0.913	0.974	1.010	0.940
福建	0.974	0.832	1.109	1.103	0.850
江西	1.019	0.881	1.160	0.938	1.013
山东	0.958	0.936	1.109	1.002	1.022
河南	0.952	1.004	1.054	1.041	0.955
湖北	0.934	0.991	1.044	1.130	1.116
湖南	0.912	0.981	1.151	1.047	1.105
广东	1.053	0.985	1.052	0.941	1.256
广西	0.984	1.011	0.986	0.954	0.955

续表

地区	住宅用地	工业仓储用地	公共设施用地	道路广场绿地	市政公用设施用地
海南	0.950	0.650	1.296	1.290	0.776
重庆	1.192	0.640	0.877	1.130	0.884
四川	1.012	0.862	1.005	1.025	0.798
贵州	1.000	0.886	1.043	1.046	1.157
云南	0.974	0.863	1.019	1.271	1.118
西藏	1.120	0.857	1.129	0.992	1.294
陕西	0.945	0.862	1.724	0.830	1.049
甘肃	0.825	0.956	1.123	1.318	0.991
青海	1.076	1.043	0.719	1.078	2.171
宁夏	1.231	1.428	0.946	0.954	1.150
新疆	1.088	0.836	1.110	1.062	1.205
东部	1.037	1.019	1.007	0.977	1.147
中部	1.005	1.010	0.988	0.981	0.979
西部	1.031	0.956	1.044	1.012	1.077
Ⅱ型小城市	1.015	0.909	1.103	1.115	1.120
Ⅰ型小城市	1.026	1.051	1.024	1.022	1.339
中等城市	1.011	0.950	1.020	1.057	1.110
Ⅱ型大城市	0.969	1.071	1.004	0.982	1.000
Ⅰ型大城市	0.930	0.981	1.060	1.006	0.924
特大城市	0.908	0.940	0.967	1.070	0.809

通过表 3-5 可以看出，总体上看，2006—2014 年，我国东部、中部和西部三大区域的用地格局上存在较大的差异，就与居民紧密关联的工业用地与住宅用地而言，东部地区工业用地的区位熵指数大于1，而住宅用地小于1，表明工业用地在东部具有较为显著的区位意义。而在中西部地区住宅用地的区位熵指数大于1，而工业用地区位熵指数小于1，说明将建设用地投入到居民住宅方面的投入较全国水

平要高。从全国层面来看，我国的工业用地更多地投向了东部，而住宅用地更多地投向了中西部，其原因在于，东部地区工业发达，工业用地需求旺盛，由此挤出了其他领域诸如住宅用地的投入。而中西部地区，工业化程度低，工业企业对工业用地的需求激烈。此外，值得注意的是，西部地区、Ⅱ型小城市、Ⅰ型小城市和中等城市在道路基础设施、公共设施和市政公用设施的区位熵值均大于1，一定程度反映了地方政府贪大求洋的心态。

（六）用地结构的国际比较

发达国家住宅用地占城镇用地比例一般在50%左右，而中国仅有33%。与发达国家和地区相比，我国的住宅用地投入不足，而工业用地比例偏高。发达国家工业用地占城镇用地比例一般为10%—15%，而中国则高达约20%，土地资源在不同功能之间的分配，决定了城市的整体空间结构，反映了土地资源在不同产业之间的配置问题。2013年，中国单位面积工业用地产出效益仅相当于日本的26.4%、韩国的38.4%。在一线城市，中国工业用地比例也明显高于国际大城市。2014年，北京、上海、广州、深圳工业用地占城市建设用地比例分别为15.1%、25.1%、25.9%、35.3%，而纽约、东京、伦敦、芝加哥等国际大城市多不足10%。城市用地结构的国际比较如表3-6所示。

表3-6　　　　　　　　城市用地结构的国际比较　　　　　　　单位:%

用地类型	汉堡	芝加哥	内伦敦 （1971年）	上海 （1993年）	发达国家	国家标准
工业用地	12	6.9	3.9	22.9	<10	15—25
商业用地		4.5	5.2	3.4	10—15	10—15
住宅用地	32.2	24.1	36.2	28.8	45—55	20—32
交通用地	6.0	31.6	22.2	13.5	15—25	8—15
绿地矿地	44.5	28.9	20.8	19.1		8—15

资料来源：何芳（2004）。

三　城市化发展进程的分布动态

进入 21 世纪以后，我国的城市化快速推进，城市化率从 2000 年的 36.22% 快速上升到 2014 年的 54.77%，年平均以 1.237 个百分点增长。但我国省级城市化发展存在较为明显的空间非均衡性。本书利用 ArcGIS 软件分别考察了 2006 年、2010 年、2012 年以及 2014 年的中国省级城市化发展水平的空间格局。中国省级城市化的空间分布均呈现出显著的非均衡特征。从整体上看，中国城市化发展存在较为明显的四大梯度，呈现如下空间格局：第一梯队为直辖市北京、天津和上海；第二梯队为东部绝大多数省份；第三梯队为大多数中部省份和部分西部省份；第四梯队为西部省份的西藏、贵州、云南和甘肃。其中，直辖市重庆从 2008 年的第三梯队迈向第二梯队，城市化水平得到显著提升。而且从 2012 年以来，东北地区的吉林省由之前的第二梯队滑落到第三梯队，主要是由于近年来东北地区经济下滑带来人口的外流严重。

本书运用核密度来估计中国城市化进程中的分布演进。核密度估计方法是一种重要的非参数估计办法，经常用于对一些随机变量的概率密度进行估计，用连续的密度曲线描述随机变量的分布形态（刘华军，2014）。假设随机变量 X 的密度函数为 f(x)，在点 x 的概率密度可以用式（3-6）来进行估计。

$$f(x) = \frac{1}{Nh} \sum_{i=1}^{N} K\left(\frac{X_i - x}{h}\right) \tag{3-6}$$

式中，N 为观测值个数，h 为带宽，K 为核函数，它是一种加权函数或平滑转换函数，X_i 为独立同分布的观测值，x 为均值。

根据核心密度函数的表达形式不同，核函数可以分为高斯核、三角核、四角核、Epanechnikov 核等类型。本书选择比较常用的高斯核函数进行估计，高斯核函数的表达式如式（3-7）所示。

$$K(x) = \frac{1}{\sqrt{2\pi}} \exp\left(-\frac{x^2}{2}\right) \tag{3-7}$$

图 3-11 以及图 3-12 分别报告了 2006 年、2010 年和 2013 年我国及东部、中部和西部城市化的分布演进。从图中可以看出，城市化

随着时间的推移，函数曲线逐步向右移动，其峰值除西部地区外，逐
步呈现增大的趋势，表明城市化呈现加速发展的趋势；而宽度呈现缩
小的趋势，说明城市化发展的地区差距呈现出逐步缩小的趋势。在西
部地区，城市化核密度的峰值呈现降低的趋势，表明城市化发展缓
慢。而且，通过核密度的带宽可以看出，中国城市化发展的区域差异
性中，中部地区的内部差异最小，其次是东部地区，而差距最大的是
西部，呈现出一种极化与不均衡发展态势。

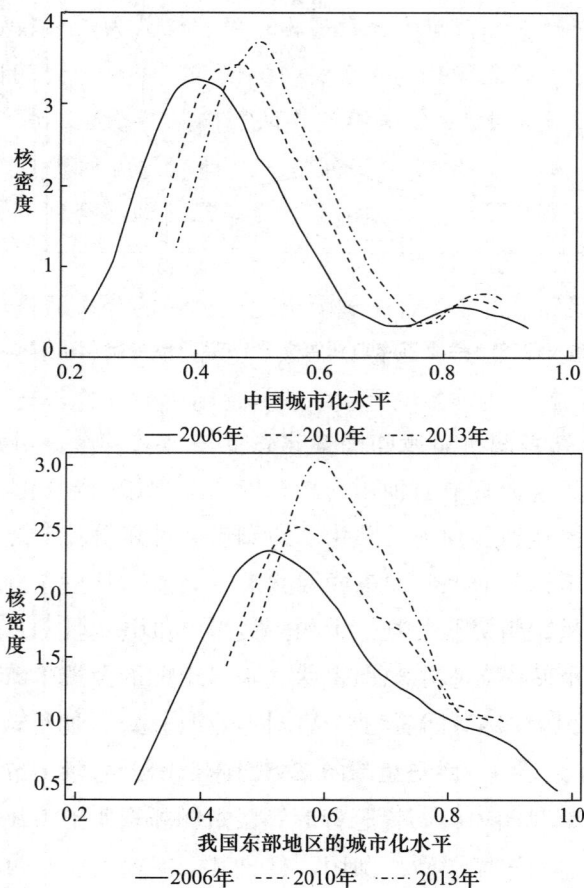

图 3－11 我国及东部城市化进程的分布演进

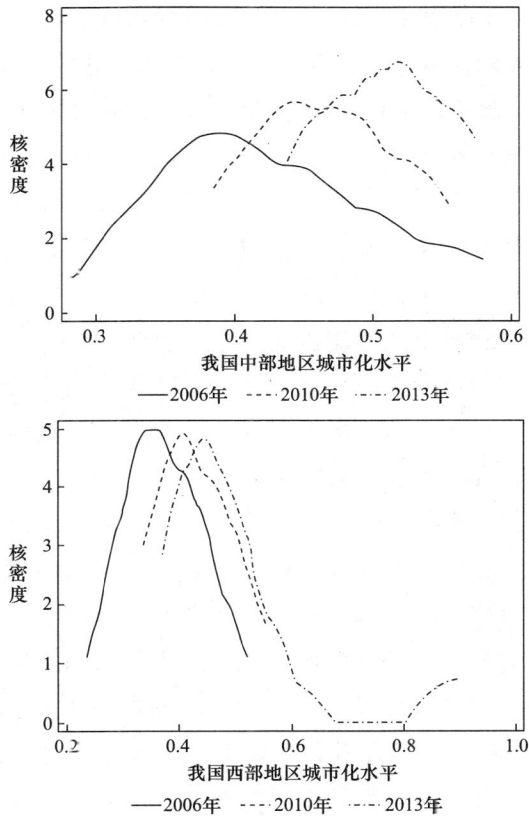

图 3 - 12　我国中西部城市化进程的分布演进

第三节　研究假设与一般均衡分析

一　研究假设

在重点阐述了城市土地供给侧结构性改革，以及梳理了有关土地利用与城市化发展后，本节构建了本书的理论假设逻辑框架，如图 3 - 13 所示。

由于土地资源总量的有限性和城市化进程中土地需求的刚性，决定了必须通过城市土地利用结构调整，破除城市化进程的土地资源阻尼效应。然而，地方政府在城市用地结构调整中处于主导地位，基于政治晋升激励和财政激励，决定了政府在土地利用结构调整过程中是以自身利益最大化为基础的，土地利用结构调整难以真正顺应城市化发展进程的需要。

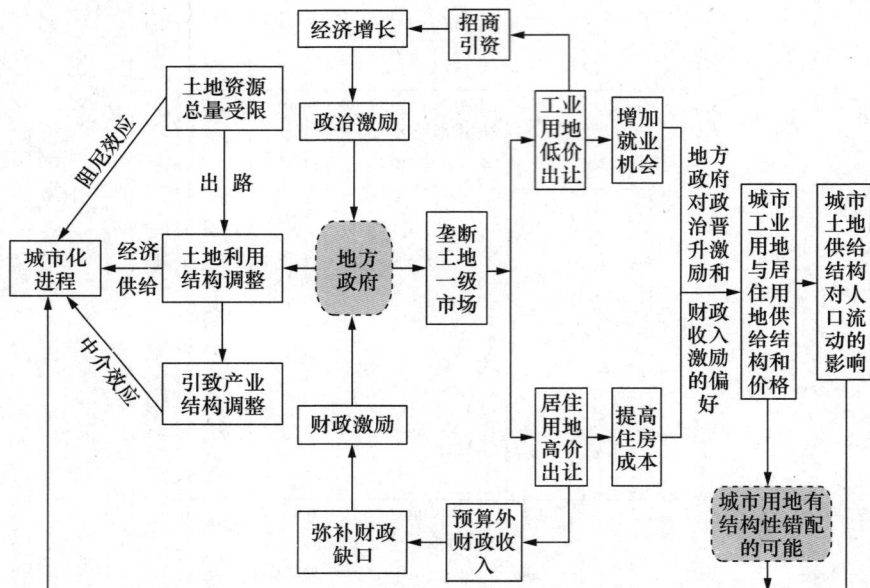

图 3 - 13 理论假设逻辑框架

（一）土地资源对城市化发展存在增长阻尼效应

我国国土面积广大，人口基数大，加之改革开放 40 年来，各类工业园区的大量开发，占用了大量农地，在粮食安全和耕地保护红线的约束下，现阶段土地大规模投入到城市建设中是不可行的。而目前我国城市化还有大量的发展空间，因此，我国的城市化面临着受制于土地资源总量稀缺性的困境。从理论上讲，城市用土地资源的稀缺性决定了城市化发展要受到土地资源的约束。这一命题是本书的逻辑起点。如果我国城市化发展存在土地资源的阻尼效应，那么在总量—结构矛盾运动中，通过用地结构调整来调节我国城市化发展的土地资源

"阻尼"就存在历史必然性。

在城市化发展早期，土地资源与城市化发展的矛盾不突出的情况下，地方政府借助在土地一级市场中的垄断权力，为了招商引资，加快农地非农化进程，通过对工业用地与住宅用地不成比例的供应，以及实施差异化的土地定价机制，对工业用地实施政府定价，而对住宅用地则坚持市场化原则，通过工业用地与住宅用地的地价杠杆，获得了大量的有助于推进中国城市化发展的资本积累，促进了城市化发展初期的工业化迅猛发展，从而使城市化获得前所未有的发展。但通过买地获得土地财政支撑城市化发展的模式因土地资源的紧缺而变得不可持续，而且，早期这种粗放型的发展模式，诟病也日益凸显出来，工业化带动城市化的红利逐步消失，发展方式转型成为必然。

（二）城市用地结构调整是调控城市化发展的重要手段

如果土地资源对城市化发展存在阻尼效应，那么进行城市内部用地挖潜，调整城市内部土地利用结构，进行空间二次开发就是缓解城市化发展的土地资源"尾效"的关键出路。即城市内部用地结构调整作为调控城市化进程的重要推动力，基于空间生产的逻辑语境，空间作为重要的生产要素，不同的空间结构形态形成差别化的空间经济绩效，空间形态依赖于城市用地结构安排，不同的空间土地利用安排产生不同的结构形态。与此同时，不同城市土地结构决定着不同的城市功能，各功能之间联系紧密，其中一个功能的变化可能会对其他功能乃至整个城市系统都产生影响。

大量的研究业已表明，在城市内部用地结构中，工业用地处于绝对的地位，如果工业用地过度供给，相对于工业发展而言，其工业用地的稀缺性是较低的，那么这对产业转型升级来说激励效果将不会明显，这样，容易导致工业生产的低水平过度供给，降低了资源配置效率，带来生态环境的破坏和其他相关资源的浪费。因此，从这一角度看，当前产能过剩是我国工业用地供给过多而导致的结果。工业用地供给过多，还源于在招商引资激烈竞争环境中，对工业用地的低价供应，扭曲了土地资源要素价格，从而在一定程度上使我国工业化大多停留在传统模式阶段。

2008 年以后，世界经济走向萧条。李克强总理曾提出，城镇化是中国最大的内需所在。然而，在工业用地处于绝对优势地位及土地资源紧缺的情况下，住宅用地的供给就会相对不足，一方面，推动房价持续高涨，导致城市贫困，进而抑制了居民其他方面的消费需求，从而使消费结构受到约束和消费总量受到限制，中国的产业结构升级减缓。另一方面，住房短缺，抬高房价，进而对城镇化水平的提高起抑制作用（李永乐、刘建生、吴群、舒帮荣，2014），降低城市的吸纳力，进而导致劳动力供给不足，使劳动力资源与产业发展的供需错配，最终抑制支撑城市化进程的产业发展。对一个地区而言，工业企业的多少与就业岗位相关，如果厂房价格提高而使工业企业减少，那么就业人口将减少，不利于该地区城镇化水平的提高。

城市土地利用结构与城市化的关系如图 3 – 14 所示。

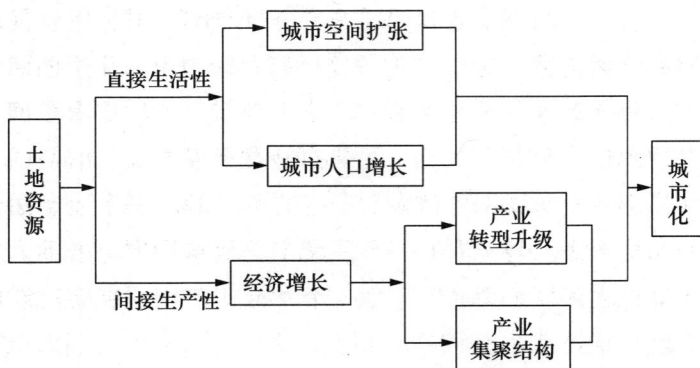

图 3 – 14　城市土地利用结构与城市化的关系

随着时间的推移，城市的本质功能在于生活性，正如 2008 年上海世界博览会的主题"城市让生活更美好"，而城市的生产性是为生活性服务的，但不能因此就过度放大城市生产性的功能，否则就违背了城市化的初衷。因此，随着城市化进入中后期，需要强化住宅用地的供给，而要不断降低工业用地的比重，以促成产业的转型升级，适应后城市化发展时期的需要。2011 年，中国建设用地的总规模达到了

41805.25 万平方千米，其中，工业用地的比重为 20.9%，住宅用地的比重为 31.55%，工业用地和住宅用地的比例仅为 1:1.5，而在经济发达、城市化水平高的国家，城市居住比例一般在 40%—50%，工业用地与住宅用地比例一般保持在 1:3 左右，法国的这一比例仅为 1:5，日本更是仅有 1:6。中国工业用地不仅比重偏高，而且价格明显偏低，长三角地区城市工业地价仅相当于日本三大都市圈的 6.7%—11.9%，珠三角只有 5.6%—10%，京津冀仅为 6.7%—11.8%，而且我国的工业用地与住宅用地价格比例也明显低于日本等发达国家（魏后凯，2014）。因此，为了顺应城市化发展的需要，需要做出相应的调整。

（三）用地结构调整助推产业结构变迁，并影响城市化

土地资源利用对宏观经济，尤其是城市化的影响及作用机制的一个重要渠道是通过对各产业的影响。产业是城市化发展的基础，没有产业的支持，城市化将成为无源之水。与此同时，产业发展必须以土地为依托，产业结构优化必须以土地利用结构优化为前提。通过用地结构优化引导产业集聚结构变迁和产业转型升级。任何城市土地都有多种潜在的用途，但不同的行业领域使用同一块土地的绩效是不同的。土地利用结构的不断调整为产业结构的调整提供了条件，是推动产业结构调整的动力。空间结构是一个问题的两个方面，一方面表征的是土地利用结构问题，另一方面反映的是产业结构问题，没有土地资源的优化合理配置，产业就不能获得升级。土地资源的优化配置要求土地资源在各个产业中合理分配，并使土地利用效率达到最大化，从而推动产业结构优化。城市发展的主体动因是新兴产业的不断出现，夕阳产业的及时淘汰，即产业结构的调整与优化是推动城市发展的核心动力，现代城市发展的过程是产业结构持续优化与升级的动态变化过程。而产业结构的升级又促进城市化模式、城市地域形态的有序变化。

从区域的角度来看，假设某区域只存在两个城市，A 城市为产业转出地，B 城市为产业转入地，当 A 城市通过地价政策促使相对低端的产业从 A 城市退出，拟转移到产业发展水平较低且城市化发展进程

缓慢的城市 B，产业转移能否成功实现，需要 B 地区进行相应的产业
用地予以支撑，以保障产业的顺利转移。当产业成功转移时，不仅带
动城市化进程缓慢的 B 城市获得城市化发展的产业支撑，同时 A 城市
顺利实现产业的转出，为 A 城市实现产业升级发展，提升城市能级，
并推动新一轮经济增长，为城市化进程的进一步提升创造了条件，具
体如图 3 - 15 所示。

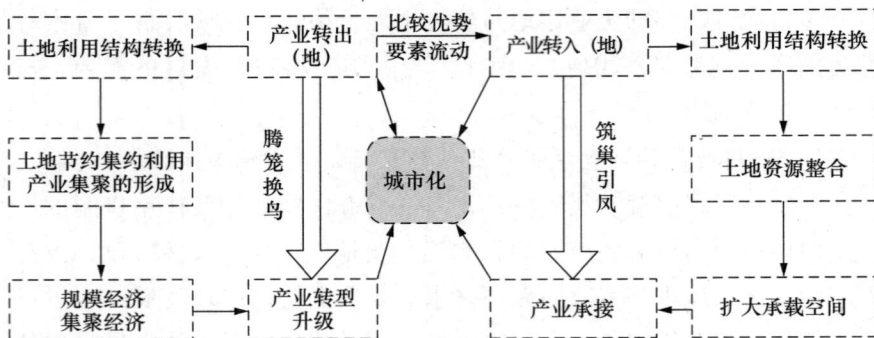

图 3 - 15   土地利用结构促进城市化发展的产业发展中介效应

资料来源：在刘海楠（2014）论文的基础上修改而成。

　　城市用地结构对产业的影响，一方面影响产业转型升级，另一方
面影响产业结构。就城市产业土地资源的优化配置而言，就是各产业
能够合理地分配到一定的土地资源，使土地利用效率达到最高水平，
从而促进产业结构的优化，促进经济的发展。城市化发展的过程是新
兴产业与传统产业的交替过程。传统产业维持城市化的平稳推进，新
兴产业是城市化发展的新动能，是对传统产业的接替和城市化快速转
型发展的产业动力。而新兴产业与传统产业是产业生命周期和城市发
展阶段的表征，因此，土地利用结构对城市产业结构的影响源于产业
生命周期与城市发展阶段。如果用地结构能够在新旧产业之间做出较
快的转换，将能够引领产业的新陈代谢，促进城市化发展，防范城市
区域发展风险。在城市化发展早期，产业类别较少，土地资源相对充
足的情况下，产业发展与土地利用呈现出粗放型的发展方式，土地利

用对产业的影响较小，两者处于低级共生阶段；随着城市化的进一步
发展，产业门类日益增多，城市土地相对稀缺，当新产业的兴起和原
有产业的衰退同时进行时，新产业的发展，对用地提出了新的需求，
如果此时用地结构没有做出相应的调整，则城市用地结构与产业结构
的演变会出现停滞阶段或倒退。若此时新兴产业的形成有相应的城市
用地结构予以支撑，则两者演变轨迹将向更好的方向发展，两者均处
于再生阶段。如图 3－16 所示。

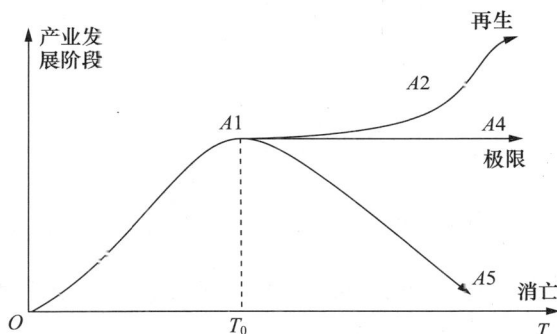

图 3－16　用地结构与产业结构演化轨迹

资料来源：鲁春阳（2011）。

（四）地方政府对财税激励和政治激励的偏好将会影响城市用地
结构变化

地方政府同微观经济中的消费者和生产者一样，追求利益最大
化。城市土地利用结构的变动与地方政府的税收偏好存在很大的关
系。一般而言，在其他条件不变的情况下，城市政府如果越偏向增值
税，就可能更加注重投入大量的工业用地；如果在其他条件不变的情
况下，财政缺口较大，可能地方政府会短期内通过加大住宅用地供
给，以解决政府财政上的燃眉之急。

二　一般均衡分析

研究城市土地利用结构对城市化的影响，首先需明确以下研究假
定：①虽然城市土地的具体用途非常复杂，但根据其利用性质，我们

将其归为四类用地；第一类是住宅用地，第二类是工业仓储用地，第三类是商业服务业用地；第四类是非经济性用地；②土地供给量的多少对房价的影响明显，住宅用地供给与非住宅用地存在空间竞争；③工商服务业的行为受最大利润规律支配；④城市土地利用主要受地租规律的调动；⑤土地资源相对于城市化的发展需要而言是短缺的。

城市化中的微观主体之间的关系：政府、居民和企业如图 3 – 17 所示。

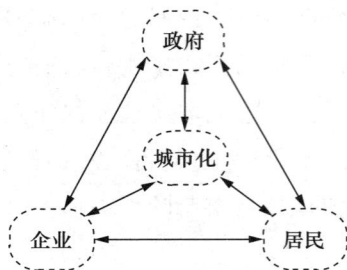

图 3 – 17　城市化中的微观主体之间的关系：政府、居民和企业

（一）模型的设定

基于上述分析，本书借助微观经济学中微观主体的利润最大化或者效用最大化的分析传统，本部分构建作为城市化微观行为主体的地方政府、企业和居民基于城市土地利用的一般均衡模型，通过模型的建立和求解，进而考察建设用地供给结构对人口流动的影响机理（彭山桂，2016）。[①]

1. 地方政府目标函数

根据蔡（Cai）和特雷斯曼（Treisman）2005 年的研究成果，将地方政府 i 目标函数设置为如下线性形式：

$$U_i^G = Y_i + \lambda_i C_i \tag{3－8}$$

式中，U_i^G 表示地方政府 i 的效用；Y_i 表示地区的经济总产出，C_i 表示地方政府 i 的财政盈余，λ_i 用于衡量地方政府 i 对政治激励和财

① 本部分的数理推导借鉴了彭山桂的研究成果，特别感谢。

政激励的偏好；$\lambda_i \in (0, +\infty)$，若 $\lambda_i \in (0, 1)$，表明地方政府 i 受政治激励的影响更大，倾向于提升地区的经济产出；若 $\lambda_i \in (1, +\infty)$，表明地方政府 i 受财政激励的影响更大，倾向于提升政府的财政盈余；当 $\lambda_i = 1$ 时，表明地方政府 i 对经济产出和财政盈余的重视程度相同。对地方政府 i 的财政收入，设其来源由以下三部分组成：一是税收收入，其与地方经济产出和税率密切相关；二是土地出让收入，其主要来源于商住用地出让收入和工业仓储用地出让收入；三是上期财政结余资金。根据上述思路，可以得出地方政府 i 目标函数的第一个约束条件：

$$C_i + I_i = B_i + tY_i + P_i^r Q_i^r + P_i^f Q_i^f \tag{3-9}$$

式中，C_i 和 Y_i 的含义同式（3-8）；I_i 表示地方政府 i 对基础设施等公共物品的投资；B_i 表示上期的财政结余；t 为税率；$t \in (0, 1)$，设定为外生给定的，一般不受经济环境的影响；P_i^r 表示商住用地价格；Q_i^r 表示商住用地供给量；P_i^f 表示工业仓储用地价格；Q_i^f 表示工业仓储用地供给量。由于我国地方政府建设用地指标来源于国家层面的分配，建设用地供给量存在着规模上限约束。由此引出地方政府 i 目标函数的第二个约束条件：

$$Q_i^r + Q_i^f = \overline{Q_i} \tag{3-10}$$

式中，$\overline{Q_i}$ 为地方政府 i 建设用地供给量的上限；Q_i^r 和 Q_i^f 的含义同式（3-9）。在上述两个约束条件的约束下，地方政府通过选择基础设施等公共物品的投资（I_i）、商住用地和工业用地的供给量（Q_i^r、Q_i^f）来实现自身效用（U_i^c）的最大化。

2. 企业生产函数

假设企业是同质的，生产函数相同。基于这一假设，可将城市 i 内的所有企业抽象为一个大的产业部门，这个大的产业部门的产出即是城市 i 的经济总产出。这个大的产业部门根据不同城市的禀赋、生产要素成本在空间中进行选址，并在空间上达到均衡。为方便分析，选择不变规模报酬的 C—D 生产函数来描述城市 i 的经济产出过程：

$$Y_i = k_i I_i^\alpha N_i^\beta (Q_i^f)^{1-\alpha-\beta} \tag{3-11}$$

式中，Y_i、I_i 和 Q_i^f 的含义同式（3-9），k_i 表示城市 i 的自然禀赋对经济产出的影响，N_i 表示城市 i 的居民数量，设 α、$\beta \in (0, 1)$，$\alpha + \beta < 1$；α、β、$1-\alpha-\beta$ 用于测度基础设施投资、劳动力和工业用地对城市经济产出的边际影响。

3. 居民效用函数

假设每个城镇居民所提供的劳动力是同质的，并据此获取相应的工资收入。假定其工资收入用于消费两类商品：商住用地和价格为 1（为简单起见）的其他商品。为便于分析，假定城镇居民的效用函数符合不变规模报酬的 C—D 生产函数形式：

$$U_i = k_i X_i^{1-\varepsilon} \left(\frac{Q_i^r}{N_i} \right)^\varepsilon \tag{3-12}$$

式中，Q_i^r 和 N_i 的含义同式（3-9）和式（3-11），k_i 表示城市 i 的自然禀赋（如环境、气候等因素）对居民效用的影响，X_i 表示城市 i 居民消费的其他商品的数量，ε 表示对于居民效用，商住用地与其他商品的替代弹性，$\varepsilon \in (0, 1)$。居民的效用函数受如下收入预算约束的限制：

$$w_i = X_i + \left(\frac{Q_i^r}{N_i} \right) P_i^r \tag{3-13}$$

式中，X_i、Q_i^r、N_i 和 P_i^r 的含义同式（3-9）和式（3-11），w_i 为城市 i 内劳动力工资水平。

（二）模型的求解

求解上述模型的基本逻辑为：首先，根据企业利润最大化条件，确定城市 i 内工业仓储用地需求量和劳动力的工资水平。其次，根据效用最大化原则，城市 i 内居民在工资预算约束条件下，通过选择商住用地和其他商品的组合来实现自身效用最大化。再次，在企业利润和居民效用最大化的前提下，城市 i 内土地市场供求达到均衡，在市场出清条件下，工业仓储和商住用地供给量即是地方政府 i 的最优选择，进而可以确定工业和商住用地价格水平。最后，基于上述均衡，地方政府 i 可通过调整工业和商住用地供给量（建设用地供给结构）来影响城市 i 内居民的效用水平。具体求解过程如下：

1. 企业利润最大化的一阶条件

根据新古典主义经济理论，可知当企业边际产出等于边际成本时，企业利润最大化。由此可以得出企业均衡时的一阶条件为：

$$
\begin{cases}
\dfrac{\partial Y_i}{\partial Q_i^f} = k_i I_i^\alpha N_i^\beta (Q_i^f)^{-\alpha-\beta}(1-\alpha-\beta) = P_i^f \\[3mm]
\dfrac{\partial Y_i}{\partial N_i} = \beta k_i I_i^\alpha N_i^{\beta-}(Q_i^f)^{1-\alpha-\beta} = w_i
\end{cases}
\tag{3-14}
$$

式（3-14）表玥，在企业利润最大化时，工业用地的边际产值与工业地价相等；劳动力的边际产值与工资相等。

2. 居民效用最大化的条件

根据前面设定的模型，居民效用最大化的求解，即是求下面的约束极值问题：

$$
\max U_i = k_i X_i^{1-\varepsilon}\left(\frac{Q_i^r}{N_i}\right)^\varepsilon
\tag{3-15}
$$

$$
\text{s. t. } w_i = X_i + \left(\frac{Q_i^r}{N_i}\right)P_i^r
$$

采用拉格朗日乘数法求解式（3-15）中的约束极值问题，整理得到式（3-16）：

$$
w_i = \frac{Q_i^r P_i^r}{\varepsilon N_i}
\tag{3-16}
$$

联立式（3-14）和式（3-16），可以得出式（3-17）这一条件表达式：

$$
P_i^r = \varepsilon \beta \kappa_i I_i^\alpha N_i^\beta (Q_i^f)^{-\alpha-\beta}\frac{Q_i^f}{Q_i^r}
\tag{3-17}
$$

联立式（3-14）和式（3-17），可以得出式（3-18）这一条件表达式：

$$
\frac{P_i^r}{P_i^f} = \frac{\varepsilon\beta}{1-\alpha-\beta}\frac{Q_i^f}{Q_i^r}
\tag{3-18}
$$

3. 地方政府效用最大化的条件

根据前文设定的模型，将式（3-9）整理后，代入式（3-8），将上述模型的求解归结为如下约束极值问题：

$$\max U_i = Y_i + \lambda_i \ (S_i + tY_i + P_i^r Q_i^r + P_i^f Q_i^f - I_i) \qquad (3-19)$$

s. t. $Q_i^r + Q_i^f = \overline{Q_i}$

采用拉格朗日乘数法求解式（3 – 19）中的约束极值问题，整理得：

$$\frac{\partial Y_i}{\partial Q_i^r} + \frac{\partial Y_i}{\partial N_i}\frac{\partial N_i}{\partial Q_i^f} = h \ (p_i^r - p_i^f) \qquad (3-20)$$

式中，$h = \dfrac{\lambda_i}{1 + \lambda_i t}$。

对式（3 – 20）求导，可得：

$$P_i^f + \frac{P_i^r Q_i^r N_i}{\varepsilon N_i \ Q_i^f} \frac{1-\alpha-\beta}{\beta-1} = h(P_i^r - P_i^f) \qquad (3-21)$$

对式（3 – 21）进一步整理，可得：

$$\frac{P_i^f}{P_i^r} = \frac{h}{\dfrac{2\beta-1}{\beta-1} + h} \qquad (3-22)$$

联立式（3 – 18）和式（3 – 22），可得：

$$\frac{Q_i^f}{Q_i^r} = \frac{\dfrac{2\beta-1}{\beta-1}(1-\alpha-\beta)\left(\dfrac{1}{\lambda_i}+t\right) + (1-\alpha-\beta)}{\varepsilon\beta} \qquad (3-23)$$

由于税率 t 外生给定，可以看出在一般均衡条件下，地方政府建设用地供给结构是地方政府偏好 λ_i 的单调函数：地方政府 i 受财政激励的影响越大，越重视财政盈余，λ_i 越大，Q_i^f/Q_i^r 越低，即商住用地在建设用地供给量中的比重越大。反之，地方政府 i 受政治激励的影响越大，越重视地区经济产出，λ_i 越小，Q_i^f/Q_i^r 越高，工业仓储用地在建设用地供给量中的比重也越大。

4. 包含建设用地供给结构的居民效用函数

将居民效用函数的工资预算约束条件式（3 – 13）和效用最大化条件式（3 – 16）联立求解，可得出商住用地供给量 Q_i^r 和其他商品消费量 X 的表达式：

$$\begin{cases} Q_i^r = \varepsilon N_i w_i (P_i^r)^{-1} \\ X = (1-\varepsilon) w_i \end{cases} \qquad (3-24)$$

将式（3-24）中商住用地供给量 Q_i^r、其他商品消费量 X 及式（3-17）中 P_i^r 的表达式代入式（3-12）的居民效用函数，并进行整理，可得：

$$U_i = \frac{k_1 k_2 (1-\varepsilon)^{1-\varepsilon} \varepsilon^\varepsilon \beta I_i^\alpha N_i^{\beta-1} (Q_i^f)^{1-\alpha-\beta}}{\left[k_1 \varepsilon \beta I_i^\beta (Q_i^f) - \alpha - \beta \left(\dfrac{Q_i^f}{Q_i^r} \right) \right]^\varepsilon} \tag{3-25}$$

进一步整理式（3-25），可得：

$$U_i = T(Q_i^f)^R \left(\frac{Q_i^f}{Q_i^r} \right)^{-\varepsilon} \tag{3-26}$$

其中：

$$T = k_2 \left[k_1 (1-\varepsilon) \beta \right]^{1-\varepsilon} I_i^{\alpha-\alpha\varepsilon} N_i^{\beta-1-\beta\varepsilon}, \quad R = 1 + (\varepsilon-1)(\alpha+\beta)$$

令地方政府干预下的建设用地供给结构为工业仓储用地供给量与商住用地供给量之比：$Q_i^f/Q_i^r = S_i$，那么，式（3-26）中工业用地供给量（Q_i^f）可进一步表示为：

$$\frac{S_i}{S_i+1} \overline{Q_i}$$

式中，$\overline{Q_i}$ 的含义同式（3-10），即城市地方政府 i 建设用地供给总量。将其代入式（3-26）整理，可得：

$$U_i = T(\overline{Q_i})^R \frac{S_i^{(\varepsilon-1)(\alpha+\beta-1)}}{(S_i+1)^{1+(\varepsilon-1)(\alpha+\beta)}} \tag{3-27}$$

表达式中 T 与 R 同上。结合式（3-24）和式（3-27）可以发现，地方政府 i 对财税激励和政治激励的偏好决定了建设用地供给结构（S_i），而在控制其他影响因素的情况下，建设用地供给结构（S_i）对居民效用具有直接影响。同时，我们借助第二章图2-5的效用曲线（在本部分将纵轴更换为生产用地，横轴更换为住宅用地）也能够补充性地说明这一问题。

本章小结

在第二章的基础上，本章从用地结构的视角讨论城市的性质说起，循序渐进地讨论了城市内部土地利用结构与城市化的内在关联，然后提出了本书的研究假设。本章的主要内容概括如下：

第一，从历史演进视角，基于理论分析，认为城市在本质上是"城"和"市"的一个合约，是代表城和市两大属性的功能在空间上分工合作形成的实体。在此基础上，从城市土地利用结构的视角，将"城市"理解为"一个被大小不等并占据一定土地资源为前提的多种功能分割又相互合作的结构体系"。城市的健康运行，城市化顺利推进和城市空间绩效的最大化发挥以"空间功能专业化边际收益＝空间交易边际成本"为原则，即具备"城"和"市"的功能在一定的空间上"对偶、互补"，并在用地上得到相应的匹配。支撑城市运行和城市化顺利推进的不同功能的用地在空间上得到有效的匹配，表明对偶互补的功能在空间集聚，则会促使空间发展的正外部性效应形成。并指出，城市内部每个功能都具有自身的专业化收益存在空间边界，如果某一功能所占据的土地利用超过一定的空间边界，则会产生边际收益递减，产生负外部性效应。

第二，基于文献，从我国古代开始到今天，我国城市用地结构演变大体上经历了四个时期，总结了不同阶段的城市内部结构总体特征。然后基于上一小节的土地空间功能，着重分析了近年来我国城市内部用地的基本情况，以及同国外的城市内部用地结构做了比较分析，发现城市内部用地结构，尤其是工业用地与住宅用地在我国东部、中部和西部三大区域及不同城市规模上存在显著的差异，一般而言，城市规模越大，其工业用地占总的建设用地的比例越大，而住宅用地随着城市规模扩大，比重变得越小。从区域上看，东部地区的工业用地较中西部要高，而住宅用地比例在中西部地区相对要高。就城市用地结构的信息熵值来看，呈现出"东部＜中部＜西部"的分布格局，即自东向西土地利用结构系统的有序性程度逐步降低。然后简要地考察了我国城市化水平的空间分异与分布动态。从理论上分析了城市化发展和土地资源的供给与需求关系。

第三，借助微观经济学中微观主体的利润最大化或者效用最大化的分析传统，本部分构建作为城市化微观行为主体的地方政府、企业和居民的基于城市土地利用的一般均衡模型，通过模型的建立和求解，进而考察建设用地供给结构对人口流动的影响机理。最后提出了本书的研究假设：①土地资源对城市化发展存在阻尼效应；②城市土地利用专业化有利于城市化进程，但具有边界效应，即某一功能用地的主导地位，强化土地利用的规模存在边界效应，以保持城市化发展的雅各布斯外部性所需要的土地利用结构。③用土地利用结构调整助推产业结构调整这一中介效应影响城市化。④地方政府的财税偏好将会影响城市用地结构变化。对于具体的假设②、假设③和假设④的内在机制将在各章节进行详细阐述。

第四章　城市土地资源对城市化进程的
阻尼效应检验：逻辑起点

自诺德豪斯（Nordhaus，1992）创造性地提出了"增长阻尼"（部分文献称"尾效"）概念后，罗默（Romer，2001）利用经济模型考察了美国自然资源对经济增长的阻尼效应。国内学者借鉴"增长阻尼"概念和方法研究我国水土等自然资源对经济增长的阻尼效应。本书借鉴已有的研究思路和方法，并以 C—D 生产函数模型为基础，分别构建城市土地资源在假设增长率为零与非零条件下对城市化进程的阻尼效应模型，然后利用我国除去西藏和重庆（部分年份数据缺失）外的 29 个省份城市 2006—2014 年省际面板数据，得到结果并对两种情况的计算结果对比分析，最终得到 29 个省份城市土地资源对城市化的阻尼效应，为后面的研究提供科学依据。本章是本书研究的逻辑起点，即如果不存在城市土地资源对城市化进程的阻尼效应，那么研究城市用地结构调整对城市化进程的影响，就失去了逻辑上的说服力。

第一节　引言

近年来，我国环境问题日趋严重，资源紧缺问题再次受到关注，学者将环境问题、自然资源等因素同资本、劳动力和技术归结为影响经济增长的重要因素，并将其纳入内生增长理论模型中。但是，忽视了城市土地资源在城市化进程中的重要作用，随着城市化进程的加速，城市建设用地面积需求越来越大，以及土地资源的有限性，鉴于此，土地资源对城市化发展应该受到学术界的关注。那么城市土地资源对城市化经济增长阻尼效应究竟有多大？对于我国不同区域的影响会有什么不同？对这些问题进行研究，有助于节约、集约利用资源，推进我国城镇化的健康有序的发展。

图4-1描述了随着中国城市化进程的推进，土地资源（Land）的投入呈现出不同的特征。在城市化（URB）发展的早期，城市对土地资源的总量需求小，而随着城市化进程的加快，对土地资源的需求日益增强，导致土地资源变得日益紧缺，相应的土地资源的供给减少，由此，靠土地资源数量驱动城市化进程逐步结束，而主要依靠内部用地结构优化，增强土地的经济供给来推动城市化发展。因此，土地资源投入在整个城市化发展过程中呈现倒"U"形变化趋势。出现这种情况，源于土地资源本身的不可再生性，同时，土地的空间承载性决定了可以通过提高空间集约利用程度，减少土地自然供给存在的潜在约束。

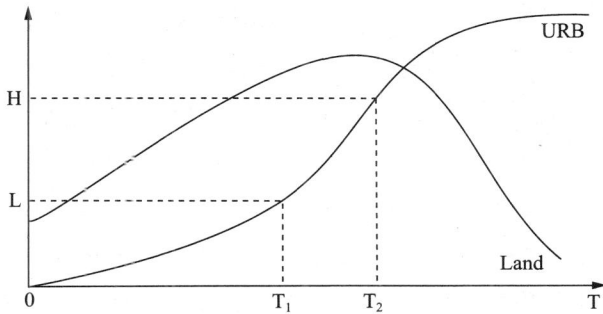

图4-1　城市化进程与土地资源投入

学术界从资本、技术、制度、能源、资源等方面对经济增长的"增长阻尼"进行了研究（William Nordhuas，1992；李善同，2002；王小鲁；2000；连镈聚；2003；刘耀彬、陈斐；2007；雷鸣、杨呂明、王丹丹，2007；张文爱，2013；唐建荣、廖祥宾、程静，2015；王志彬、迟超楠，2015），对于资源对经济社会发展的阻尼效应的研究，缘于自然资源对经济增长的重要性。江林茜（2000）的研究表明，国家或地区的经济增长率是劳动力—资本组合投入的增长率和自

然资源产品生产率和 GNP 生产的技术变化率的函数。彭水军、包群
（2006）把不可再生资源引入内生增长理论模型，结果表明，如果没
有技术创新和合理的资源利用，则会给经济稳态增长带来相反的影
响。也就是说，自然资源对经济增长具有重要的作用。当然，也有学
者提出了相反的观点，茅于轼（2005）提出了资源危机是可以克服
的，资源短缺对经济增长的限制不可能发生。

为了研究城市土地资源对经济增长的阻尼效应，一些学者借鉴了
决定经济增长因素的生产方程：$Y(t) = f(K_t，R_t，L_t，A_t，B_t)$ 中的相
关变量进行研究，在该方程式中，K_t、R_t、L_t 分别表示物质资本存
量、自然资源和劳动力投入；A_t 表示该经济应用知识的储量，B_t 表
示"社会文化环境"或"社会能力"。例如，谢书玲、王铮、薛俊波
（2005），万永坤、董锁成、王隽妮（2012）借鉴大卫·罗默生产函数
来构建增长阻尼模型：$Y(t) = K^{\alpha}(t) S^{\beta}(t) T^{\gamma}(t) [A(t) L(t)]^{1-\alpha-\beta-r}$，
在此基础上深入分析了北京水土资源对经济增长的阻尼效应。张乐勤
（2015）应用同样的模型，以安徽省为例，探索了环境污染对城镇化
的阻尼效应。后来，杨杨（2007、2010）采用改进的一级和二级生产
函数研究城市土地资源对我国地区经济增长的阻尼效应。许冬兰、李
琰（2012）同时运用两种方法考察了山东省的能源约束对城市化
影响。

基于上述分析表明，目前学术界开始关注土地资源对经济增长的
影响，但对于城镇化建设中土地资源紧缺研究并不足，真正反映我国
城镇化增长的各项指标应该使用市辖区的数据。此外，受制于我国区
域发展不平衡的影响，我国三大区域的城镇化进程速度并不一致，所
以，对于土地资源的需求程度也不同。为此，本书在探讨土地资源对
我国城镇化发展阻尼效应的基础上，分区域探讨了不同地区土地资源
紧缺程度。

第二节　模型设计与数据说明

土地资源阻尼效应是指不存在土地资源约束的经济增长率与存在

土地资源约束的经济增长率之差。所谓不存在土地资源约束，是指假定土地资源的数量随着劳动人口数量的增长而增长，两者保持相同的增长率。在存在土地资源约束的情况下，土地资源供给的增长率通常低于劳动人口的增长率。

一　城市土地资源对城市经济增长的阻尼模型

借鉴柯布—道格拉斯生产函数（C—D 生产函数），将土地要素纳入模型，具体如下：

$$Y(t) = A(t)K^{\alpha}(t) \cdot M^{\beta}(t) \cdot L^{\mu}(t) \tag{4-1}$$

式中，$K(t)$ 表示经济发展中投入的资本（资本存量）；$M(t)$ 表示经济增长中投入的城市土地资源；$A(t)$ 代表知识技术；$L(t)$ 表示城镇化进程中投入的劳动力数量，也即就业人员总数；α、β、μ 分别表示资本、城市土地资源、劳动力的生产弹性。但是，由于技术与劳动的结合不能分别解释各自的生产弹性，为此，对模型进行如下修正（此模型没有对规模报酬不变的假设进行界定）：

$$Y(t) = K^{\alpha}(t) \cdot M^{\beta}(t) \cdot L^{\mu}(t) \cdot \varepsilon \tag{4-2}$$

式中，ε 为随机干扰项。对式（4-2）两边取对数得：

$$\ln Y(t) = \alpha \ln K(t) + \beta \ln M(t) + \mu \ln L(t) + \ln \varepsilon \tag{4-3}$$

对式（4-3）两边关于 t 求导，则有：

$$\varphi Y(t) = \alpha \varphi K(t) + \beta \varphi M(t) + \mu \varphi L(t) \tag{4-4}$$

式中，$\varphi Y(t)$、$\varphi K(t)$、$\varphi M(t)$、$\varphi L(t)$ 分别表示 $Y(t)$、$K(t)$、$M(t)$、$L(t)$ 关于 t 的变化率。

本书研究中，假定经济增长路径为平衡增长路径，所以，经济产出和同资本存量以相同的不变的速度增长，即 $\varphi Y(t) = \varphi K(t)$，令 $\varphi M(t) = \alpha$、$\varphi L(t) = m$，那么，经济平衡增长的产出增长率为：

$$\varphi_Y = \frac{\alpha\beta + m\mu}{1-\alpha} \tag{4-5}$$

所以，平均每单位劳动力的产出增长率为：

$$\varphi_{\frac{Y}{L}} = \varphi_Y - \varphi_L = \frac{\alpha\beta + m\mu - m(1-\alpha)}{1-\alpha} \tag{4-6}$$

若不考虑城市土地资源对经济增长阻尼作用的影响，那么城市土地资源的数量随着劳动人口数量的增长而增长，两者保持相同的增长率，即有 $a = m$，则平均每单位劳动力的产出增长率为：

$$\overline{\varphi_{Y/L}} = \frac{m\beta + m\mu - m(1-\alpha)}{1-\alpha} \tag{4-7}$$

若考虑城市土地资源对经济增长阻尼作用的影响，那么城市土地资源在长期将保持不变，城市土地资源投入增长率为零，即 $\alpha = 0$，则有：

$$\overline{\overline{\varphi_{Y/L}}} = \frac{m\mu - m(1-\alpha)}{1-\alpha} \tag{4-8}$$

综上所述，土地资源对经济增长阻尼效应为：

$$\text{Drag\_}gdp = \overline{\varphi_{Y/L}} - \overline{\overline{\varphi_{Y/L}}} = \frac{m\beta}{1-\alpha} \tag{4-9}$$

二 土地资源对城市化率阻尼模型

大量已有研究表明，城市化发展进程与地区经济增长发展水平（人均 GDP）之间存在明显的对数关系（周一星，1995），即有如下关系式：

$$U = A + B\ln y \, (A < 0, \ B > 0) \tag{4-10}$$

式中，U 表示城市化率，y 表示人均 GDP。为同每单位劳动力产出增长率公式相衔接，在此，令 $A = -\frac{\ln W}{Q}$，$B = \frac{1}{Q}$，则有：

$$y = we^{QU} \tag{4-11}$$

对式（4-11）求导，整理得：

$$\varphi_u = \frac{1}{Q}\varphi_y = \frac{1}{Q}\varphi_{Y/L} \tag{4-12}$$

式中，Q 表示城市化的人均产出弹性，即 $Q = \frac{y}{dU}$，将式（4-12）和式（4-6）合并，则有：

$$\varphi_u = \frac{1}{Q} \cdot \frac{\alpha\beta + b\gamma + m\mu - m(1-\alpha)}{1-\alpha} \tag{4-13}$$

同理，可得土地资源对城市化的阻尼效应为：

$$\text{Drarg\_}urbp = \frac{1}{Q} \cdot \frac{m\beta}{1-\alpha} \tag{4-14}$$

三　数据来源与变量说明

鉴于数据的可获得性，本书选取 2006—2014 年的数据，表 4 - 1 报告了变量的基本统计量。

表 4 - 1　　　　　　　　　　变量的基本统计量

变量	观测值	均值	标准误	最小值	最大值
lnY	232	7.898	0.928	5.484	9.592
lnK	232	8.511	1.025	6.069	10.533
lnL	232	6.374	0.940	3.972	8.224
lnM	232	6.972	0.787	4.695	8.562

（1）产出变量 Y 选取各省份第二、第三产业增加值来度量，以 2006 年为基期，按不变价格计算，数据来源于相关年份《中国统计年鉴》。

（2）资本存量 K 以各省份的城镇固定资产投资额为基础，运用永续盘存法，按不变价格计算各省份的资本存量，即 $K_{it} = K_{it-1}(1-\delta) + I_{it}$，其中，$K_{it}$ 为当年的资本存量，K_{it-1} 为上一年的资本存量，δ 为资本折旧率，I_{it} 为当年的城镇固定资产投资额，资本折旧率采用张军（2004）推算出的 9.6%。数据来源于中国经济与社会发展统计数据库。

（3）土地资源变量 M 为各省份城市建成区面积。数据来源于相关年份《中国城市建设统计年鉴》。

（4）劳动力数量 L 为各省份城镇单位从业人员数。数据来源于相关年份《中国区域经济统计年鉴》。

（5）城市化水平 URB。一般衡量一个地区城市化发展水平最为关键的指标是人口城市化率，其计算公式为：

$$URB = \frac{P_u}{P} \tag{4-15}$$

式中，P_u 表示在城镇居住半年以上的人口，P 表示地区年末总人口。从地域上讲，它是城市人口和农村人口的总和。

第三节　实证结果

一　参数估计

表 4 – 2 报告了经济增长的回归结果，通过 OLS、固定效应和随机效应模型，以及动态计量模型，均可以发现，资本、劳动力和土地资源在推动中国经济发展方面发挥了积极的推动作用，结果具有稳健性。基于本书研究假设和研究需要，根据豪斯曼检验的结果，拟选择固定效应模型作为参考模型。因此，基本方程的表达式为：

$$\ln Y = 0.193\ln K(t) + 0.0816\ln L(t) + 0.243\ln M(t) + 4.04 \qquad (4-16)$$

表 4 – 2　　　　　　　　　　经济增长的回归结果

	混合效应	固定效应	随机效应	GMM 估计
L. lnY	—	—	—	0.039 * (1.69)
lnK	0.269 *** (7.35)	0.193 *** (12.68)	0.123 *** (4.77)	0.229 *** (14.21)
lnL	0.566 *** (9.04)	0.0816 ** (2.55)	0.156 *** (3.06)	0.0597 ** (2.43)
lnM	0.134 (1.83)	0.243 *** (6.01)	0.395 *** (5.17)	0.132 *** (2.64)
常数项	1.069 *** (4.98)	4.040 *** (25.72)	3.106 *** (10.28)	4.351 *** (31.87)
样本量	232	232	232	174
R^2/Wald	0.8816	0.8446	0.8387	2823.40
AR（2）	—	—	—	0.5183
豪斯曼检验		0.0000		—

注：括号内数字为 t 统计量。*、** 和 *** 分别表示 10%、5% 和 1% 的显著性水平。下同。

接下来，根据各地区人均产出 y 和城市化（URB）两者之间的半对数关系曲线，得到 29 个省份的拟合方程。大部分地区的回归方程都存在异方差和序列相关，因此，选择 Stata13 中 xtscc 命令，以其进行修正，从而得到城市化对单位劳动力平均 GDP 产出的弹性值，具体结果见表 4 - 3。

表 4 - 3　　　　　　　　城市化与经济增长的回归结果

	固定效应	随机效应	混合效应
lny	0.209***	0.215***	0.279***
	(12.62)	(13.56)	(14.98)
常数项	0.426***	0.423***	0.397***
	(61.02)	(21.03)	(39.04)
样本量	232.000	232.000	232.000
R^2	0.4409	0.4409	0.4918
豪斯曼检验	0.000		

通过回归结果，选择固定效应模型，其方程结果为：

$$U = 0.426 + 0.209\ln pgdp \qquad (4-17)$$

基于上述推导过程，以及回归方程结果，可知 $\beta = 0.243$，$\dfrac{\beta}{1-\alpha} = \dfrac{0.243}{0.807} = 0.301$，$Q = 4.784689$。

基于表达式 Drag_ gdp，还需要求得劳动力的增长率，利用公式 $Growth = \sqrt[N-n]{\dfrac{X_N}{X_n}} - 1$ 来计算，得到全国及各地区劳动力增长率和土地增长率，最终可以得到全国及各省份土地资源对城市化进程中的增长阻尼值，其结果具体如表 4 - 4 所示。

表 4 - 4　　　各地区劳动力增长率及城市土地资源对城市化
进程的增长阻尼值

	L_ growth	M_ growth	Drag_ gdp	Drag_ urb
全国	0.077218	0.051524	0.018467	0.003859

续表

	L_growth	M_growth	Drag_gdp	Drag_urb
北京	0.075428	0.005844	0.022712	0.004747
天津	0.084977	0.047505	0.025588	0.005348
河北	0.040638	0.03372	0.012237	0.002557
山西	0.044926	0.051169	0.013528	0.002827
内蒙古	0.064698	0.054838	0.019482	0.004072
辽宁	0.043234	0.03628	0.013018	0.002721
吉林	0.075557	0.041192	0.022751	0.004755
黑龙江	0.018141	0.026203	0.005463	0.001142
上海	0.079228	0.021561	0.023857	0.004986
江苏	0.103015	0.05708	0.031019	0.006483
浙江	0.094795	0.046608	0.028544	0.005966
安徽	0.07623	0.066045	0.022954	0.004797
福建	0.103734	0.071286	0.031236	0.006528
江西	0.048347	0.061553	0.014558	0.003043
山东	0.059502	0.054142	0.017917	0.003745
河南	0.068773	0.045312	0.020709	0.004328
湖北	0.074266	0.064209	0.022362	0.004674
湖南	0.082147	0.054644	0.024736	0.00517
广东	0.094975	0.050511	0.028598	0.005977
广西	0.057844	0.065834	0.017418	0.00364
海南	0.090263	0.060275	0.027179	0.005681
四川	0.126531	0.075671	0.0381	0.007963
贵州	0.096749	0.080423	0.029132	0.006089
云南	0.086955	0.081064	0.026183	0.005472
陕西	0.04608	0.055111	0.013875	0.0029
甘肃	0.023252	0.047869	0.007002	0.001463
青海	0.048306	0.053236	0.014546	0.00304
宁夏	0.059768	0.065759	0.017997	0.003761
新疆	0.024172	0.067551	0.007278	0.001521

二 结果分析

（一）全国层面的土地资源对城市化进程阻尼效应的分析

从表4-4所得结果来看，我国土地资源对城市化的阻尼效应为0.003859。也就是说，如果没有土地资源的限制，我国的城市化进程将会加快0.003859。而刘耀彬等（2007）计算的土地资源对城市化进程的阻尼效应为0.003556，尽管我们选取的阻尼效应模型有所差异，但是，计算结果差别不大，而且本书选取的数据是2006—2013年，这也反映了近年来我国土地资源对城市水平的阻尼效应是增加的。

（二）分地区土地资源对城市化进程阻尼效应的分析

根据表4-4中各地区的阻尼值大小，本书将阻力值分为四个类型，分别为高增长阻尼类型（阻尼均值为0.006384）、中高增长阻尼类型（阻尼均值为0.005039）、中等增长阻尼类型（阻尼均值为0.003895）和低增长阻尼地区（阻尼均值为0.002271），具体结果见表4-5。

表4-5　　　　　　　　　各地区的增长阻尼分类

增长阻尼类型	高增长阻尼地区	中高增长阻尼地区	中等增长阻尼地区	低增长阻尼地区
地区	江苏、浙江、福建、广东、海南、四川、贵州	北京、天津、上海、安徽、湖南、云南	内蒙古、江西、山东、河南、湖北、广西、宁夏	河北、山西、辽宁、黑龙江、陕西、甘肃、青海、新疆
阻尼均值	0.006384	0.005039	0.003895	0.002271

根据阻尼效应大小的结果划分显示，江苏、浙江等7个省份被划为高增长阻尼类型中。其中，江苏、浙江、福建、广东、海南5个省份的高增长阻尼效应主要是由于这个省份的城市化水平较高，快速的城市化进程，加快对城市建设用地的需求。四川和贵州阻尼效应比较高是由于这些地区的山地比较多，城市建设土地成本较高，土地资源相对短缺。而北京、天津、上海、安徽、湖南、云南6个省份属于中高增长阻尼的地区，其中，北京、天津、上海3个省份的城镇化水平较高，处于"S"形曲线的后期阶段，城市化发展较为稳定，其功

能区为优化开发区，因此，相对于江苏、浙江、福建、广东等地区，城市化受到的土地资源约束相对较小，城市建设更加注重紧凑，集约增长、高层建筑减少了对土地资源的需要，而安徽、湖南和云南是由于快速的城市化进程加大了对土地资源的需求。中等增长阻尼地区包括内蒙古、江西、山东、河南、湖北、广西和宁夏7个省份，这些区域城市化程度相对较低，土地资源供给充足。河北、山西、辽宁、黑龙江、陕西、甘肃、青海、新疆8个省份为低增长阻尼地区，这些区域主要得益于土地资源供给充足，城市化水平较低，因此，土地资源对城市发展的约束力较小。

（三）阻尼效应的区域差异分析

为了把握我国城市化的土地资源约束效应的空间差异性，通过表4-6的相关统计指标可以发现，东部地区的城市化阻尼效应最大，城市化发展受到的土地资源约束的力度最大，主要原因在于：东部地区城市化发展较快，对土地的需求较大，但是，土地资源总量是有限的，使面临的约束也就最大。其次是西部地区的城市化发展的土地资源约束，其原因在于：西部地区山地多平原少，不利于城市规模的扩大，使城市化的土地成本较高，而相比较而言，中部地区平原多，面临的城市化的土地资源约束相对较小。但是，从标准差的角度看，西部地区的标准差最大，表明西部地区内部土地资源对城市化的阻尼效应存在较大的离散型与异质性，结合地区阻尼分类可以看出，四川、贵州和云南处于高水平和较高水平的城市化发展的土地资源尾效。而中部地区城市化的土地资源阻尼效应最小，土地资源对城市化进程的阻尼效应较为平均地分布在一个较低的水平。而且相关研究表明，近年来，我国城镇土地利用增长持续向中西部地区偏移，在用途结构方面，持续向工矿、商服用地倾斜。相关数据统计表明：2009—2014年，中西部地区城镇土地增幅分别达到27.8%和32.6%，均明显高于全国总增幅，而东部和东北部地区增幅分别为14.7%和19.3%，整体增幅水平较低。[1]

---

① 资料来源：国土资源部网站。

表4-6　　　　我国东部、中部和西部地区域城市土地资源
对城市化进程阻尼的均值及方差

地区	均值	标准差	最小值	最大值
东部	0.004976	0.001407	0.002558	0.006528
中部	0.003842	0.001384	0.001142	0.00517
西部	0.003992	0.002031	0.001463	0.007963

（四）阻尼效应的空间相关性分析

基于现代空间统计分析方法发现：城市土地资源对城市化进程的阻尼效应，存在显著的较强的空间自相关[①]，基于临界矩阵得出的莫兰指数为0.242，基于经济距离权重矩阵得出的莫兰指数为0.156，具体如图4-2所示。

空间自相关反映的是观测变量的空间关联关系问题，是空间异质性还是空间同质性问题，对于高—高型和低—低型地区，表明城市土地资源对城市化的阻尼效应的差异分别都较小，且呈现出正相关关系，但处于高—高型地区的某一省份自身与周边省份的阻尼效应都较高，而低值地区则是某一省份自身与周边省份的阻尼效应都整体较低。对于高—低型和低—高型地区，城市土地资源对城市化的阻尼效应的空间差异是较大的，具有异质性，呈现出负相关关系。具体而言，对于高—低型地区，高值地区被低值地区所包围，形成鲜明的中心—外围结构。而对于低—高区域，低值地区被高值区域包围，即处于该地区的某一省份自身的城市化进程的阻尼值较低，但是，其周边省份的城市化的增长阻尼值较高，基于临界矩阵的阻尼效应空间自相关情况如表4-7所示。可以看出，阻尼效应高—高地区多数集中于东部地区，而阻尼效应低—低地区主要集中在西部地区和少部分中部地区，这些地区的一个重要特点是经济发展水平较低。

---

① 具体的空间自相关莫兰指数计算公式，见本书第六章。

Moran scatterplot（莫兰指数 = 0.242）
Drag_urb

Moran scatterplot（莫兰指数 = 0.156）
Drag_urb

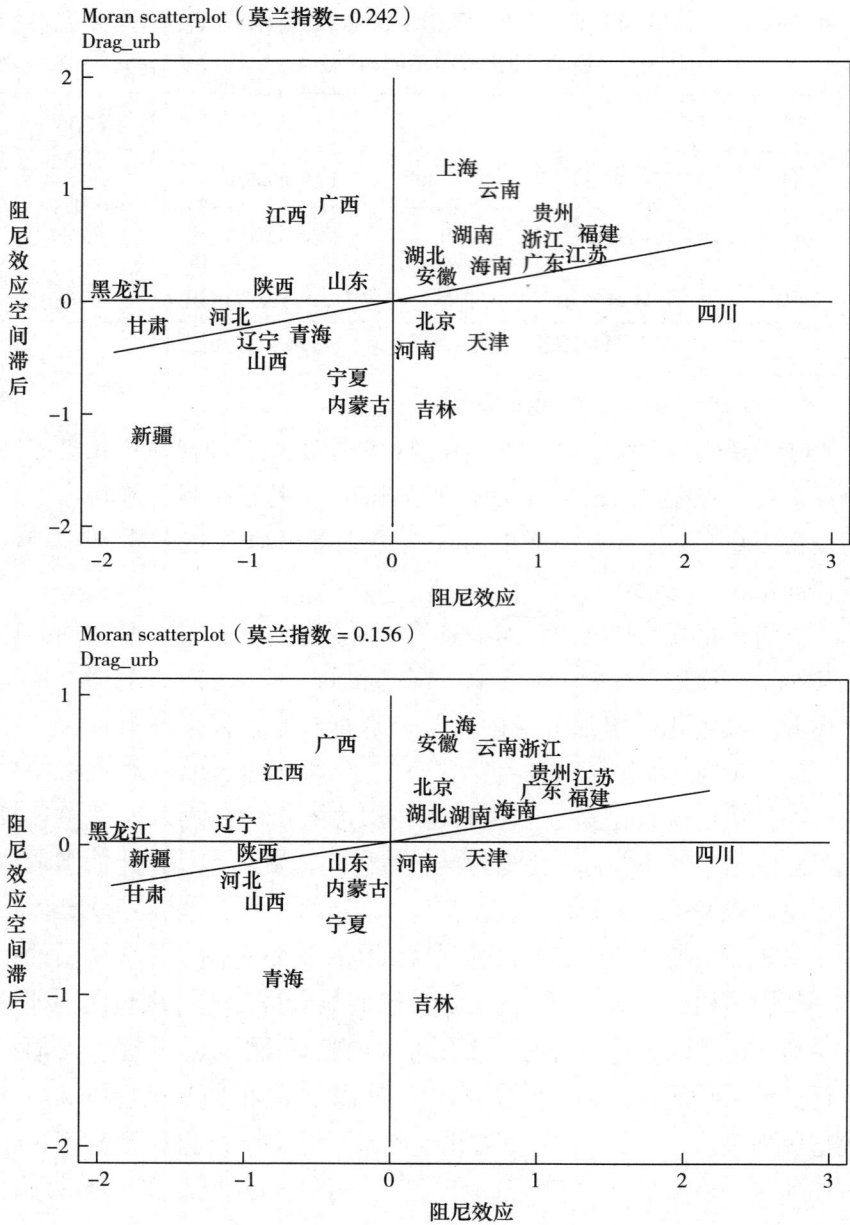

图 4 - 2　阻尼效应的空间自相关莫兰指数

表 4 - 7　　　　　基于临界矩阵的阻尼效应的空间自相关类型

阻尼效应空间自相关类型	高—高地区	低—低地区	低—高地区	高—低地区
地区	上海、江苏、浙江、安徽、福建、广东、贵州、云南	河北、山西、内蒙古、辽宁、陕西、甘肃、青海、宁夏、新疆	黑龙江、江西、山东、广西、河南	北京、天津、吉林、四川

本章小结

　　本书根据经典的 C—D 生产函数构建了城市土地资源对城市化进程的阻尼效应模型，实证结果表明，我国城市土地对城市化进程的阻尼值为 0.003859，即由于土地资源的限制，我国城市化进程的速度比没有土地资源约束的情形下降 0.003859；从横向来看，总体上说，城市化、工业化水平较高的地区的城市土地资源对城市化的约束性较强；从东部、中部和西部三大地区空间分布来看，城市土地资源对城市化进程阻尼效应最大的是东部地区，其次是西部地区，最后是中部地区；通过空间统计发现，城市土地资源对城市化的阻尼效应还存在显著为正的空间自相关。

　　基于本书的分析结果，针对不同阻力类型的地区应实施差异化的土地利用政策，以降低城市土地资源的城市化尾效。对于高阻力型地区来说，大部分地区的土地资源已经达到了"瓶颈"，因此，要想突破这个"瓶颈"，可能的关键在于转变地区经济发展方式，通过城市土地利用手段政策，加快地区产业的转型升级，提升城市土地利用效率和集约度来优化空间结构，以此增强土地的经济供给能力，减轻土地对城市化进程的阻碍。对于低阻力型地区来说，目前土地资源尚未对城市化进程带来较强的阻尼效应，其原因在于产业发展的强度不够，而使土地的相对稀缺性不足，区域之间是相互联系的，基于空间发展的传递效应，在产业转移的作用下，地区产业逐步成长，可能也将会面临城市化发展的土地资源尾效，因此，在城市化发展进程中，这些区域，要注重长远，放眼未来，顺应产业转型升级过程中带来的产业转移，强化土地利用的合理规划，以减轻和延缓土地资源对城市化进程的阻尼效应。

在供给侧结构性改革的背景下，要加快在城市土地利用的结构性调整。我国城市化受到土地资源日益紧缺这一硬性约束，如何摆脱城市土地资源的稀缺性对城市化发展的阻尼效应，是我国城市化进程中，当前与未来亟待解决的一个重要问题，基于"总量—结构"的矛盾运动，在城市化进程中，通过调整城市内部用地结构来保障城市化进程的稳步推进，可能是一个重要的思路。即通过城市土地内部挖潜，优化内部土地利用结构，提高土地集约节约利用水平，通过提高土地的经济供给能力来缓解土地资源的自然供给不足在城市化进程中的硬性约束问题。

第五章　城市用地结构调整的城市化进程响应：专业化视角

通过第四章论述得出一个重要的结论：我国城市化发展存在明显的土地资源"尾效"，面临着土地资源总量的约束。而我国城市化依然在持续推进，那么值得反思的是：是否因为土地利用结构调整本身在推动我国的城市化？城市内部土地利用将会以怎样的结构特征影响城市化进程？基于此，本章借鉴土地科学中有关测度城市土地利用结构的方法，利用区域经济学中的专业化思想，考察城市土地利用结构总体特征对城市化进程的影响。

第一节　引言

通过第四章土地总量对城市化进程的资源"尾效"分析，得出了一个基本的认知：在土地资源日益稀缺和耕地红线的约束下，通过土地资源的大量投入，已经是穷途末路了。即伴随着中国城市化步入"快车道"，城市土地利用呈现出较之以往明显不同的特点，并对中国城市化发展产生深刻的影响。基于关系国计民生的粮食安全问题，想借助土地投入刺激城市化进程不具有可持续性。然而，这并不意味着，城市化就会因此停滞不前，基于总量—结构的矛盾运动，在城市化的进程中，通过调整城市内部用地结构来保障城市化进程的稳步推进，可能是一个重要的思路（蒋南平、曾伟，2012），而且这种总量约束，促使我们进行结构性调整。因此，加快城市用地结构调整将成为转变经济发展方式的重要环节。通过用地结构调整，调节空间生产力，引导生产要素合理流动，进而实现资源的优化配置，推进城市化进程。

如前所述，城市用地结构是城市内部各种功能用地的比例和空间结构及相互影响、作用的关系，它是一个动态演变的过程。城市内部用地结构反映的是城市功能结构，每一种用地代表城市特定的职能，不同用地结构对城市化的影响是有差异的。工业仓储用地较多体现的是城市的工业生产功能。住宅绿地用地反映的是人们在城市生活所必需的居住功能；商业服务业用地供给表征的是服务业职能。市政公用设施用地和道路广场用地反映的是一个城市的便利度，这些都将成为吸引人们来生活、提高城市化水平的条件。因此，对城市化产生重要影响的不仅仅是城市土地总量，还有基于城市土地总量基础上的城市内部体现不同功能特点的用地结构。基于此，本章以城市化发展为目标导向，讨论什么样的城市空间土地利用结构有利于城市化进程，在区域上存在什么差异以及如何通过城市内部土地利用结构调整优化实现城市化进程稳步推进。

第二节 城市土地利用专业化与城市化发展

一 城市土地利用专业化

关于专业化很多时候考察的是产业专业化，它反映的是某产业在一定的地理空间上的集中分布，类似于产业专业化，本书将城市土地利用专业化表述为因承载城市某些功能而各自对城市土地一定程度的占据，因此，城市土地利用专业化反映了城市功能结构，城市土地利用专业化程度是城市空间垄断与竞争的反映，城市土地利用专业化程度和专业化偏好在不同的城市发展阶段、不同的城市规模和不同的区域①存在较大的差异。就某单个城市而言，其城市功能结构可能会随

———————

① 从功能上讲，有的偏好居住功能，有的偏好生产功能，有的偏好政治功能，有的偏好生态功能等。

着时间的迁移而发生动态变化，就某一功能而言，可将城市土地利用集中分为以下四种类型：

（1）递减型空间集中，即在初始阶段，该功能在城市中的地位很高，但随着时间的推移，其地位日益下降，因此土地投入也相应下降。如工业制造业，在城市化发展早期，需要大量的工业用地予以支持，到了城市化发展的后期，主要靠服务业推动城市化，其用地也日益减少，因此，在整个城市空间用地结构中的份额将会下降。

（2）递增型空间集中，即在考察期内，某一城市功能不断强化，其相应的土地利用的集中度不断增强。如在城市化发展的中后期，对服务业的需求日益旺盛，可能随着时间的推移，对于相应的用地在整个城市用地结构中处于绝对的优势，其专业化程度就会较高。

（3）"U"形地理集中，即某项功能在一段时间逐步下降，到一定程度又开始上升。如生态用地，在早期，为了发展经济，大量地牺牲生态用地，使生态用地供给日益减少，随着经济的发展，生态环境日益恶化，人们开始重视生态环境，在这样的背景下，将会日益提高生态用地的比重。

（4）倒"U"形空间集中，即在初始阶段，城市的某功能逐步增强，相应的土地供给日益增强，达到一定阶段后呈现出下降的趋势，因此，对其供地也逐步减弱，转向了其他功能用地的投入。即这一功能先是逐步增强然后达到一定阶段后该功能就消退了。如工矿用地，从整个城市发展进程来看，为支撑城市发展，早期为带动工矿业的发展，投入了大量的用地，当经济增长积累到一定规模，该产业的经济增长边际收益递减或者为负的情况下，城市产业发展转型，将用地支持调整到其他功能产业上。

土地利用专业化（多样化）过程内在地反映了空间交易成本问题，土地利用结构的变动调整是基于交易成本的考虑。图 5-1 揭示了城市内部用地结构调整，降低交易成本的内在逻辑。根据新地理经济学和人文地理学的基本观点，认为空间同物质资本、技术、劳动力一样，是重要的生产要素，空间是不停地处于变化之中的，即空间处于不断地被生产的过程中，而不是一个固定不变的容器，不同的空间格局将影响生产成本函数，最后影响绩效产出。在实践中，空间形态存在空间垄断和空间竞争最为基本的两种形式①，空间垄断是一种在一定尺度空间下的用地过度专业化的表现形态，超出了以收益最大化为原则的功能专业化边界，是一种缺乏竞争机制的用地模式，在空间上可以看作专业化经济空间形态的极端形式。通过用地结构调整，打破空间垄断，实现各功能产权主体对土地这一要素的竞争效应，形成空间功能的横向一体化，使不同功能在空间上集聚，形成城市化经济效应。因此，降低各功能空间交易成本促进空间要素集聚是空间结构调整的本质。

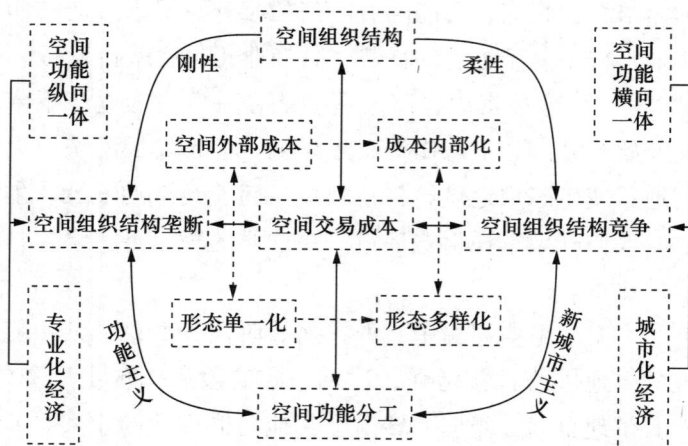

图 5 − 1　城市内部空间结构调整的逻辑

二　城市土地利用专业化与城市化

城市用地专业化程度决定了城市空间功能的集聚程度。在城市功能结构发生变迁的过程中，也是城市化发生变迁的过程，基于城市化进程的索诺姆"S"形曲线的三阶段，城市功能的发展也经历了与之

---

　　①　空间垄断即在一定的区域空间内只有某种单一的功能的情况，由此形成了单一化的土地利用方式。就整个城市发展而言，这是一种专业化的空间集聚经济形态，这容易带来土地低效率使用，在我国最为典型的是工业开发区。空间竞争则与空间垄断相反，是多种要素与多种功能在一定的空间范围内集聚的情况，由此形成了多样化的土地利用方式，就整个城市发展而言，这是一种多样化的空间集聚形态。

相适应的功能规划起步期、功能加速建设期和功能成熟期三个阶段（见图5－2）。图5－2从动态角度描绘了城市化水平与城市用地结构—功能之间的关系。这三个阶段反映了城市功能由功能专业化培育期，到功能专业化集聚期，再到功能多样化发展期。在不同的城市化发展阶段，城市空间功能结构与土地利用特征存在差异。在城市化发展早期，城市化水平低，整个社会处于农业时代，城市内部有简单的居住和生产功能，且规模小。随着城市的发展，城市化进程的加快，城市的生产功能占据主导地位，而居住功能和商服功能服从于生产功能，整个城市空间是一种专业化垂直生产占主导的地位功能格局；当城市化发展到下一阶段，城市化进程持续加快，社会分工日益细化，服务业得到发展，整个城市空间的生产体系逐步由专业化生产过渡到多样化，相应的城市功能日益强大，城市的自我循环能力增强。

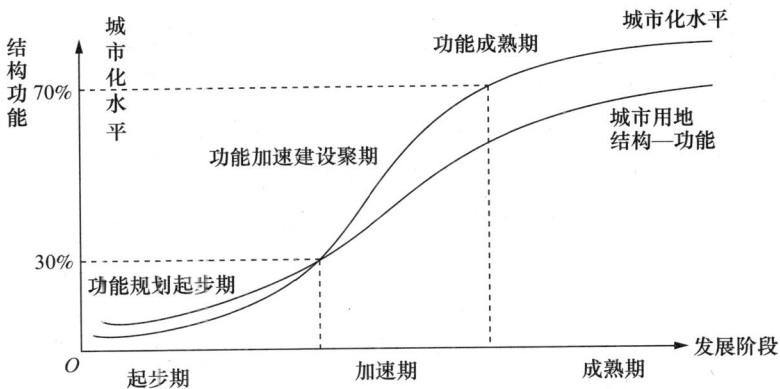

图5－2 城市化水平与城市用地结构—功能之间的动态关系演变

（一）城市用地专业化集聚驱动城市化进程

土地资源要素的有限性决定了用地专业化集聚的必要性，由此为城市某一功能的发挥提供集聚效应机制，实现了有限的土地资源的充分利用，发挥了规模集聚效应，强化了地区的比较优势，突出了城市的主要功能特色，增强了地区竞争优势，实现了生产要素的有效集聚，进而推进城市化进程。

（二）用地专业化集聚对城市化的驱动作用具有边界效应

城市作为一个由不同类型职能并基于一定比例的土地配置而形成的系统，内部需要共生互补、相互协调，某一功能的存在与发展，还以其他功能的存在为基础。如前所述，城市内部不同性质的用地代表不同的功能，因此，它们之间需要存在一个最优的比例以保障城市的健康运行，如果某一功能过度集中，则会对其他城市功能产生"挤出效应"，导致城市空间功能难以实现有效的"对偶"互补，进而抑制城市整体功能的发挥，最终阻碍城市化发展。这就是用地专业化的规模边界性。而维持在这样的边界，为其他功能的发展提供空间，这样整个空间就会存在一定的功能多样性特征，并产生多元化功能互动共享的空间集聚效应机制。假定一个城市只有居住和就业两种功能，相应地存在两种建设用地类型，而且总建设用地面积固定不变，从理论上讲，工业用地供给较多，会在一定程度上提高企业入驻率，提供更多的就业机会，吸引更多的人口转变为城镇人口，提高城市化水平。与此同时，住宅用地的紧缺，住房供给稀缺，导致房价过高，增加城市劳动力的生活成本，通勤成本提高，又将降低城市吸引力，阻碍人口向本地区流动，进而降低城市化发展水平。这种用地的结构性失衡对城市化发展最终产生怎样的影响，尚待研究表明，但是，无论是哪种土地利用类型，如果过度专业化，都将产生"挤出效应"，最后抑制城市化进程。下面将具体分析用地多元化对城市化的促进机制，以说明功能专业化的边界效应。

1. 用地结构多元化能够克服用地类型单一所带来的经济风险

来自生物界的信息给了我们一个重要启示：越具有生物多样性的生态系统，其稳定发展的特征和抗外界干扰能力就越强。因此，借鉴金融学中的风险组合原理，进行空间功能组合，可以使多功能组合风险小于单一结构性风险的最小值。因此，特定空间土地资源利用结构的多样性将成为应付环境变化的缓冲器，土地资源利用结构越多元，其用途越广、体现的空间功能越多，实现价值的途径越多，空间单元可能越有能力凭借低成本、小幅度的空间组织结构调整来应对随时可能出现的内外部不确定性因素。而某类用地的高度集中，实质上是权力垄断投影在空间上而形成的用地在不同功能上的分配不平等，在积累因果循环的作用下，使这种机制被强化，导致城市整体功能僵化。而用地结构多元化则打破了空间垄断，会改善城市某一功能对土地要素的空间垄断权地位，形成各类功能主体对空间土地资源的共享，从而形成对土地这一稀缺要素的空间竞争效应，进而不断推动空间升值，使土地资本在空间上高度集聚。

2. 用地结构多样化催生空间功能横向一体化与城市化经济

当土地利用专业化使功能转换成本高于专业化集聚的经济效率时，就会驱动土地利用多样化，形成多样化的城市空间结构，形成功能集聚。以功能"一股独大"的远郊工业区为例，随着远郊工业园区通过较高的外部力量来支持其发展而变得不可持续时，外部成本内部化是必须考虑的问题，对内外部交易成本的权衡决定了空间功能的融合与否。用地结构多元化将原来的产与城两大功能的空间纵向一体化转变为横向一体化，基于产业组织理论，由纵向一体化到横向一体化，降低交易费用，促进外部成本内部化。用地结构多元化使城市空间职能维持在合理的边界，以实现各功能空间利用效率的最大化。空间是一个动态均衡的过程，空间用地多元化就是在适应外部环境的条件下做出的空间组织结构调整。在聚集经济学理论中，经济集聚存在空间梯度，即集聚经济基于空间地域范围存在专业化经济、城市化经济和城市群经济三种形态。这三种聚集经济形态梯度依次增高，所依托的空间规模不断扩大，空间内部关系由简单到复杂，产生的空间溢出效应不断增强，三种聚集经济形态梯度演化，其中，城市化经济是空间经济发展到一定阶段的产物，而空间功能多样化的直接效应就在于将原来的开发区这种地方化经济形态升级改造为城市化经济形态，从而实现空间形态创新，提高人口承载力，使其演化为城市的新空间。

3. 用地结构多元为创新思想的形成提供空间

创新是区域发展的灵魂，创新思想的形成离不开微观城市用地结构调整与创新（王德起、钟顺昌，2016）。就微观的工业园区而言，一个基本的特征是功能单一、生活休闲功能设施布局不足，使职住空间不同程度地错配，从而缺乏一个交流的实体空间，因此，很难增进不同利益主体间的交流互动，客观上抑制了创新溢出。同时，这种空间格局很难培育不同群体的空间归属感，难以聚集高素质人才，从而很难激发创新思想的形成，空间创新氛围受到极大的制约，进而难以促进园区创新发展，导致企业的空间根植性弱，影响所在区位的长远发展。正如彼得·霍尔（2000）在观察大城市的空间结构特征发现的，人们在集聚基础上的相互交流，形成创新氛围，促进城市创造性的形成，其中，丰富的社会交往空间是创新思想形成的基础。根据雷·奥尔登的理论，诸如集咖啡店、书店、小剧场、小餐馆等于一体的混合型场所是人们相互交流和建立网络的重要空间载体，这类"第三场所"尤其对创意阶层极富吸引力，而这一类空间往往排除在传统正式规划之外（陈振华，2014），被其他功能空间挤占，在土地利用这块是未被考虑的。

总体来讲，空间重构是当今城市化的重要特征，它表现为城市空间增量的拓展和存量的更新与重组，其本质是通过"调整城市用地结构→改变用地模式→重塑城市空间结构"的机制来促进经济增长与城市化发展。各类用地之间确定一个恰当的比例是推进城市化的重要手段之一，城市土地资源的有限性和各功能地位的差异性，决定了土地资源配置不可能是完全的均等性。因此，需要土地利用的专业化，但城市用地结构需要一定的多元化来规避因过度专业化而带来的风险损失。正如雅各布斯（Jacobs）在《美国大城市的死与生》一文中所提倡的：一种城市用地组织结构，"较多的基本功能较为复杂地紧密结合在一起，会有效地形成一个城市功能的聚集中心，城市功能的多样性也会更加繁盛"（邓元媛、杨帆、常江，2015）。

第三节 模型、变量与实证检验

一 模型构建、变量说明

（一）模型构建

基于文献研究和理论分析基础，设定以下模型来检验城市用地专业化集聚对城市化水平的影响效应：

$$URB_{it} = \beta_0 + \beta_1 HHI_{it} + \beta_2 HHI^2 \sum \beta_k X_{it} + \lambda_t + \mu_i + \varepsilon_{it} \quad (5-1)$$

式中，URB_{it} 是本书的被解释变量，表示我国第 t 年第 i 个省份的城市化水平。HHI 是本书重点考察的解释变量，表示城市用地结构专业化集聚。X 是基于文献而引入的控制变量，主要由以下 9 个变量构成：城乡居民收入差距、地区经济发展、教育水平、外商直接投资、所有制结构、重工业化、产业结构高级化、政府财政支出和城市建设用地面积，分别用 Gap、lnpgdp、Edu、FDI、Soe、Heav、Advance、Gov 和 lnLand 来表示，而关于各指标变量的测度将在后面进一步详细说明。此外，λ_t 为时间效应，μ_i 为个体效应，ε_{it} 为随机扰动项。

（二）变量说明

1. 核心变量

（1）城市化水平 URB。衡量一个地区城市化发展水平最为关键的指标是人口城镇化率，其计算公式为：

$$URB = \frac{P_u}{P}$$

式中，P_u 为在城镇居住半年以上的人口；P 为地区年末总人口，从地域上讲，它是城市人口和农村人口的总和。

（2）用地结构专业化指数。其常用的指标有赫芬达尔（HHI）指数与区域熵值（RSE）。其中，RSE 在本书中将作为 HHI 指标的替代性变量，以便进行稳健性检验，各自具体测度方法及含义如下：

HHI 指数的测度如式（5-2）所示。其中，x_k 为某地区城市用地内部某类功能用地面积；n 为城市用地内部所有功能用地数，包括居住、工矿、公共服务设施及管理和绿地交通等功能用地。这里的 $0 \leq HHI \leq 1$，该值越大，说明地区城市内部各功能用地专业化程度越高，当取值为 1 时，表明某城市只有一种用地类型，只有一种城市功能；反之，当取值为 0 时，则表明城市内部各功能用地量均等。因此，HHI 指数越大，用地专业化程度越高，说明功能多样化程度越低；反之，专业化程度较低，多样化功能集聚程度越高。

$$HHI = \frac{\sum_{k=1}^{n} x_k^2}{(\sum_{k=1}^{n} x_k)^2} \qquad (5-2)$$

RSE 指数是区域熵指数（SE）的倒数。关于 SE 的测度方法如式（5-3）所示。区域熵指数 SE 与 HHI 指数的计算不同，SE 以各类城市用地占总建设用地的份额 s_k 为权重，比较强调规模小的某类城市用地的份额的对数为权重。该值在 $0-\log_2 s_k^{-1}$ 之间变动，其值越小，越趋近于 0，表示地区专业化程度越高；反之，其值越大地区城市用地的多样化程度越高，城市内部用地结构越均衡。因此，这与 HHI 指数恰好相反。基于此，我们采取 SE 指数的倒数 $RSE = \frac{1}{SE}$，本书称区域熵值，来表示用地结构专业化。区域熵值 RSE 越大，表示地区专业化程度越高；反之，地区多样化程度则越高。

$$SE = \sum_{k=1}^{n} s_k \log_2 s_k^{-1} \qquad (5-3)$$

2. 控制变量

为了提高模型的准确性，更好地揭示城市用地结构多元化对城市化的影响，本书在借鉴前人研究的基础上选取城乡差距、人均收入水平、教育水平、外商投资水平、所有制结构、重工业比重、产业结构高级化程度、政府干预程度 9 个控制变量，其所有原始数据均来自历年《中国统计年鉴》，指标测度办法如表 5-1 所示。

（1）地区经济发展（lnpgdp）。城镇化水平是非农产业发展的直接结果。本书用地区实际人均非农产业 GDP 对数来表示地区经济发展水平。为了保证数据的可比性，我们以 2005 年为基期，借助第二、第三产业的 GDP 指数，换算成第二、第三产业的实际 GDP 增加值，然后将第二、第三产业实际 GDP 加总，除以年末总人口，得到人均非农产业 GDP，在实际模型中，对其取对数。

（2）地方财政支出（Gov）。有学者研究表明，城市偏向的一系列制度政策（张新民、盛来运、孙梅君，1999；陈钊、陆铭，2004；李国平，2005），对城市化的发展产生重要的影响。长期以来，由于我国市场机制不完善，政府在推动我国城市化进程中发挥了重要作用。因此，我国的城市化发展存在"自上而下"的"政府主导型"之说，即在城市化发展进程中，政府通过财政手段，进行工业产业开发区建设、新城新区建设，加强基础设施建设，来刺激城市化进程。具体来讲，本书选取地方政府支出总额/地区 GDP，计算得到政府支出比重，用以衡量政府对地方发展的干预程度。

（3）外商直接投资（FDI）。外商直接投资反映了一个地区的对外开放程度，一般情况下，开放度高的地区，城市化水平偏高。本书通过计算地区实际利用外商直接投资/地区 GDP，来体现外商直接投资水平。其中，地区实际利用外资投资数额的原始数据单位为美元，我们通过各年中间汇率做了相应换算。

（4）产业结构高级化（Advance）。产业结构作为经济结构的重要组成部分，产业结构演变对城市化发展形成巨大的推动力（李诚固，2004）。一般而言，产业结构是一个不断高级化的过程，随着产业结构优化，第三产业逐步得到发展，理论上讲，第三产业对人口就业的吸纳力胜过第二产业。基于文献，本书将产业结构高级化表示为第三产业产值/第二产业产值（干春晖等，2011），该值越大，表明产业结构高级化程度越高。

（5）城乡居民收入差距（Gap）。基于城市化发展的推—拉理论，城乡收入差距的悬殊推动了城市化的快速推进，基于个体收益的最大化，使农业人口有向城市转移的可能性（程开明、李金昌，2007；李宪印，2011）。

（6）所有制结构（Soe）。国有企业存在普遍的资本偏向和计划经济体制下的激励机制不足，单位产值所产生的劳动需求相对较少，从而国有产值比重越高的地区，其能够解决的就业越少，最终导致可容纳的城镇人口数越少，城市化进程减缓（刘瑞明，2015）。

（7）重工业化（Heavy）。林毅夫（1999）以及陈斌开、林毅夫（2010，2013），唐志军、谌莹（2011），沈可、章元（2013）等从轻重工业结构角度阐释了城市化滞后的问题。轻重工业结构的背后是资本与劳动之间的替代关系，资本密集型的重工业必然产生"资本排斥劳动"，导致工业资本吸收劳动力的能力不断减弱，制约了中国城市化的快速推进，因此，有必要考虑轻重工业结构对城市化的影响。

（8）教育水平（Edu）。孙维胜、滕越（2003）进行了城市化对教育发展需求的理论分析。王家庭、崔风玉（2010）运用计量模型研究发现，人口教育结构是我国城市化的格兰杰原因。教育水平决定了农业人口向城市流动的概率，而受教育程度包括未上过学、小学、初中、高中和大专以上 5 个层次，相应各级受教育程度的教育年限分别记为 0 年、6 年、9 年、12 年和 16 年，然后以受教育年限为权重计算 6 岁以上人口各级教育程度比重的加权均数来衡量人力资本的教育水平。

（9）城市建设用地面积（lnland）。将建设用地总量纳入控制变量，是因为城市化是以土地城市化为载体并以人口城市化为根本的过程，通过农地非农化，为城市化的空间扩张提供了物质基础。此外，通过土地的非农化投入，地方政府获得大量的土地财政，为城市基础设施建设提供了大量资金。为了考察用地结构对城市化的影响，也需要控制建设用地总量，在模型中，我们取其对数。

表 5-1 主要控制变量及其计算方法说明

变量名称	控制变量含义	计算方法
lnpgdp	地区经济发展	以 2005 年为基期的实际人均非农产业 GDP 对数
FDI	外商直接投资	地区实际利用外资×当年汇率/地区 GDP
Edu	教育水平	Σ各层次教育人数×基本就读年限/6 岁以上总人口
Advance	产业结构高级化	第三产业产值/第二产业产值
Gov	政府财政支出	财政支出总额/地区 GDP
Gap	城乡居民收入差距	城市人均可支配收入/农民人均纯收入
Heavy	重工业化	重工业产值/工业总产值
Soe	所有制结构	国有工业产值/工业总产值
lnland	城市建设用地面积	城市各功能用地加总取对数

二　样本选取与数据统计

（一）样本选取

城市化水平数据来自历年《中国统计年鉴》，各类城市用地比重根据《中国城市建设统计年鉴》（2006—2014）用地面积数据计算得到，数据不包括我国香港、澳门和台湾地区。由于在 2006 年之后，《中国城市建设统计年鉴》中，北京市、上海市、天津市、重庆市和西藏自治区的用地面积数据缺失。最终本书所使用的数据样本是 2006—2014 年 26 个省份的面板数据。为考察不同区域间的差异，本书依照研究中较为通行的方法对东部、中部和西部地区进行划分，东部地区包括河北、浙江、江苏、福建、广东、辽宁、山东和海南 8 个省份，中部地区包括吉林、黑龙江、山西、安徽、江西、河南、湖北和湖南 8 个省份，西部地区包括内蒙古、广西、四川、贵州、云南、陕西、甘肃、青海、宁夏和新疆 10 个省份。

（二）数据统计

表 5 - 2 报告了实证分析中所涉及的主要变量的描述性统计量。由于 2010 年测度教育水平的原始数据缺失，因此，本书采取插值法进行了填补。

表 5 - 2　　　　　　　　　　主要指标基本统计量

变量	样本量	均值	标准差	最小值	最大值
城市化进程	234	0.473	0.091	0.275	0.678
用地专业化	234	0.261	0.050	0.210	0.384
用地区域熵	234	1.593	0.158	1.454	2.071
地区经济发展	234	2.686	0.367	1.726	3.433
所有制结构	234	0.522	0.185	0.140	0.836
教育水平	234	8.142	0.693	6.311	9.945
产业结构高级化	234	0.794	0.211	0.500	1.743
外商直接投资	234	0.027	0.025	0.001	0.151
政府财政支出	234	0.212	0.095	0.083	0.612
城乡居民收入差距	234	3.072	0.545	2.034	4.594
重工业化	234	0.810	0.487	0.125	6.148
城市建设用地面积	234	6.965	0.798	4.680	8.471

（一）整体样本检验

1. 用地结构专业化对城市化水平的影响

表5-3报告了全国和东部地区城市用地专业化程度对城市化进程影响的回归结果。从全国层面来看，综合模型1至模型3的估计结果和相应检验，可以发现：不考虑其他控制变量的情况下，而仅仅控制城市建设用地面积的情况下，城市用地专业化HHI指数与城镇化水平存在显著的正相关关系，表明用地集中能够显著地推动城市化进程。城市用地集中，表明空间功能专业化集聚较强，空间功能专业化集聚是一种独特的空间集聚模式，这种集聚模式和传统产业组织理论中的产业空间集聚具有内在的一致性，功能聚集是产业集聚的前提基础，空间功能集聚为产业集聚提供物质、信息技术与创新环境氛围，产业集聚也需要以功能集聚为支撑（王德起、钟顺昌，2016）。考虑到空间功能专业化集聚的挤出效应，即土地资源的有限性，某一功能的过度集聚可能又会制约其他功能的发挥，最后又抑制城市化进程。基于此，考虑城市用地专业化二次项，经过实证研究发现，用地专业化集聚与城镇化水平存在显著的倒"U"形关系，说明功能集聚并不能一直推进城市化进程的加快，而是存在一个拐点。进一步我们控制了相关变量对城市化水平的影响，可以看出，这种倒"U"形关系依旧成立，显著性水平为1%，其拐点值为0.3233。对此参照已有研究成果，可以给出的可能解释主要有：

表5-3　　　　　　　全国与东部地区的估计结果

变量	中国城市化水平			东部城市化水平		
	模型1	模型2	模型3	模型4	模型5	模型6
城市用地专业化	0.213*** (0.03)	1.761*** (0.42)	1.162*** (0.32)	0.251*** (0.05)	3.243*** (0.74)	1.496** (0.731)
城市用地专业化二次项		-2.595*** (0.70)	-1.797*** (0.53)		-5.028*** (1.25)	-2.359** (1.20)
地区经济发展			0.045*** (0.01)			0.012 (0.02)

续表

变量	中国城市化水平			东部城市化水平		
	模型 1	模型 2	模型 3	模型 4	模型 5	模型 6
所有制结构			−0.005 (0.01)			−0.020 ** (0.01)
外商直接投资			−0.002 (0.00)			−0.002 (0.00)
教育水平			0.022 *** (0.00)			0.027 *** (0.01)
政府财政支出			0.002 *** (0.00)			0.003 *** (0.00)
产业结构高级化			0.010 ** (0.01)			0.013 (0.01)
重工业化			−0.001 (0.00)			−0.002 (0.00)
城乡居民收入差距			−0.01 (0.01)			0.027 (0.02)
城市建设用地面积	0.163 *** (0.01)	0.151 *** (0.01)	0.067 *** (0.01)	0.117 *** (0.02)	0.100 *** (0.02)	0.059 *** (0.02)
常数项	−0.716 *** (0.07)	−0.854 *** (0.33)	−1.006 *** (0.26)	0.125 (0.15)	−2.568 *** (0.73)	−1.313 ** (0.59)
样本量	234	234	234	72	72	72
R^2	0.7334	0.7522	0.8877	0.6169	0.6917	0.8680

第一，用地专业化集聚程度提高的背后是城市功能的不断专业化，由此形成了马歇尔外部性，这种功能专业化集聚优势为城市某类产业的规模化发展提供了空间基础，由此带来人口的快速集聚。但城市的本质特征在于多样化，空间功能的专业化集聚，发展到一定程度会对其他职能产生挤出效应，因此，过度专业化聚集经济反而对城市化进程会产生抑制作用。当专业化发展到一定程度时，城市需要从产

业专业化集聚向多样化集聚转变——从马歇尔外部性向雅各布斯外部性转变。其原因在于：在保持专业化特色的同时，城市职能相对越多，城市所承担的功能越强大，则吸纳的人口就相对越多。其实，从城市规模上也可以看出，大城市之所以是大城市，其本身承担的城市功能多，相对于专业化的小城市，在土地利用结构上越均衡。

第二，从空间分工的角度看，用地结构均衡性促进空间功能的有效匹配，增强了空间关联效应和空间多样化效应，进而降低了空间交易转换成本，提高了经济效率。而功能的过度专业化集聚，使相关功能发育不足，进而破坏了城市细胞，造成城市肌体的大面积"组织坏死"，抑制城市化发展。自改革开放以来，地方政府基于 GDP 的政绩导向，多以工业用地与住宅用地的不合理配置来换取土地财政，压缩与民生息息相关的住宅用地，而粗放式扩张产业园区，这种带有明显的资本扩张增值逻辑的过度工业化倾向而忽视人的基本诉求，形成了城市内部以生产功能占主导地位的用地方式，降低了空间发展活力与集聚力，表现出空间组织结构的刚性和僵化，难以适应快速空间城镇化发展的需要。在实践中，产业园区作为单一的生产功能区而不具有城市功能，成了外来农民工和加工制造活动集聚的基地，形成了新一代"前厂后院"的空间组织模式，加上城市管理体制的不完善和空间排斥，农民工常年栖居在生活单调乏味的厂区内或城郊边缘地带，而这一部分作为成分单一的低收入社会群体，并不能形成稳定、常态与复杂化的社会空间结构，这也是市民化程度远远低于城镇化水平的一个重要原因（林善浪、姜冲，2015）。

第三，从城市内部用地的就业与居住两项最为基本的职能考虑，当生产用地比重超过某个临界值后，再增加生产用地的比重对城市化发展不利（李永乐、吴群，2013）。因为尽管产业能够吸纳更多就业，但住房用地是稀缺的，进而导致住房成本提升，抑制了由于工业用地带来的城市化水平提升的效应，或者是大量工业用地带来的工业生产过程中所形成的废气、废水和固体排放物对环境的污染，可能成为关注环境与健康的人主动选择离开城市的重要原因。

第四，典型"鬼城"现象在一定程度上反映了具有城市化因子的空间内部土地利用结构的不合理，使人口流入该区域的激励缺失。这一空间土地利用结构刚好与工业园区相反，是产业用地的"一股独大"；而城市新区却是"无人区"，地方政府偏重短期利益的房产开发，弱化具有长期效益的产业培育，更多地将建设用地投向房产，居住功能"一股独大"，结果"有城无市"，空间功能复合叠加性程度低，"产城互动"过程缺失。对于这种没有产业与公共服务配套的城市新区，聂翔宇、刘新静（2013）将其称为"规划滞后型"鬼城。

2. 其他控制变量对城市化水平的影响

对于各控制变量，表征地区经济发展水平的人均 GDP 对我国城市化进程有显著的推动作用。而对于所有制结构 Soe 而言，国有经济比重与再工业化对城市化的作用存在负相关关系，符合理论预期，分别与刘瑞明、石磊（2015）和陈斌开、林毅夫（2010）的结论一致，但在本模型中这一作用不显著。与此同时，城乡居民收入差距与城市化存在负相关关系，教育水平对城镇化水平有显著的推动作用，其原因在于，人均教育水平的提高增强了人口流入城市的可能性。人均财政支出水平与城市化呈正相关关系，说明我国的城市化模式具有显著的"自上而下"的政府驱动特征，政府通过财政支出不断地改善城市公共基础设施，为此，提供了新的劳动就业岗位，提高了城市的承载力和吸引力。而产业结构高级化与城市化存在显著的正相关关系，表明第三产业对人口就业具有较强的吸纳力。外商直接投资对城市化产生抑制作用，但未通过统计显著性检验，这可能与我国目前整体的金融发展水平有关系，即存在资本过剩的情况，外资所投资的领域可能引起了资本对劳动力的替代效应。

（二）分组样本检验

1. 用地结构专业化对城市化进程影响的区域差异分析

我们将全国划分为东部、中部和西部三大区域，进一步把握城市用地结构在不同区域上对城市化的影响，表 5 - 3 中模型 4 至模型 6 以及表 5 - 4 中的模型 7 至模型 12 报告了东部、中部和西部三大区域城市用地结构的专业化集聚对城市化进程的影响。回归结果发现，除西部地区外，无论存在控制变量与否，用地专业化与城市化之间存在

表 5 - 4　　　　　　　我国中部地区与西部地区的估计结果

变量	中部城市化水平			西部城市化水平		
	模型 7	模型 8	模型 9	模型 10	模型 11	模型 12
城市用地专业化	0.149***	2.05***	2.217***	0.174***	0.441	0.671*
	(0.04)	(0.55)	(0.64)	(0.05)	(0.66)	(0.40)
城市用地专业化二次项		-3.209***	-3.511***		-0.444	-1.014
		(0.88)	(1.07)		(1.10)	(0.66)
地区经济发展			0.069**			0.128***
			(0.03)			(0.03)
经济国有化			0.000			0.023**
			(0.01)			(0.01)
外商直接投资			0.006*			0.000
			(0.00)			(0.00)
教育水平			0.001			0.01
			(0.01)			(0.01)
政府财政支出			0.004***			0.001**
			(0.00)			(0.00)
产业结构高级化			0.009			-0.002
			(0.01)			(0.01)
重工业化			-0.004			-0.001
			(0.01)			(0.00)
城乡居民收入差距			0.017			-0.032**
			(0.02)			(0.01)
城市建设用地面积	0.230***	0.213***	0.115***	0.178***	0.175***	0.039**
	(0.02)	(0.01)	(0.02)	(0.02)	(0.02)	(0.02)
常数项	-1.097***	-2.551***	-2.168***	-0.594***	-0.793	-0.301
	(0.13)	(1.07)	(0.56)	(0.05)	(0.52)	(0.31)
样本量	72	72	72	90	90	90
R^2	0.9208	0.9409	0.958	0.7437	0.7443	0.938

显著的倒"U"形关系。其中，东部地区的拐点值为 0.3171，中部地区的拐点值为 0.3157，由此可以看出，中部的拐点较东部提前到来，

而全国最晚，拐点值为 0.3233。这表明我国的城市用地专业化对城市化的影响在 2011 年左右存在较为显著的逆向影响，说明一味地加强用地专业化集中是不利于城市化发展的。

从弹性系数绝对值来看，中部地区的用地结构专业化对城市化的调节能力高于东部地区，而作用力最弱的是西部地区，这一点也符合我国的实际。随着经济的发展，东部地区的土地利用处于专业化集聚与多样化集聚之间的混沌态势，城市化效应与地方化效应并存，既多样化弥补了专业化的不足，又不失地区发展特色。此外，东部地区市场化水平较高，形成各种经济产权主体对空间资源的享有权，空间垄断的力量较弱，形成了有效的空间竞争约束机制，进而提升了土地利用效率，促进了产业结构的转型升级。因此，东部地区的城市化水平较高并日趋稳定，发展速度日趋放缓。而对于中部地区，由于与城市化快速发展的东部地区邻近，受到东部产业转移的机会较多，城市化发展相对较快，因而对土地的需求也较大，然而，中部众多地区为国家粮食主产区，为了保证国家粮食安全，使其在城市化的推进过程中土地资源受到的约束较为明显，须通过调整内部土地利用结构，来缓解城市化发展的土地资源"尾效"，以此推进城市化进程。相比较而言，西部地区产业发展水平落后，地方财政缺口较大，刺激地方政府卖地，使城市面积不断扩张，城市基础设施不断改善，在一定程度上促进了城市化。与此同时，产业整体发展较弱，使对土地的需求不是太激烈。因此，总体上受到的土地资源的约束相对较小（李娟，2011），各功能间的挤出效应不强，还没出现明显过度的功能专业化集聚，使反映土地利用专业化指数 HHI 的二次项对于城市化发展的抑制作用尚不明显，因而，当前通过调整城市内部土地利用结构，以此推进城市化进程的作用尚不明显。此外，东部地区的经济发展水平总体较高，已趋于稳定，城市化经济的格局基本形成。因此，土地利用多样化调整对城市化进程的力度降低，调整的空间较小。相对而言，中部地区还处于城市化快速发展阶段，加之受到耕地红线的约束，土地利用结构调整对城市化的影响效应要明显高于东部地区。

2. 控制变量对城市化影响的区域差异分析

在三组子样本中，除建设用地面积、地方财政支出、重工业化外，其余控制变量如地区经济发展、所有制结构、城乡居民收入差距、产业结构高级化、外商直接投资等对城镇化的驱动力存在空间差异性。在东中部地区，城乡居民收入差距对城市化存在正向影响，表明城乡居民收入差距刺激了城市化的进程，一个重要的原因在于，东中部地区的开放程度相对高，信息发达，交通基础设施良好。与此同时，整体教育水平偏高，加快了人口向城市转移，而在西部地区，城乡居民收入差距对地区城市化存在显著的负相关关系，其重要原因在于西部地区地处于内陆，教育水平相对较低，观念落后、思想保守，信息不畅，交通不便，人口流动性不强，使城市化水平没有得到改进。产业结构高级化在东中部地区对城市化有加速作用，而西部产业结构高级化抑制城市化，但在统计上不显著。在城市化的进程中，第二产业工业制造业是城市化的基本动力，第三产业服务业是城市化的后续动力，在西部地区工业化程度还很低的情况下，违背经济规律，跨过第二产业而发展服务业，将面临着产业基础不稳固，很难将服务业做大做强做精做专，因而将抑制城市化进程，所以，当前的重要任务是强化工业化作为城市化的基本动力，加强资本积累。

同时，外商直接投资对城市化的影响存在较为明显的区域分异，可能与城市化的发展阶段有着密切的关系（于斌，2012）。在城市化发展早期，金融发展水平低，只有少量的外国资本进入城市，无法产生集聚效应，对城市化有显著但较小的推动作用；随着经济的增长，城市化进程加快，金融发展水平有了一定提高，越来越多的外商直接投资进入，促进经济和就业结构的转换，并产生集聚效应，对城市化的推动作用有所增强；当城市发展到下一阶段，即经济更加发达，技术水平也提高到一定程度时，该地区的资金来源以及其他生产要素充足，甚至出现过剩的局面，此时，引进外资对于城市化进程的拉动转而变得不再显著，甚至出现负面效应，一个可能的原因是，随着城市人口规模的扩大，城市交通拥挤、环境污染问题日益严重，这时有一部分城市人口会选择离开城市，进入乡村或者更小的城市。因此，外商直接投资在经济发展水平不一的东部、中部和西部地区，对城市化的作用就自然存在差异。

值得一提的是，经济国有化与地区经济发展水平对城市化的影响也存在较为明显的区域差异。经济国有化在东部地区对城市化存在显著的负相关关系，而在西部地区却对城市化具有显著的促进作用，这一现象是符合事实的，由于东部地区的市场化程度高，而且城市化水平相对西部高很多，在资源有限的环境下，东部国有经济的存在将对吸纳就业能力强的非公有经济的发展产生挤出效应，进而影响城市化进程。而在西部就不同，西部地区经济水平偏低，市场化程度低（樊纲、王小鲁、朱恒鹏，2011），在城市化水平低的情况下，国有企业的入驻，将带动相关产业行业的发展，将产生较大的就业吸纳效应。另外，在中部、西部地区，经济发展水平对城市化的作用明显。然而，在东部地区，经济发展水平对城市化的作用不明显，其原因在于东部地区的城市化运到了一定的水平，按照诺瑟姆的城市化"S"形曲线，说明我国东部地区已经进入城市化发展中后期，基本格局趋于稳定。因此，随着经济发展水平稳步提升，对城市化进程就不再明显，值得注意的是，目前我国东部地区的城市化的平均水平处于60%左右，而与国际经验上的关于城市化发展的中后期节点70%存在差距，这可能与我国人多地广的基本国情密切相关。此外，观察经济发展水平对城市化关系的弹性系数大小为：西部大于中部大于东部，表明我国的城市化对经济发展水平的依赖程度自西向东逐步递减。

（三）稳健性检验

为了确保结论的稳健性，验证上述结论是否受到变量选取的影响，我们选取了测度用地结构的多样化特征的另一种指标：土地利用结构相对区域熵指数 RSE，通过检验发现：全国层面 RSE 与城镇化水平存在显著的倒"U"形关系，在分区域层面，除西部地区外，东部地区与西部地区的土地利用结构相对区域熵指数 RSE 也与城镇化存在显著的倒"U"形关系。其余控制变量都与初始检验结果相同。在全国层面，所有制结构、重工业化、城乡居民收入差距与城市化呈负相关关系，但不显著。而地区经济发展、教育水平、地方财政支出、产业结构高级化显著地加快了城市化进程，唯一有差异的是产业结构高级化的显著性水平有略微的下降，具体如表 5 - 5 和表 5 - 6 所示，总体上表明结果具有稳健性，进一步证明代表某类或几类的城市功能的土地集聚利用会在一定程度上促进城市化水平的提升，但过度强调某一功能的发展将抑制城市其他相关配套功能发展，从而最终抑制城市化发展。中部地区的用地结构多元化对城市化的调整能力高于东部地区，西部地区的用地结构对城市化的调节作用不明显。此外，调整后的 R^2，中部地区最大，表明中部地区模型估计结果最佳，也反映出用地结构调整对城市化的影响更显著。

表 5 - 5 全国与东部地区稳健性检验结果

变量	中国城市化水平			东部城市化水平		
	模型 13	模型 14	模型 15	模型 16	模型 17	模型 18
城市用地区域熵指数	0.058 *** (0.03)	0.910 *** (0.24)	0.596 *** (0.18)	- 0.217 *** (0.05)	2.066 *** (0.47)	0.991 ** (0.46)
城市用地区域熵指数平方		- 0.245 *** (0.58)	- 0.165 *** (0.44)		- 0.577 *** (0.14)	- 0.280 ** (0.13)
地区经济发展			0.046 *** (0.01)			0.014 (0.02)
所有制结构			- 0.005 (0.01)			- 0.020 ** (0.01)
外商直接投资			- 0.002 (0.00)			- 0.002 (0.00)
教育水平			0.023 *** (0.00)			0.028 *** (0.01)
政府财政支出			0.002 *** (0.00)			0.003 *** (0.00)
产业结构高级化			0.009 * (0.01)			0.012 (0.01)
重工业化			- 0.001 (0.00)			- 0.002 (0.00)

续表

变量	中国城市化水平			东部城市化水平		
	模型 19	模型 20	模型 21	模型 22	模型 23	模型 24
城乡居民收入差距			-0.011			0.026
			(0.01)			(0.02)
城市建设用地面积	0.171***	0.155***	0.067***	0.124***	0.100***	0.057***
	(0.01)	(0.01)	(0.01)	(0.02)	(0.02)	(0.02)
常数项	-0.813***	-1.446***	-0.621***	-0.480***	-2.001***	-0.865**
	(0.07)	(0.19)	(0.16)	(0.13)	(0.37)	(0.36)
样本量	234	234	234	90	90	90
R^2	0.719	0.737	0.8846	0.597	0.676	0.8670

表 5-6　　　　　　　中部地区与西部地区的稳健性检验结果

变量	中部地区城市化水平			西部地区城市化水平		
	模型 25	模型 26	模型 27	模型 28	模型 29	模型 30
城市用地区域熵指数	0.040***	1.398***	1.306***	0.048***	0.131	0.347
	(0.04)	(0.33)	(0.41)	(0.02)	(0.35)	(0.22)
城市用地区域熵指数二次项		-0.39***	-0.368***		-0.023	-0.095
		(0.10)	(0.12)		(0.10)	(0.06)
地区经济发展			0.065*			0.127***
			(0.03)			(0.03)
所有制结构			-0.001			0.024**
			(0.01)			(0.01)
外商直接投资			0.006*			0.000
			(0.00)			(0.00)
教育水平			0.002			0.01
			(0.01)			(0.01)
政府财政支出			0.004***			0.001**
			(0.00)			0.00
产业结构高级化			0.007			-0.002
			(0.01)			(0.01)

变量	中部地区城市化水平			西部地区城市化水平		
	模型 31	模型 32	模型 33	模型 34	模型 35	模型 36
重工业化			-0.007			-0.001
			(0.01)			(0.00)
城乡居民收入差距			0.012			-0.033***
			(0.02)			(0.01)
城市建设用地面积	0.238***	0.215***	0.118***	0.184***	0.180***	0.040**
	(0.02)	(0.01)	(0.03)	(0.02)	(0.02)	(0.02)
常数项	-1.331***	-2.317***	-1.681***	-0.841***	-0.742***	-0.154
	(0.10)	(0.25)	(0.40)	(0.10)	(0.28)	(0.18)
样本量	54	54	54	90	90	90
R^2	0.916	0.939	0.9660	0.740	0.741	0.9292

本章小结

总体上看，建设用地投入在推进城市化进程中发挥了重要的作用，但随着土地资源的紧缺，通过调整城市土地利用内部结构，是推进城市化进程的重要手段。城市用地结构变化的背后反映了城市功能的变化，不同的城市功能将影响城市化水平的高低。在理论上分析了城市化的发展过程也是城市功能结构发生变迁的过程，基于城市化进程的诺瑟姆"S"形曲线的三阶段，本书认为，城市功能的发展也经历了三个阶段：①功能规划起步期；②功能加速建设期；③功能成熟期。那么在城市土地利用上由此做出相应的转换。

遵循结构—行为—绩效和总量—结构的思维范式，基于文献梳理，构建了城市土地利用的专业化指标，以表征城市内部建设用地结构集中度，然后从城市用地专业化集聚的视角探讨城市用地结构与城市化发展的关系。理论分析认为，土地利用的专业化与城市化发展之间不是线性关系，土地利用的专业化集聚在一定程度上有助于城市化发展，即土地利用的马歇尔外部性产生的集聚效应对城市化的促进作用具有边界效应。从推进城市化进程的角度看，一个良好的城市用地结构，其土地利用的空间特征应处于有序和混沌之间；既有功能分区，又不绝对分异；每一分区用地结构虽趋于混合，但又能看出其主导职能。基于此，利用 2006—2014 年省际面板数据，验证城市用地专业化对城市化进程的影响。实证结果发现：①从全国层面讲，地区城市建设用地结构专业化与城市化进程之间存在显著的倒"U"形关系，并通过了 1% 的显著性水平检验；从区域层面讲，除西部地区外，东部与中部地区的建设用地结构专业化集中与城市化进程的倒"U"形关系分别通过了 5% 与 1% 的显著性水平检验；②从分区域层面讲，城市用地结构对中部地区城市化的调节能力最强，其次是东部地区，而在西部通过土地利用结构专业化来调整城市化的作用弹性最小。

上述结论给予我们的政策含义如下：

第一，城市用地结构调整是推进城市化进程的重要手段之一。尽管大量研究表明土地资源对中国城市化进程存在"阻尼效应"，但我国城市化的快速推进，表明城市内部用地结构调整在推进支撑中国城市化进程中发挥了重要作用。因此，在未来的城市化发展进程中，进一步协调优化建设用地内部结构是加快推进城市化的重要手段之一。基于国际案例，我国当前的住宅用地与工业用地的比重远远高于发达国家，因此，在实践中，着手调整两者的比例关系，提高各类用地的相对均衡度，进而增强各类用地之间的协调度，对城市化进程的加快具有重要的战略意义。

第二，城市用地结构专业化与城市化呈现倒"U"形关系，表明城市化的稳步推进与用地结构专业化存在"边界效应"，城市化健康发展需要用地专业化集中，但用地结构专业化集中超过一定的"度"就会制约城市化进程。说明在推进城市用地结构专业化发展的同时，还应该注重用地结构的多样化，既要重点突出某类功能用地的需求，又要统筹兼顾相关配套功能用地的需求，防止过度专业化地配置土地资源导致的土地资源利用无效率的情况发生。在城市内部用地上，既要把握马歇尔专业化所产生的地方化经济效应，又要重视雅各布斯多样性所带来的城市化经济效应（赵航，2011）。

第三，对于提升城市化水平，从城市用地结构调整的角度，不同的区域应采取不同的区域政策。对于东部和中部地区而言，土地资源自然供给日渐稀缺，要充分利用土地利用结构调整，优化城市内部功能结构，提升产业发展层次，推进城市化进程。在西部，城市土地利用结构对城市化的调节作用较弱，而加快西部城市化进程的关键是要加快提升实际利用外资、教育水平，缩小城乡差距和提高人均居民收入水平，大力发展国有经济通过国有大型企业的入驻，推进地方产业发展。

第四，加强东西部地区间的国有工业经济空间布局的协同规划。通过回归结果发现，在5%的显著性水平下，东部地区的所有制结构抑制城市化进程，而西部地区的经济国有化促进城市化进程。因此，从推进城市化的进程和推进区域协调发展的角度，东部地区要加快市场化进程，进一步促进国有工业经济向西部进行产业转移，以带动西部地区的经济发展，实现城市化的快速推进。

第五，加快具有城市化因子的产业园区与城市新区"产城融合"发展是加快推进城市化进程的重要手段。以空间功能的耦合为基本原则，树立空间创新的思想，着手通过用地结构调整优化，改变空间功能"一股独大"的组织结构形态，实现"产—城—人"的有效衔接和各类要素在一定的尺度空间上集聚。一方面，通过调整工业园区的工业用地面积，适度配置住宅用地，推进房地产业的发展，使居住与生产功能在工业园区得以重组，促进工业园区尤其是近郊工业园区的城市化改造，使其适应快速城市化发展的城市拓展发展新空间的需要。另一方面，培育新兴产业强化城市新区发展的产业支撑，促进人口集聚，降低城市新区的空置率，改变城市新区人气不足的空间发展格局。

第六章 城市用地结构调整影响
城市化进程的中介效应

通过第五章的实证研究表明，土地利用结构调整影响城市化进程。从理论上说，这其中的一个重要传导机制在于，用地结构变迁通过作用于产业结构调整来影响城市化进程。从产业层面来说，土地利用结构是土地资源在不同行业领域的配置。基于此，本章将结合面板数据，首先考察城市用地结构性变动与城市产业结构性变动之间的格兰杰因果关系；然后，在此基础上考察产业集聚结构对城市化的影响，以期为土地利用结构调整顺应产业集聚结构促进城市化进程提供政策依据。

第一节 引言

众所周知，聚集经济是推动城市化的根本，它实现了生产要素的地理集中，这背后的实质是产业的集聚。因此，产业是城市发展的基础，没有产业的支持，城市将"空转"，相应的城市化将难以推进。近年来，开发区热潮背景下大兴土木，由于产业发展跟不上，出现了"产业空心化"，人气不足，使"鬼城""空城"不断上演。同时，抛开产业本身不说，产业集聚结构也将对城市发展产生重要影响，以史为鉴，可以知兴替，美国百年的"汽车城"底特律于 2013 年 12 月 3 日正式宣布破产，轰动全球。这不得不使我们反思支撑城市发展的产业及其产业组织结构形态。汽车制造业是底特律市工业的核心部门，并形成了以汽车制造业为核心，并与之相关的钢材、发动机、仪表、塑料、玻璃以及轮胎等零部件生产的高度专业化集聚结构，因而城市大部分人口都依靠该产业获得就业岗位。不难看出，产业结构单一、过度专业化是底特律市产业发展过程中的一个重要特点。专业化产业集聚的路径依赖和锁定效应，难以抵御外部环境的变化是底特律市破产的重要原因之一。因此，这对我国的城市发展与城市化进程予以警示：促进经济增长与防范地区发展风险，加快推进城市化进程，需要考虑产业多样化与产业专业化的协调发展问题（贾宇清、贾廷源，2014）。

底特律城市产业发展问题在我国一些地区和城市也同样存在，要么产业结构过于专业化，要么依赖于本地区的自然资源优势。2013年国务院印发了《全国资源型城市可持续发展规划（2013—2020）》，确定了我国262个县级以上资源型城市，其中资源枯竭性城市69个。以东北老工业基地和山西省为例，东北资源型城市密集，山西省除太原市外，其余12个地级市全为资源型城市，这些地区因为资源而兴（张生玲、李跃、酒二科、姬卿伟，2016），当资源枯竭耗尽时，财政收入减少，社会福利降低，人口外迁就成为必然。因此，对这类地区如果不能及时地进行产业转型发展，就可能面临着城市衰落。2014年，黑龙江、辽宁、吉林三省的GDP增速分别为5.6%、5.8%、6.2%，在全国各省份排名分别是倒数第二、第三和第四，而山西省以4.9%的增速垫底，远低于全国平均增速的7.3%。到了2015年，东北三省这一现状仍然没有得到明显改观，黑龙江为5.7%，辽宁为3%，吉林为6.5%。其中，辽宁地区增速排名全国倒数第一，低于全国平均水平的6.9%。同期，山西的GDP增速进一步下滑至3.1%，经济形势仍然严峻。

从反映产业集聚结构的制造业专业化与多样化指标测度，可以看出，这类地区的专业化集聚程度普遍高于全国平均水平，而多样化集聚程度普遍低于全国平均水平，而且这类地区的城市化水平并不高，这使我们去反思，反映产业化集聚结构的专业化和多样化各自与城市化发展有着怎样的内在关联和运行机理？同时值得我们进一步反思的是，出现这样的产业结构与城市用地结构有着怎样的内在关联，尤其是在土地供给侧结构性改革的背景下，土地利用结构应该怎样去顺应不同属性的产业发展的要求而做出相应的调整。弄清这一问题，对于完善土地—产业—城市化之间的内在关联，具有重要的理论意义和实践意义。

第二节　城市用地结构、产业集聚结构与城市化发展

一　外部性与产业集聚结构

产业集聚历来是经济地理与区域经济学者重点关注的经济现象。它是一个类似于生物有机体的产业群落，是企业自组织或有组织的综合体，揭示了地区相关企业集结成群，从而获得竞争优势的现象与机制（王缉慈，2002）。这种竞争优势一方面源于产业集聚是一种有利于创新产生、发展与扩散的组织形态；另一方面它也有助于地区产业结构的高级化与合理化，进而增强了城市化发展的推动力（程德理，2008）。另一个竞争优势在于群体协同效应，集聚所带来的公共基础设施投入成本与外部空间交易成本的降低、整体效率的提高、产业规模的扩大、新企业的不断衍生、产业进入壁垒的降低，从而提升整个城市竞争力（王云平，2006）。

产业集聚作为一种经济空间组织形态，之所以备受关注的一个重要原因在于其正外部性效应，也因为正外部性效应，在学术研究史上先后出现了马歇尔—阿罗—罗默外部性和雅各布斯外部性。从实践中来看，这两种效应都在一定的空间范围内存在。从产业集聚的结构形态动态演化的角度来看，产业集聚包括行业内集聚和行业间集聚两种方式，城市集聚效应的发挥有赖于集聚类型的选择以及集聚程度的大小，任何城市都是多样化集聚与专业化集聚的并存，到底哪种聚集占据主导地位，依赖于城市所处的区域及其发展的阶段。同样是集聚，但内部不同的集聚状态决定着不同集聚效应。换句话说，集聚本身是一种组织结构，不同的组织结构安排将产生差异化的绩效。基于某种

产品导向的相关产业在空间上的集聚，称为"专业化"集聚；基于多行业领域的企业在同一空间上的集中，称为"多样化"集聚；但它们的一个共同特征就是形成规模效应，而这种规模效应所产生的外部性是有差异的，对于专业化集聚所产生的效应称为马歇尔外部性，而对于多样化集聚所带来的效应称为雅各布斯外部性。

二　城市用地结构与产业集聚结构

（一）城市用地结构影响产业结构的路径

城市用地结构是产业结构的反映，国家产业整体发展的好坏由支撑产业发展的土地供应决定。我国《土地利用现状分类》（GB/T21010—2007）标准中，将建设用地分为 7 大类 31 个小类，将其与我国产业结构的分类对应可以看出我国各类产业所占据的用地类型。在城市用地结构中，城市产业在城市用地结构中的比例和产业用地内部不同产业的比例是提升城市用地效益的关键，扩大占地面积少、附加值高的产业的比重，将会提高土地的集约节约利用。

单从产业用地来考虑，城市用地结构即城市土地资源在产业之间的分配。城市用地集聚模式对城市化的作用通过产业发展这一中介效应发挥作用，即土地利用结构会影响产业集聚结构，进而影响着城市化进程。因此，用地集聚模式与产业集聚形态具有内在的一致性。如果城市区域内某类产业在用地上呈现出用地结构的空间垄断特征，就会使该地域产业发展具有专业化特征。反之，如果在一定地域上呈现的是多种产业在空间上并存，那么其该地域空间是产业相互竞争的格局，其产业组织结构是一种产业多样化发展模式。而且，众所周知，产业是城市发展的基础，土地是产业的依托，从微观角度看，对于产业与土地的关系而言，产业结构对应的是基于行业基础的土地利用结构，而行业的土地利用结构决定着就业的行业结构。产业结构在一定程度上决定了土地利用的功能和性质，土地利用结构和利用效率反作用于城市产业要素的集聚，甚至影响着城市产业空间布局路径。土地利用结构，一方面导致区域空间形态发生变化，使产业空间布局做出调整；另一方面产业用地效率变化，推动着各产业用地比例做出相应的调整，在产业空间布局与产业用地比例的交互作用下形成特定的产业集聚结构。关于城市土地利用结构与城市产业集聚结构的影响路径如图6－1所示。

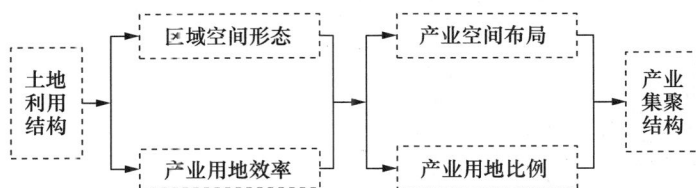

图6－1　城市土地利用结构与城市产业集聚结构的影响路径

因此，用地结构调整为产业结构升级提供了基础，没有土地利用结构的调整机制，相应的产业升级就会受阻。有学者指出，随着工业化进入中后期和城镇化加速发展，由注重纵向联系的产业专业化向注重横向联系的产业多样化转变，将是一种审时度势的战略选择（葛立成，2004），那么相立地需要与之相匹配的用地结构。土地资源的优化配置要求土地资源在各个产业中合理分配，并使土地利用效率达到最大代，从而推动产业结构优化，因此，从某种意义上讲，当前的产能过剩问题可以借助土地利用调整结构来促进这类产业退出市场。

（二）城市用地结构与产业结构关联的定量分析

1. 指标及测度

（1）指标体系说明。除用地结构的具体指标已在前面讨论过外，关于表征城市产业结构的具体指标，本书将基于相关文献（鲁春阳，2011；梁川，2015）综合形成，具体如表6－1所示。

表6－1　　　　　　　城市用地结构与产业结构指标体系

指标类型	具体指标
城市用地结构指标	住宅用地比重、工业用地比重、仓储用地比重、公共设施用地比重、对外交通用地比重、道路广场用地比重、市政设施用地比重、绿地比重、特殊用地比重
城市产业结构指标	第二产业产值比重、第三产业产值比重、第二产业就业比重、第三产业就业比重

（2）结构变化测度。基于文献，学术界关于结构变化测度方法通行的方法是采用结构变化率来衡量，其计算公式具体如式（6-1）所示：

$$D = \sum_{t=1}^{n} |G_t - G_0| \qquad (6-1)$$

式中，G_t、G_0 在本书中分别为 t 期的城市用地结构指标（产业结构指标）和基期的城市用地结构指标（产业结构指标），D 为城市用地结构（产业结构）的整体变动率。而两者之差表征了城市产业结构与城市用地结构之间偏差系数大小，结果如表 6-2 所示。

表 6-2　　　　　2001—2010 年城市用地结构与产业结构
变化率指数及偏差系数

年份	用地结构变动	产业结构变动	偏差系数
2001	—	—	—
2002	0.0953	0.0292	0.0661
2003	0.0849	0.0707	0.0142
2004	0.1148	0.1159	0.0011
2005	0.1431	0.1431	0.0001
2006	0.1717	0.1759	0.0042
2007	0.1852	0.1925	0.0073
2008	0.1899	0.2177	0.0278
2009	0.1792	0.2277	0.0486
2010	0.2123	0.2568	0.0445

图 6-2 更加清晰地反映了三者的关系。整体来讲，2001—2010 年[①]，产业结构变动与用地结构变动都呈现出上升的趋势，而城市产业结构与城市产业结构之间的偏差呈现出 "U" 形的变动趋势，以

---

① 由于 2011 年后部分产业结构统计指标不全，故时间选取 2001—2010 年。

2005 年为界，达到最低值（0.0001），在 2005 年之前这种偏差逐步降低，2005 年之后又开始不断上升。

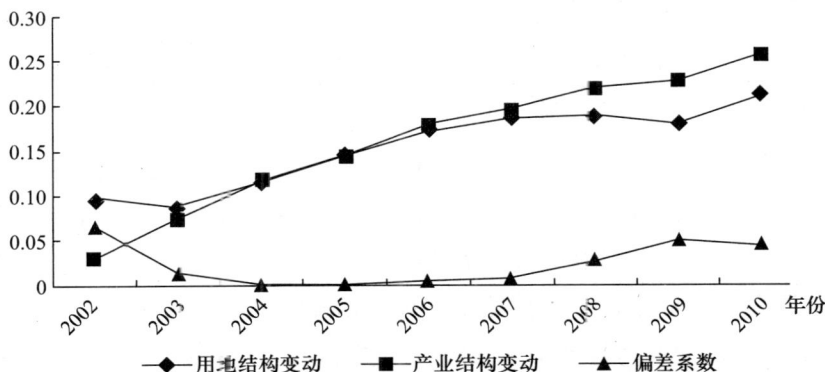

图 6-2 城市用地结构变动、城市产业结构变动与偏差系数

2. 基于面板数据的城市用地结构与产业结构关系的格兰杰因果检验

基于上面从理论上分析了有关城市用地结构对城市产业结构的影响路径，本章将借助 2001—2010 年我国除北京、上海和西藏外的 28 个省份的面板数据从实证角度考察两者之间的格兰杰因果关系。传统方法考察两者之间的格兰杰因果关系是基于时间序列数据，本章在此予以改进，运用面板数据并基于 Stata 13 中关于 pvar 2 命令考察两者的格兰杰因果关系。其估计方法为 GMM 估计。

为了保证格兰杰因果关系检验的可靠性，需要考察面板数据的平稳性问题，一般检验数据平稳性的办法是单位根检验，在面板数据中，较为常见的集中检验方法有：LLC 检验、HT 检验、IPS 检验以及费雪（Fisher）检验等，关于各自具体的检验原理，本书将不予展开。表 6-3 是关于城市用地结构变动率和城市产业结构变动率检验结果。从表 6-3 中的检验结果可以看出，无论是在哪种检验结果的情况下，都强烈拒绝面板数据单位根的原假设。

表 6 - 3　城市用地结构变动与城市产业结构变动的平稳性检验

变量	LLC 检验		IPS 检验		HT 检验	
	t 统计量	概率	t 统计量	概率	z 统计量	概率
城市用地结构变动	− 7.9000	0.000	− 2.7769	0.0027	− 3.8578	0.000
城市产业结构变动	− 7.8859	0.000	− 2.3477	0.0014	− 4.1601	0.000

单位根检验表明，城市用地结构变动与城市产业结构变动是平稳的，接下来，将进一步考察它们之间的格兰杰因果关系。面板数据的格兰杰因果关系检验和时间序列数据的格兰杰因果关系检验的基本思想都是预测，即用过去预测现在。对于面板数据，变量 X_t 和变量 Y_t，如果存在 Y_t 的变动是基于 X_t 引起的，那么就可以判定：X_t 发生于 Y_t 之前，从预测角度看，就是 X_t 变动将会引起 Y_t 变动，那么在 Y_t 关于其滞后项的面板数据模型中，考虑 X_t 的滞后项 X_{t-i}，作为与 Y_t 相独立的因子，将增强模型回归结果的解释力。此时，就可以说 X_t 变动是引起 Y_t 变动的格兰杰原因。如果将 X_t 的滞后项 X_{t-i}加入面板数据模型回归中，其解释力在统计学意义上没有明显的改善，那么就可以说 X_t 变动不是引起 Y_t 变动的格兰杰原因。基本检验方程如式（6 - 2）、式（6 - 3）所示：

$$Y_t = \lambda + \sum_{i=1}^{p} \alpha_i X_{t-i} + \sum_{j=1}^{p} \beta_j Y_{t-j} + \mu_i \qquad (6-2)$$

$$X_t = \lambda + \sum_{i=1}^{p} \alpha_i Y_{t-i} + \sum_{j=1}^{p} \beta_j X_{t-j} + \mu_i \qquad (6-3)$$

上述两式中，λ 表征个体特征，α_i、β_j 为回归系数，i、j 表征滞后阶数，p 表征最大的滞后阶数，μ_i 为模型的残差项。此外，式（6 - 2）表征 X_t 的变动是不是引起 Y_t 变动的格兰杰原因，式（6 - 3）则相反，表征 Y_t 的变动是不是引起 X_t 变动的格兰杰原因。其原假设 H_0 和备择假设 H_1 如下：

H_0: $\alpha_1 = \alpha_2 = \cdots = \alpha_k = 0$，其中，$k = 1, 2, \cdots, p$

H_1: α_1、α_2、α_k 不全为 0，其中，$k = 1, 2, \cdots, p$

在模型（6 - 2）中，如果原假设成立，则 X_t 变动不是引起 Y_t 变动的格兰杰原因，如果备择假设成立，则结论相反。同理，在模型（6－2）中也是如此。表6－4报告了城市用地结构变动与产业结构变动之间的面板格兰杰因果关系检验结果。

表6－4　　　城市用地结构变动与产业结构变动之间的面板
格兰杰因果关系检验结果

滞后期数	原假设 H_0	χ统计量	概率
1	产业结构变动不是用地结构变动的格兰杰原因	1.1518	0.283
	用地结构变动不是产业结构变动的格兰杰原因	0.0140	0.906
2	产业结构变动不是用地结构变动的格兰杰原因	2.6100	0.271
	用地结构变动不是产业结构变动的格兰杰原因	1.8813	0.390
3	产业结构变动不是用地结构变动的格兰杰原因	5.4796	0.140
	用地结构变动不是产业结构变动的格兰杰原因	9.3329	0.025
4	产业结构变动不是用地结构变动的格兰杰原因	4.8211	0.306
	用地结构变动不是产业结构变动的格兰杰原因	10.178	0.038

表6－4报告的结果表明，通过滞后3期以后，城市用地结构变动是产业结构变动的格兰杰原因，然而，同时可以看出无论滞后几期，产业结构变动都不是用地结构变动的格兰杰原因。而这一结论与鲁春阳（2011）有所不同，而与张贤平（2012）、梁川（2015）比较接近。说明在城市化的进程中通过用地结构调整促进产业结构转型升级，最后影响城市化发展的逻辑是成立的。

三　产业集聚结构与城市化发展

既然城市集聚过程中呈现出的专业化和多样化差异，意味着有必要进一步研究和细分何种集聚形态更有助于城市化的推进，以及各自对城市化进程作用的差异性。企业、生产者和消费者是城市化进程中的微观主体部分，企业、生产者与消费在空间上的集聚过程，即城市化的发生过程，实践中可以看到一个重要的现象即企业、生产者和消费者在某一空间内集聚而不在另一空间内集聚，这背后的原因就在于与区域聚集环境存在重要的关系，即作为城市化的微观参与主体是理性的经济人，他们集聚在某一地方，是因为能够在这一空间上获得额外的收益，这就是正外部性效应，而这种正外部性也就是集聚经济效应。上面的实证结论表明，集聚经济推动城市化进程，而集聚经济的来源是多样化集聚还是专业化集聚也存在一定的争论（李金滟、宋德勇，2008）。换句话说，对于这两种外部性，到底何种外部性有利于城市化？谁的作用更为突出。在实践中，产业集聚发展是多样化与专业化的并存，然而，不同的产业空间组织特征对集聚效应的效率存在差别，这必然涉及一个疑问：是专业化集聚的城市化效应强，还是多样化集聚的城市化效应强？或者是两者并驾齐驱的结果？下面将从城市化的微观行动主体——居民（消费者、劳动力）和企业（生产者）——角度来考察基于产业专业化集聚与产业多样化集聚对城市化的驱动机制。

知识溢出效应在专业化和多样化之间的差异决定了消费者和生产者的流向。专业化集聚体现的是马歇尔外部性，是一种产业内关联的组织模式，相同产业内的企业通过产业链的专业化分工协作，基于行业内的知识溢出提高了产出效率，表征"地方化经济"。多样化集聚反映的是雅各布斯外部性，表征城市化经济，是不同行业的企业在空间上集中。雅各布斯（1969）指出，创新很大程度上取决于经济组织的数目和多样化程度，因而，基于行业间的知识溢出，促进了互补性知识的交换、交流以及新知识的产生。而且基于马斯洛需求层次理论，在大体收入水平相差不大的情况下，人们都有精神层面的社会交往的需要，而在产业多样化集聚区，能够获得更多的社会人力资本，因而更能满足其多样化知识溢出的需要，而非仅有的专业单一的同一行业部门的知识溢出。因此，最重要的知识溢出来源于产业的多样化集聚，大量不同产业的集中比同一行业内部企业的集中更能促进创新和增长。此外，专业化集聚所产生的创新溢出是基于行业内的信息技术交流的扩散，具有一定的行业和空间边界，这有可能发展成为一个封闭的系统，产生锁定效应，进而丧失应对外部环境变化的能力，增加了产业专业化集群演化过程中的发展风险，并可能导致专业化集聚的衰亡（刘力、程华强，2006）。而产业多样化集聚区作为一个开放的系统，突破了这样的局限，使面临的经济风险的可能更小，因此，城市竞争力更强，多样化集聚带来的就业吸纳能力更强。

货币外部性在专业化与多样化之间的差异决定了作为经济活动参与主体的消费者与生产者的流向。货币外部性是经济参与主体在某地区集聚的重要原因（Krugman，1991）。货币外部性是一种与需求相联系的效应，是通过产业的前后向关联和市场（价格）机制降低企业的生产成本。从集聚的角度看，无论是产业专业化集聚还是多样化集聚，生产者之间或生产者与消费者之间的货币外部性都不同程度地存在，但是，由于多样化地区能够提供更多种类的最终劳动产品或中间产品以供劳动力的再生产或投入到新的生产环节，使具有更强的价格指数效应。因此，具有更强的货币外部性，一方面，使企业生产成本得到大大的降低；另一方面，由于不存在运输成本，使消费者实际购买多样化产品的成本较低。而产业专业化集聚区内同一产业内可能存在垂直生产结构，企业间的上下游关系更密切，由此获得了一定的货币外部性，在这种情况下，只是在一定程度上降低了企业生产成本。因此，更多消费者和生产者愿意流向具有产业多样化的地区，以享受更多的货币外部性带来的好处。

产品多样化需求满足能力与经济安全性在专业化和多样化之间的差异，决定了消费者更愿意流向产业多样化集聚区。从消费者角度即劳动力提供者角度来看，一方面，作为产品的消费者，Wang（1990，1993）的"市场区观点"表明，其多样性偏好在产业集聚的多样化地区更容易得到满足。消费者基于多样性需求而偏好多样化地区，显然，多样化更有助于吸引生产要素的集聚。另一方面，作为劳动力的提供者，只有在产业多样化集聚区的拥挤成本高于偏好多样化收益时，他们才会选择离开多样化地区，这是所谓的"逆城市化现象"。当前，在我国，无论从市场发展还是就业机会来说，多样化地区都具有明显的优势。因此，消费者（劳动者）更愿意集聚在产业多样化地区。在产业集聚多样化地区中，多样化劳动力市场外部性更显著，出现这种外部性一个较为重要的原因是风险降低，因为在产业多样化地区，某类产业受到冲击后工人更容易转移到其他产业（Krugman，

1991b)，从而规避失业的风险。换句话说，产业多样化集聚本身的产业间的互补性增强了抵御市场风险的能力。总的来讲，专业化集群缺乏风险分散的产业环境，难以应对突发的外部冲击，因此，面临不确定的风险增多。作为劳动者，为了保持就业的可持续性，流向产业多样化集聚区的可能性更强。因此，作为双重身份的消费者和劳动者，基于就业"安全"考虑、基于"交往和同化"的精神需要和基于"偏好多样性"的特征选择流向产业多样化集聚区，因此，在某种程度上提高了产业多样化集聚区的城市化水平。

技术外部性与劳动力"蓄水池"在多样化产业集聚区和专业化集聚区的差别决定了企业的流向偏好。从生产者角度来看，产业集聚的重要原因之一在于享受技术外部性。Duranton 和 Puga（2001）提出的"技术池观点"表明，产业多样化集聚区可以为新生企业提供更多的技术选择机会，便于中小企业的孵化、衍生和成长。目前，我国大多数企业自生能力较弱，仍然处于产品生命周期的成长期，因此，需要多样化集聚区的金融、研发、公共管理等各方面的支持，而且产业多样性集聚区有利于技术创新能力提升，而过于专业化集聚区则对技术创新不利（程开明，2013），所以，更多的人选择流向产业多样化集聚区。从生产者视角来看，产业多样化集聚区是一个劳动力"蓄水池"的场所，不用担心因为劳动力流失而产生明显的"用工荒"的现象，而且，产业多样化集聚区也是各类人力资本齐聚的地方，降低了企业搜寻各类人力资本的成本，企业流向这类地区的积极性更强。而对于产业专业化集聚区，劳动力的蓄水池效应小，在短期内若发生劳动力流失，将产生直接的"用工荒"现象，由此增加企业运行成本，降低了企业的根植性，抑制地区经济发展，不利于城市化稳步发展。

综上分析，产业多样化集聚与产业专业化集聚对城市化的影响强度的比较，概括如表 6-5 所示。多样化产业集聚区具有自动稳定器的特质，具有在波动的外部市场环境中快速实现自我修复的能力；而产业专业化集聚区缺乏自我保护机能，自我修复能力较弱，在剧烈波动的市场环境下容易出现地区内部失衡，基于经济安全的需要，更多的企业与劳动力愿意流向多样化程度更高的地区。而且产业多样化集聚区能够满足消费者的多样化需求偏好，使消费者流向这些地区，同时具有较强的技术外部性和货币外部性，促使新兴企业在多样化集聚区产生。此外，正式制度和非正式制度在产业专业化集聚区与产业多样化集聚区普遍存在，但多样化更多的是基于非正式制度而形成的相对复杂的社会关系网络，而产业专业化集聚区更多的是基于正式制度而建立起来的相对简单的纵向行政等级体系，这使人口向多样化集聚区流动成为必然。当然，在实践中，两方面对城市化的作用孰轻孰重，还需要通过进一步的实证检验来确定。同时，值得考虑的是，非农产业主要包括采矿业、制造业和服务业，它们各自不同的集聚结构对城市化会产生怎样的影响，需要通过实证经验发现。

表 6 – 5　　　　　　产业集聚的多样化与专业化的效应比较

集聚类型	货币外部性	技术外部性	交流的外部性	多样化需求	经济安全性
多样化	企业间和企业与消费者之间	强	行业间溢出大	满足	安全性高
专业化	企业间	弱	行业内溢出小	不能满足	安全性低

第三节　产业集聚结构的测度

一　测度方法

（一）产业相对专业化集聚指数

通常选用地区专业化指数衡量城市产业专业化水平，即选择某城市 i 中就业人数最多的行业 k 作为该城市的专业化行业，用该行业的就业人数占城市总就业人数中的份额作为专业化指数：

$$ZSP = \max_i(S_{ik}) \tag{6-4}$$

为更加准确地反映某城市产业相对于全国的专业化程度，本书采用相对专业化指数，并将一般的专业化指数变形为：

$$SP_i = \max_i\left(\frac{S_{ik}}{S_k}\right) \tag{6-5}$$

式中，SP_i 表示第 i 个城市的相对专业化指数，S_{ik}/S_k 表示区位熵，S_{ik} 和 S_k 分别表示 i 地区的 K 产业在 i 区域内就业比重和全国 k 产业就业人数占总就业人数的比重。SP_i 的值越大，表示该城市专业化程度越高。

（二）产业多样化集聚指数

基于文献，本书选择杜兰顿（Duranton，2000）在研究中所采用的相对多样化指数来衡量某地区的多样化水平，以各行业的就业份额为经济指标进行计算。该方法是在赫芬达尔指数（HHI）的基础上衍生出来的，常用其倒数来衡量多样化，其计算公式为：

$$HDI_i = \frac{1}{\sum_{k=1}^{n} S_{ik}^2} \tag{6-6}$$

式中，HDI_i 表示地区 i 中的产业多样化集聚指数，$1 \leqslant HDI_i \leqslant n$，其中，$S_{ik}$ 的含义同式（6-6）。为方便地区间横向对比，宜采用相对多样化集聚指标，其计算出式为：

$$DIV_i = \frac{1}{\sum_{k=1}^{n} |S_{ik} - S_k|} \tag{6-7}$$

式中，DIV_i 表示城市 i 的相对多样化指数，该值越大，说明该城市的产业种类越多且均衡。S_{ik} 的含义同式（6-6），S_k 表示全国 k 产业就业人数占总就业人数的比重。一般来说，地区产业多样化可以获得范围经济，促进地区经济增长，并减少经济增长的波动性。

二　样本选取

本章基于数据可得性，其研究对象是除西藏和重庆之外的中国 29 个省份。各省份历年的服务业行业就业数据来源于《中国区域经济统计年鉴》，制造业细分行业的就业数据来自《中国工业统计年鉴》[①]，其中，2012 年的制造业细分行业数据源自《中国经济普查统计》。其

①　由于 2014 年《中国工业统计年鉴》中没有公布就业人口数据，故本部分研究的最新年限截至 2013 年。

中：制造业主要包括 25 个子行业；采矿业主要包括 5 个子行业；服务业分为 14 个子行业，具体也可参考潘文卿、李子奈、刘强（2011）的行业分类。

三　测度结果

表 6-6 报告了我国分省份 2006 年和 2013 年制造业、服务业与整体的非农产业的专业化集聚与多样化集聚特征。从空间分布来看，制造业多样化集聚程度较高的地区主要集中在东部地区和中部地区，而制造业专业化集聚主要集中在西部地区。2003 年制造业的专业化集聚程度最高的是云南省，其次是山西省。制造业多样化程度排名前六位的省份有安徽、福建、江苏、江西、陕西和北京，排名后六位的有青海、海南、吉林、山西、云南和贵州；2013 年这一格局变化不大。服务业的多样化与专业化特征的空间分异特征不明显，其中，服务业多样化集聚程度最低为北京和上海。而服务业专业化集聚程度较高的有北京、天津、上海和黑龙江。此外，相比 2006 年，2013 年东部地区和西部地区的制造业多样化程度有所下降，而中部地区的制造业多样化集聚程度有所上升，服务业变化的趋势不明显。

表 6-6　　2006 年、2013 年行业集聚的专业化与多样化特征

地区	2006 年						2013 年					
	制造业		服务业		非农产业		制造业		服务业		非农产业	
	DIV	SP	DIV	SP	DIV	SP	DIV	SP	DIV	SP	DIV	SP
北京	2.64	1.87	2.53	3.6	1.36	5.78	2.01	2.59	1.79	2.65	1.26	4.44
天津	2.52	1.83	3.24	5.73	2.44	5.76	2.22	2.09	2.95	9.42	2.34	9.08
河北	2.53	3.56	5.64	1.18	3.39	5.30	2.43	3.93	4.05	1.3	3.06	5.75
山西	1.28	11.6	7.83	1.19	1.79	7.05	1.57	9.5	4.4	1.4	1.66	7.44
内蒙古	1.45	3.49	5.93	1.57	2.18	3.60	1.26	3.5	4.54	1.58	1.97	4.39
辽宁	2.38	2.64	6.28	1.48	3.47	3.18	2.08	2.6	7.36	1.63	3.30	3.64
吉林	1.34	3.98	7.84	1.5	2.23	3.72	1.34	4.41	6.73	1.59	2.30	3.53
黑龙江	1.77	5.13	5.51	2.72	2.02	4.89	1.66	5.85	6.29	2.44	1.88	7.06
上海	2.41	1.67	2.08	2.27	1.96	2.19	2.1	1.72	1.74	2.36	1.70	2.89
江苏	3.05	1.95	8.05	1.23	2.06	2.98	3.09	2.74	7.44	1.64	1.97	4.21

续表

地区	2006 年						2013 年					
	制造业		服务业		非农产业		制造业		服务业		非农产业	
	DIV	SP	DIV	SP	DIV	SP	DIV	SP	DIV	SP	DIV	SP
浙江	2.13	2.04	5.77	1.83	1.77	3.20	2.15	3.22	7.28	1.48	2.36	4.36
安徽	3.81	2.59	5.49	1.24	3.22	2.27	4.66	1.77	5.22	1.3	4.58	1.86
福建	3.18	2.43	9.03	1.55	3.51	3.00	2.89	2.29	8.87	1.26	3.78	2.82
江西	2.71	2.84	5.81	1.19	2.90	3.20	2.71	2.88	4.46	1.32	3.31	2.90
山东	2.56	2.35	6.22	1.22	2.56	3.07	3.05	2.07	8.64	1.15	3.34	2.50
河南	2.26	1.92	5.67	1.36	2.96	2.08	2.87	1.89	4.69	1.24	3.59	2.34
湖北	2.59	2.25	13.9	1.2	3.25	2.18	2.66	1.92	8.06	1.26	3.79	2.43
湖南	2.23	2.79	5.16	1.27	2.75	2.95	2.46	2.32	4.2	1.37	3.17	3.07
广东	1.49	2.78	6.61	1.94	1.77	4.09	1.62	2.52	4.27	1.62	2.05	3.43
广西	1.55	2.7	6.79	1.25	2.21	1.87	1.96	2.06	4.09	1.37	2.46	2.44
海南	1.16	4.91	5.11	2.71	1.50	4.52	1.01	44.8	2.79	2.64	1.39	15.89
四川	2.5	3.16	5.77	1.19	3.38	2.51	3.32	3.69	7.59	1.16	4.41	3.18
贵州	1.29	8.76	3.83	1.26	1.94	4.40	1.25	9.11	3.2	1.44	1.64	3.63
云南	1.25	17.16	4.96	1.23	1.90	8.87	1.16	21.6	5.96	1.23	1.88	9.77
陕西	2.7	2.58	7.45	1.68	2.65	3.53	2.52	3.81	7.53	1.35	2.64	5.86
甘肃	1.39	6.7	5.67	1.25	2.21	4.46	1.31	7.29	3.15	1.52	1.68	3.44
青海	1.11	5.59	4.67	1.67	1.67	7.29	0.94	8.57	3.69	1.38	1.52	9.76
宁夏	1.33	4.62	6.2	1.96	2.02	2.96	1.21	8.73	4.71	1.69	1.79	6.00
新疆	1.39	6.5	6.55	1.21	1.65	9.11	1.1	8.53	3.4	1.55	1.67	7.21

第四节　模型、变量与实证检验

一　模型构建

基于理论分析和大量文献研究发现，城市化具有显著的空间相关性。因此，本书将运用空间计量经济学模型实证检验表征产业集聚结构的多样化与专业化对城市化的影响，为城市化顺利推进提供理论基础。其模型如下：

$$URB_{it} = \rho WURB_{-t} + \beta_1 SP_{it1} + \beta_2 DIV_{it1} + \sum \beta_k X_{itk} +$$

$$W \sum \theta \bar{X}_{itn} + \mu_i + \gamma_t + \varepsilon_{it} \qquad (6-8)$$

式中，URB_{it} 是本书的被解释变量，表示我国第 t 年第 i 个省份的城镇化水平。产业专业化集聚指数 SP 和产业多样化集聚指数 DIV 是本书重点考察的解释变量。X 是基于文献研究而引入的控制变量，主要由如下 8 个控制变量构成：城乡居民收入差距、地区经济发展、教育水平、外商直接投资、所有制结构、重工业化、产业结构高级化和政府财政支出，分别用 CAP、lnpgdp、Edu、FDI、Soe、Heav、Adv 和 Gov 来表示，而关于各指标变量的测度方法及数据来源将在后面具体说明。

此外，$\varepsilon_{it} = \lambda w \varepsilon_i + v_{it}$，W 表示空间权重矩阵，$WURB_{it}$ 表示城市化的空间滞后项。μ_i 表示控制个体效应，γ_t 表示时间效应，ε_{it} 表示误差项，ρ、θ 和 λ 表示目相关系数。关于空间权重 W，本书选择经济、地理距离和邻接三种空间权重矩阵，具体设置参考刘华军（2014）的做法，其中，邻接空间权重矩阵（W_1）的元素 w_i 在空间单元 i 和 j 相邻时取值为二；不相邻时取值为 0。地理距离权重矩阵（W_2）通过省会城市两两之间平面距离平方的倒数来构造。经济空间权重矩阵（W_3），选择地区间人均实际地区生产总值的差额作为测度地区间"经济距离"的指标，$W_3 = W_2 \times E$。其中，E 矩阵元素用样本考察期内各省份人均地区生产总值均值之差绝对值的倒数来表示。

测度城市化的空间相关性指标有格兰杰指数（G 指数）和莫兰指数（Moran I），本书采用通行的格兰杰统计量对其全局空间相关性进行检验，莫兰指数可通过下式求得：

$$\text{Moran I} = \frac{\sum_{i=1}^{n} \sum_{j=1}^{n} W_{ij}(Y_i - \bar{Y})(Y_j - \bar{Y})}{S^2 \sum_{i=1}^{n} \sum_{j=1}^{n} W_{ij}} \qquad (6-9)$$

式中，$\bar{Y} = \frac{1}{n} \sum_{i=1}^{n} Y_i$，$W_{ij}$ 为空间权重矩阵；$S^2 = \frac{1}{n} \sum_{i=1}^{n} (Y_i - \bar{Y})$，$Y_i$

表示观测值，本书指的是城市化水平，n 为地区总数。

二 变量选取及数据统计

(一) 核心变量

被解释变量城市化水平（URB），一般衡量一个地区城市化发展水平最为关键的指标是人口城镇化率，其测度公式为：

$$URB = \frac{P_u}{P}$$

式中，P_u 表示在城镇居住半年以上的人口，P 表示地区年末总人口。

从地域上讲，它是城市人口和农村人口的总和。这是本书的被解释变量，各省份的城市化水平数据来自历年《中国统计年鉴》。核心解释变量之一专业化（SP），具体含义和测度方法前面已经做了阐述，不再赘述。在实证研究过程中，将从非农产业整体的角度考虑产业专业化，然后从分行业（制造业、采矿业、服务业）进一步考察。这是本书的核心解释变量之一。核心解释变量之二多样化（DIV），具体含义和测度方法前面已经做了阐述这是不再赘述。在实证研究过程中，将从非农产业整体角度考虑产业多样化，然后从分行业（制造业、采矿业、服务业）进一步考察。具体的核心解释变量具体包括：制造业多样化集聚（Z_DIV）、制造业专业化集聚（Z_SP）、服务业专业化集聚（F_SP）、服务业多样化集聚（F_DIV）、采矿业专业化集聚（M_SP）、采矿业多样化集聚（M_DIV）、非农产业专业化集聚（DIV）和非农产业多样化集聚（SP）。

(二) 控制变量

为了提高模型的准确性与更好地揭示产业集聚结构对城市化的影响，本书基于上一部分的研究依旧选取城乡居民收入差距、人均收入水平、教育水平、外商直接投资、所有制结构、重工业化、产业结构高级化、政府财政支出 8 个控制变量，其所有原始数据均来自历年《中国统计年鉴》。具体含义同第五章，这里不再赘述。

(三) 数据统计说明

表 6-7 为本部分实证分析所要涉及的主要变量说明和描述性统计。由于 2010 年测度教育水平的原始数据缺失，基于此，本书将采

取插值法进行了填补。

表 6 - 7　　　　　　　　　　　　基本统计量

变量	样本	均值	标准误	最小值	最大值
城市化（URB）	232	0.5112	0.1433	0.2746	0.8962
城乡居民收入差距（Gap）	232	2.9899	0.5701	2.0341	4.5936
产业结构高级化（Adv）	232	0.8924	0.4746	0.4991	3.4484
外商直接投资（FDI）	232	0.0261	0.0249	0.0007	0.2589
教育水平（Edu）	232	8.7473	1.0062	6.6211	12.4404
所有制结构（Soe）	232	0.4178	0.3401	0.1073	4.7211
重工业化（Heav）	232	0.8104	0.4615	0.1254	6.1484
政府财政支出（Gov）	232	0.2081	0.0912	0.0830	0.6121
经济发展水平（Lnpgdp）	232	2.2469	0.5321	1.0825	3.5888
制造业多样化集聚（Z_DIV）	232	2.0778	0.7801	0.9018	4.6596
制造业专业化集聚（Z_SP）	232	4.7271	4.5024	1.4524	44.7781
服务业专业化集聚（F_SP）	232	1.8247	1.2696	1.1459	10.6645
服务业多样化集聚（F_DIV）	232	5.4567	1.8406	1.4420	13.9586
采矿业专业化集聚（M_SP）	232	3.7162	2.6568	1.1150	16.9292
采矿业多样化集聚（M_DIV）	232	2.8234	3.1733	0.5546	23.8508
工业服务业专业化集聚（DIV）	232	4.2731	2.0305	1.7716	15.8853
工业服务业多样化集聚（SP）	232	2.3575	0.7600	1.1904	4.5838

三　实证检验与结果分析

按照上述理论机制分析，无论是专业化还是多样化，都会产生城市集聚经济，这也正是城市呈现出专业化和多样化差异的原因。然而，政策制定者仍面临如何选择地区发展道路的问题，这需要我们进一步通过计量手段来判断两者对城市化发展进程的相对贡献。

（一）空间自相关检验

基于式（6-9），在三种空间权重矩阵下，本书采用莫兰指数，对中国各省份城市化水平的全局空间相关性进行检验，表6-8报告了检验结果。三种空间权重矩阵都表明，我国省级层面的城市化发展进程的空间分布是非均质的，城市化水平存在显著的空间依赖性和空间集聚特征，因此，在研究城镇化与相关变量的过程中，不能忽视其空间依赖性，否则会导致估计结果有偏。

表 6 – 8   被解释变量的莫兰指数

年份	经济空间权重矩阵			地理距离空间权重矩阵			邻接空间权重矩阵		
	莫兰指数	Z	P	莫兰指数	Z	P	莫兰指数	Z	P
2006	0.488	3.701	0.000	0.23	2.734	0.003	0.372	3.287	0.001
2007	0.494	3.747	0.000	0.231	2.745	0.003	0.385	3.392	0.000
2008	0.499	3.78	0.000	0.237	2.798	0.003	0.401	3.514	0.000
2009	0.505	3.815	0.000	0.233	2.765	0.003	0.427	3.721	0.000
2010	0.510	3.852	0.000	0.178	2.205	0.014	0.357	3.161	0.001
2011	0.489	3.704	0.000	0.169	2.11	0.017	0.342	3.041	0.001
2012	0.474	3.601	0.000	0.157	1.989	0.023	0.331	2.954	0.002
2013	0.471	3.58	0.000	0.153	1.95	0.026	0.334	2.982	0.001

（二）模型估计结果

基于上面的空间自相关检验，需要构建空间计量模型，防止回归偏误。空间计量模型一般包括空间自相关模型、空间自回归模型、空间误差模型和空间杜宾模型。本书基于经济地理权重、地理距离权重和空间邻接权重分别对这上述模型进行回归分析，借助刘华军（2014）给出的模型筛选办法，通过综合比较 Log likelihood、AIC 与 R^2，最后以空间自相关模型（SAC）作为本书的拟选择模型进行分析，然后进行空间溢出效应分解。值得一提的是，最新发布的 SAC 模型仅有固定效应。表征空间溢出效应特征的 ρ 值均通过了 1% 的显著性水平检验，且为正，这说明城市化水平具有显著的空间依赖性，而且 λ 值也通过了 1% 的显著性水平检验，说明模型的扰动项也存在空间自相关。

1. 非农产业多样化集聚与专业化集聚对城市化的影响

表 6 – 9 报告了仅考虑产业集聚多样化、产业集聚专业化和同时考虑产业集聚多样化与专业化在三种权重下的空间自相关回归模型估计结果。估计结果表明，无论是单独考察产业集聚多样化对城市化的影响，还是将专业化纳入模型，产业集聚多样化在三种权重下有较为显著的促进作用；并且在三种权重矩阵下通过了 1% 的显著性水平检验。表明产业多样化集聚过程中所产生的吸纳就业效应、满足多样化需求、货币外部性以及信息知识技术溢出效应对人口城市化的积极影

响。值得注意的是，产业专业化对城市化的影响存在抑制作用，仅仅在经济距离权重和地理距离权重的情况下分别通过了 5% 和 10% 的显著性水平检验，表明经济活动存在一定的空间范围。为了进一步考察产业专业化集聚对城市化的影响，不考虑产业多样化集聚，根据表 6-9 的报告结果，在三种权重矩阵下，产业集聚的专业化对城市化负相关，但这一作用没有通过显著性检验。此外，就控制变量而言，上述模型在三种权重矩阵下，地区经济发展、教育水平对城市化存在显著的促进作用，而外商直接投资、政府财政支出、产业结构高级化与城乡差距在三种权重矩阵下对城市化的作用不明显。重工业化、所有制结构对城市化发展存在较为显著的抑制作用，符合理论预期，表明国有经济比例过大与重工业化不利于城市化水平提升，其原因就在于国有经济活力不足，经济效率不高，吸纳就业力不足，同时，重工业化导致资本对劳动的替代，进一步抑制了就业，从而阻碍农业人口的非农化进程。这与刘瑞明、石磊（2015）和陈斌开、林毅夫（2010）的结论一致。

综合上述实证结果表明，在研究期内，反映产业集聚专业化的马歇尔外部性与反映产业集聚多样化的雅各布斯外部性在城市化进程中的作用具有差异性。整体来讲，雅各布斯外部对城市化具有显著的促进作用，而马歇尔外部性对城市化的作用存在一定的抑制作用。城市发展的背后是产业多样化与专业化齐头并进的过程，多样化能够增强城市发展的活力，产生外部范围经济，进而产生经济连锁反应，带动人口就业，进而提升城市化发展。与此同时，产业多样化能够克服单一产业所产生的经济风险。因此，从某种意义上讲，产业过度专业化将带来城市发展面临的巨大风险，产业过度专业化缺乏产业集聚多样化的保护机制，产业专业化集聚可能在不确定的市场环境中面临经济瘫痪，制约城市化进程。从功能上讲，产业专业化和多样化之间存在相互依赖关系，产业多样化服务于产业专业化，在纷繁复杂的不确定市场环境下，产业多样化起着稀释产业专业化的不确定性风险，在发展产业专业化集聚的同时，要通过一定程度的市场竞争机制推进产业多样化发展。

表6-9　非农行业整体的产业集聚结构对城市化影响的模型估计结果

变量	经济距离权重			空间距离权重			空间邻接权重		
多样化	0.013*** (3.81)		0.014*** (4.08)	0.015*** (4.48)		0.015*** (4.65)	0.014*** (5.05)		0.014*** (5.18)
专业化		-0.001 (-1.59)	-0.001** (-2.12)		-0.001 (-1.28)	-0.001* (-1.71)		-0.000 (-0.52)	-0.001 (-1.08)
地区经济发展	0.068*** (5.82)	0.060*** (5.07)	0.071*** (6.10)	0.064*** (5.73)	0.053*** (4.63)	0.066*** (5.94)	0.059*** (5.58)	0.047*** (4.09)	0.061*** (5.73)
产业结构高级化	-0.002 (-0.36)	-0.009 (-1.41)	-0.000 (-0.02)	-0.007 (-1.18)	-0.013** (-2.06)	-0.005 (-0.87)	-0.002 (-0.39)	-0.011* (-1.77)	-0.001 (-0.12)
教育水平	0.025*** (6.96)	0.027*** (7.49)	0.024*** (6.91)	0.018*** (4.83)	0.021*** (5.59)	0.017*** (4.64)	0.016*** (4.39)	0.021*** (5.35)	0.015*** (4.10)
外商直接投资	0.091*** (2.91)	0.107*** (3.30)	0.088*** (2.87)	0.098*** (2.92)	0.115*** (3.27)	0.097*** (2.91)	0.084*** (2.74)	0.100*** (2.96)	0.081*** (2.69)
政府财政支出	-0.008 (-0.34)	-0.029 (-1.24)	-0.01 (-0.45)	-0.000 (-0.00)	-0.031 (-1.40)	-0.002 (-0.12)	0.007 (0.40)	-0.017 (-0.80)	0.005 (0.26)

续表

变量	经济距离权重			空间距离权重			空间邻接权重		
重工业化	-0.001 (-1.15)	-0.002 (-1.28)	-0.002* (-1.65)	-0.001 (-1.04)	-0.001 (-1.04)	-0.002 (-1.48)	-0.001 (-0.77)	-0.001 (-0.51)	-0.001 (-1.05)
所有制结构	-0.003 (-1.31)	-0.003 (-1.25)	-0.002 (-1.15)	-0.004* (-1.74)	-0.004* (-1.75)	-0.003 (-1.64)	-0.003 (-1.52)	-0.003 (-1.52)	-0.003 (-1.41)
城乡居民收入差距	0.016*** (2.80)	0.013** (2.17)	0.016*** (2.92)	0.018*** (3.49)	0.015*** (2.68)	0.017*** (3.44)	0.014*** (2.91)	0.011** (2.02)	0.014*** (2.83)
ρ	0.548*** (13.21)	0.583*** (13.94)	0.557*** (13.70)	0.680*** (14.22)	0.718*** (14.54)	0.690*** (14.56)	0.660*** (13.74)	0.662*** (11.97)	0.668*** (13.86)
λ	-0.516*** (-6.98)	-0.467*** (-5.93)	-0.539*** (-7.59)	-0.856*** (-7.72)	-0.714*** (-5.87)	-0.881*** (-8.08)	-0.877*** (-7.91)	-0.687*** (-5.18)	-0.894*** (-8.06)
极大似然值	761.8214	756.1402	764.0133	768.2364	759.8772	769.6706	762.5739	751.435	763.1453
样本量	232	232	232	232	232	232	232	232	232
固定个体	控制	控制	控制	控制	控制	控制	控制	控制	控制
R²	0.9068	0.8976	0.9079	0.9076	0.8914	0.9072	0.9067	0.8898	0.9065

2. 分行业大类考察产业多样化集聚与专业化集聚对城市化的影响

在初步探讨了产业集聚的类型对城市化的影响之后，需要厘清不同产业属性的组织结构对城市化是否存在差异，基于此，我们将从非农产业中分离出制造业、采矿业和服务业。由于制造业和服务业是非农产业的主体部分，在分行业领域，我们仅仅讨论它们各自对城市化的影响，然后综合考虑对城市化的影响。

（1）制造业集聚结构对城市化的影响。城市化是伴随着工业化而推进的，制造业是工业化进程中最为基本的动力因素。表6－10报告了制造业对城市化影响的回归估计结果。总的来讲，制造业多样化集聚对城市化具有显著的促进作用，而制造业专业化集聚对城市化具有明显的抑制作用，并在三种权重矩阵的情况下，都通过了1%的显著性水平检验。表明制造业的多样化集聚在推进我国城市化进程中发挥了重要的作用，中国改革开放以来，产业园区作为工业尤其是制造业的空间载体，在吸纳转移人口就业方面发挥了重要的作用。美国汽车城底特律城市的破产，是这一结论的最有利的证据，之所以这么快破产，与汽车产业"一股独大"密不可分，因为其他制造业发展不足，在面临经济危机等外部环境冲击时，缺乏经济风险分担机制，最后导致城市破产。而就国内的发展情况来看，我国的老工业基地东北地区，经济一直停滞不前，人口流失严重，一个重要的原因就是制造业产业多样化集聚能力弱，难以吸纳人口就业，尤其是吉林和黑龙江，其多样化平均值为1.5左右，远远低于北京（2.5）、天津（2.5）、上海（2.6）、江苏（2.7）、安徽（2.0）、浙江（2.8）、福建（3.1）、江西（2.8）、湖南（2.5）、河南（2.3）、山东（2.7），而制造业专业化程度（5.5）远高于这些地区的平均值（3.5）。云南的烟草工业制造业独占鳌头，使云南的制造业多样化集聚水平在8年间仅为1.1左右，而专业化集聚高达18.5。

（2）服务业集聚结构对城市化的影响效应。服务业是随着生产力的发展所带来的社会分工细化，并逐步从制造业分离出来的行业，该行业是推进城市化的后续动力，尤其是生产性服务业对制造业的发展起着举足轻重的作用。服务业作为第二产业的配套产业，其集聚作用是服务于工业化，提升城市化。表6－11报告了服务业对中国城市化水平的影响，从表中可以看出，服务业无论是哪种集聚形态，都对城市化具有推进作用，但作用不显著，表明第三产业作为城市化的"后续动力"这一作用尚未充分发挥出来，一方面，是服务业内部结构还不甚合理，仍然以传统的生活服务业为主导，新兴的生产性服务业仍然是配角，这使作为城市化"后续发展动力"的服务业发展相对滞后。统计表明，2010年，OECD国家生产性服务业在服务业中的GDP占比超过了30%；其他的"金砖四国"均超过20%，其中，俄罗斯的生产性服务业达到28%；发展中国家普遍超过15%，其中，泰国最低，但也达到了15.6%，而中国只有7.5%（丁守海、丁洋、沈煜、南毓，2016）。另一方面，从总量上讲，服务业作为专门化的行业在三次产业中还表现得不够充分，说明社会分工还不精细化，在传统的"大而全、小而全"的发展思想引导下，服务业尚未完全从工业制造业中分离出来，这背后的逻辑可能源于社会交易成本过高，制造业企业宁愿自我提供服务，从而使服务业没有得到充分的发展，进而导致目前我国服务业发展层次偏低、服务业集聚规模小、规模效应不明显、产业链条构建不完整，所以，服务业整体集聚效应较低。

此外，由于我国长期对包括生产性服务业在内的很多服务业发展存在过度保护的倾向，加之改革开放以来，我国在国际分工中的定位和发展特点影响，这些都导致了服务业的效率低下和发展的相对滞后性（张松林等，2010）。尽管2013年服务业增加值占GDP的46.1%，略高于第二产业的43.9%，是历史上首次超过第二产业，但这一比例不仅远低于发达国家，也普遍低于经济发展水平相近的其他国家。2010年，中等收入国家的服务业GDP占55.9%，比中国高出近10个百分点。再以"金砖五国"为例，除中国外，其他四个国家的服务业GDP占比都要比中国高得多，巴西、南非、俄罗斯都超过60%，印度稍微逊色一些，但也达到了55%（丁守海、丁洋、沈煜、南毓，2016）。因此，中国的产业结构还处于工业化中后期加速阶段，服务业尚不发达，无论总量还是结构都还比较落后。

（3）非农产业各行业产业多样化集聚与专业化集聚对城市化的影

响。在讨论制造业和服务业对城市化影响研究的基础上，本书将进一步考察制造业、采矿业和服务业三类产业同时作用于城市化的情况。基于表 6 – 12 所报告的回归结果情况表明，目前中国的城市化水平主要依靠制造业多样化集聚的推动，结论具有稳健性。具体来讲，制造业多样化集聚对城市化的促进作用和专业化集聚对城市化的促进作用在三种权重矩阵的情况下均高度显著，通过了 1% 的显著性水平检验。而采矿业无论是专业化集聚还是多样化集聚对城市化发展都存在抑制作用，在经济距离权重和地理距离权重的情况下，对城市化的阻碍作用通过了 5% 的显著性水平检验；而在邻接权重矩阵下，采矿业未通过检验，可能的理由是采矿业基于一定的经济活动半径。总体上表明，在存在多样化产业选择的情况下，人们更不愿意流向采矿业集聚区。其重要的原因在于采矿业多属于重工业和环境污染型产业，这类产业所在区域为资源型区域，一方面，在吸纳就业方面存在资本挤出劳动力的现象；另一方面，资源型地区的生态环境较差，宜居性水平低。在人均居民收入水平不断提高的基础上，对生态环境的诉求日益提高，随着资源型城市资源的枯竭，将带来人口的流失风险；而且随着资源的枯竭，面临着城市的衰败，势必对城市化产生不利影响，抑或者是采矿业属于规模报酬递减或者不变的产业门类，在工业化初期能够推动城镇化发展，但由于其布局的分散性，会造成人口分散居住，难以形成人口的空间集聚，随着工业化的推进，将对城镇化的贡献存在减弱或者制约的趋势，抑或是冶金、焦炭、电力等产业对资本和技术的敏感度要远远高于一般的劳动力，很难吸纳到大规模的就业人口，容易造成该类行业与城镇化难以实现协调发展。同时，采矿丰富的地区容易导致地区发展的"路径依赖"，从而直接导致地区制造业停滞不前，进而阻碍城镇化发展。与前面的结果类似，服务业的产业多样化集聚与专业化集聚对城市化具有促进作用，但在统计上不显著。可能的原因是服务业尤其是生产性服务业受制于劳动力素质整体偏低约束，进而使对城镇化进程的推进作用不明显。同时，服务业是社会分工并从传统制造业中逐步分离出来的产物，服务业对吸纳劳动力的作用不明显还与我国制造业发展的层次低处于"制造大国"的阶段有关系。我国的制造业处于产业微笑曲线的最低端，所以与之匹

表6-10　制造业集聚结构对中国城市化水平影响的模型估计结果

变量	经济距离矩阵			地理距离矩阵			邻接权重矩阵		
制造业多样化	0.009*** (3.42)		0.007*** (2.82)	0.009*** (3.73)		0.008*** (3.37)	0.011*** (4.39)		0.010*** (4.14)
制造业专业化		-0.001*** (-4.87)	-0.001*** (-4.45)		-0.001*** (-4.25)	-0.001*** (-3.93)		0.001*** (-3.80)	0.001*** (-3.53)
地区经济发展	0.056*** (4.87)	0.062*** (5.48)	0.060*** (5.38)	0.050*** (4.48)	0.055*** (4.94)	0.053*** (4.88)	0.044*** (4.17)	0.049*** (4.36)	0.046*** (4.47)
产业结构高级化	-0.007 (-1.24)	-0.007 (-1.26)	-0.006 (-0.97)	-0.012** (-1.98)	-0.012** (-1.96)	-0.010* (-1.71)	-0.008 (-1.25)	-0.009 (-1.51)	-0.005 (-0.92)
教育水平	0.029*** (8.05)	0.026*** (7.52)	0.028*** (7.93)	0.024*** (6.29)	0.020*** (5.45)	0.022*** (5.99)	0.023*** (6.05)	0.020*** (5.05)	0.022*** (5.59)
外商直接投资	0.092*** (2.85)	0.091*** (2.94)	0.079** (2.55)	0.104*** (3.01)	0.102*** (2.98)	0.093*** (2.76)	0.087*** (2.74)	0.086*** (2.61)	0.074** (2.39)
政府财政支出	-0.021 (-0.92)	-0.021 (-0.92)	-0.017 (-0.75)	-0.022 (-1.05)	-0.023 (-1.08)	-0.019 (-0.91)	-0.008 (-0.43)	-0.01 (-0.49)	-0.005 (-0.25)

续表

变量	经济距离矩阵			地理距离矩阵			邻接权重矩阵		
重工业化	-0.002 (-1.38)	-0.002** (-2.11)	-0.003** (-2.39)	-0.002 (-1.56)	-0.002* (-1.85)	-0.003** (-2.49)	-0.002 (-1.64)	-0.002 (-1.38)	-0.003** (-2.48)
所有制结构	-0.003 (-1.48)	-0.003 (-1.57)	-0.003 (-1.64)	-0.004** (-1.98)	-0.004** (-1.97)	-0.004** (-2.11)	-0.004* (-1.71)	-0.004* (-1.77)	-0.004* (-1.92)
城乡居民收入差距	0.013** (2.29)	0.012** (2.22)	0.013** (2.31)	0.016*** (3.00)	0.014** (2.48)	0.014*** (2.74)	0.013** (2.49)	0.010* (1.86)	0.011** (2.23)
ρ	0.543*** (12.64)	0.586*** (14.5)	0.558*** (13.35)	0.676*** (13.48)	0.716*** (14.48)	0.686*** (13.76)	0.635*** (12.29)	0.664*** (11.7)	0.646*** (12.3)
λ	-0.482*** (-6.13)	-0.469*** (-6.06)	-0.482*** (-6.27)	-0.766*** (-6.48)	-0.682*** (-5.47)	-0.743*** (-6.18)	-0.803*** (-6.77)	-0.686*** (-4.97)	-0.805*** (-6.56)
极大似然值	760.65	766.18	770.15	765.82	767.92	773.44	760.44	758.42	766.55
样本量	232	232	232	232	232	232	232	232	232
固定个体	控制	控制	控制	控制	控制	控制	控制	控制	控制
R^2	0.907	0.9066	0.913	0.9051	0.8972	0.9083	0.9043	0.8941	0.9072

表6-11 服务业集聚结构对中国城市化水平影响的模型估计结果

变量	经济距离矩阵			地理距离矩阵			邻接权重矩阵		
服务业多样化集聚	0.000 (1.02)		0.000 (1.36)	0.001 (1.17)		0.001 (1.28)	0.001 (0.88)		0.001 (0.98)
服务业专业化集聚		0.004* (1.71)	0.004* (1.93)		0.002 (1.02)	0.002 (1.15)		0.002 (1.02)	0.002 (1.10)
地区经济发展	0.059*** (5.00)	0.062*** (5.09)	0.064*** (5.22)	0.053*** (4.64)	0.054*** (4.56)	0.056*** (4.71)	0.047*** (4.15)	0.049*** (4.05)	0.051*** (4.17)
产业结构高级化	-0.011* (-1.75)	-0.013** (-2.10)	-0.015** (-2.30)	-0.015** (-2.39)	-0.016** (-2.48)	-0.017*** (-2.64)	-0.012** (-1.96)	-0.014** (-2.09)	-0.014** (-2.17)
教育水平	0.027*** (7.48)	0.025*** (6.82)	0.025*** (6.73)	0.021*** (5.69)	0.021*** (5.48)	0.021*** (5.47)	0.021*** (5.41)	0.022*** (5.43)	0.022*** (5.38)
外商直接投资	0.112*** (3.41)	0.101*** (2.96)	0.103*** (3.00)	0.115*** (3.26)	0.112*** (3.12)	0.111*** (3.09)	0.100*** (2.96)	0.098*** (2.82)	0.096*** (2.77)
政府财政支出	-0.025 (-1.06)	-0.023 (-0.94)	-0.02 (-0.81)	-0.026 (-1.16)	-0.025 (-1.10)	-0.022 (-0.95)	-0.013 (-0.62)	-0.013 (-0.58)	-0.01 (-0.44)

续表

变量	经济距离矩阵			地理距离矩阵			邻接权重矩阵		
重工业化	-0.001 (-0.95)	-0.001 (-1.01)	-0.001 (-1.04)	-0.001 (-0.76)	-0.001 (-0.75)	-0.001 (-0.77)	-0.000 (-0.39)	-0.000 (-0.40)	-0.000 (-0.40)
所有制结构	-0.003 (-1.28)	-0.002 (-0.74)	-0.001 (-0.55)	-0.004* (-1.72)	-0.003 (-1.39)	-0.003 (-1.23)	-0.003 (-1.52)	-0.003 (-1.20)	-0.003 (-1.11)
城乡居民收入差距	0.014** (2.27)	0.012* (1.88)	0.013** (2.03)	0.017*** (2.88)	0.015*** (2.54)	0.016*** (2.72)	0.012** (2.16)	0.012** (2.01)	0.012** (2.13)
ρ	0.586*** (13.63)	0.576*** (13.03)	0.588*** (13.06)	0.721*** (14.55)	0.705*** (13.70)	0.715*** (13.90)	0.665*** (12.18)	0.647*** (11.12)	0.653*** (11.30)
λ	-0.454*** (-5.61)	-0.386*** (-3.87)	-0.372*** (-3.61)	-0.700*** (-5.70)	-0.648*** (-4.65)	-0.638*** (-4.53)	-0.692*** (-5.27)	-0.631*** (-4.28)	-0.634*** (-4.32)
极大似然值	755.40	756.38	757.30	759.75	759.60	760.42	751.69	751.8299	752.3098
样本量	232	232	232	232	232	232	232	232	232
固定个体	控制	控制	控制	控制	控制	控制	控制	控制	控制
R^2	0.8971	0.8956	0.8940	0.8927	0.8931	0.8926	0.8906	0.8903	0.8905

表6-12　非农产业各行业产业多样化与专业化集聚对城市化影响的估计结果

变量	经济距离矩阵			地理距离矩阵			邻接权重矩阵		
制造业多样化集聚	0.007*** (2.82)	0.007*** (2.83)	0.007*** (2.63)	0.008*** (3.37)	0.009*** (3.18)	0.009*** (3.41)	0.010*** (4.14)	0.010*** (4.15)	0.010*** (4.15)
制造业专业化集聚	-0.001*** (-4.45)	-0.001*** (-4.53)	-0.001*** (-4.33)	-0.001*** (-3.93)	-0.001*** (-4.01)	-0.001*** (-3.87)	-0.001*** (-3.53)	-0.001*** (-3.58)	-0.001*** (-3.51)
采矿业多样化集聚	-0.000 (-0.44)	-0.000 (-0.41)		-0.000 (-0.40)	-0.000 (-0.39)		-0.000 (-0.26)	-0.000 (-0.27)	
采矿业专业化集聚	-0.001** (-1.99)	-0.001** (-2.13)		-0.001** (-2.13)	-0.001*** (-2.13)		-0.001 (-1.56)	-0.001 (-1.57)	
服务业多样化集聚			0.003 (1.23)			0.000 (0.14)			0.000 (0.02)
服务业专业化集聚			0.000 (0.36)			0.000 (0.10)			0.000 (0.31)
地区经济发展	0.060*** (5.38)	0.056*** (5.05)	0.059*** (5.14)	0.053*** (4.88)	0.049*** (4.47)	0.049*** (4.40)	0.046*** (4.47)	0.044*** (4.23)	0.044*** (4.05)
产业结构高级化	-0.006 (-0.97)	-0.004 (-0.68)	-0.006 (-1.05)	-0.010 (-1.71)	-0.009 (-1.45)	-0.009 (-1.41)	-0.005 (-0.92)	-0.004 (-0.69)	-0.004 (-0.63)
教育水平	0.028*** (7.93)	0.028*** (8.13)	0.027*** (7.52)	0.022*** (5.99)	0.023*** (6.23)	0.023*** (6.16)	0.022*** (5.59)	0.022*** (5.73)	0.022*** (5.73)

续表

变量	经济距离矩阵			地理距离矩阵			邻接权重矩阵		
外商直接投资	0.079** (2.55)	0.073** (2.36)	0.070** (2.22)	0.093*** (2.76)	0.086*** (2.60)	0.086*** (2.58)	0.074** (2.39)	0.069** (2.22)	0.069** (2.22)
政府财政支出	-0.017 (-0.75)	-0.02 (-0.91)	-0.018 (-0.78)	-0.019 (-0.91)	-0.023 (-1.11)	-0.022 (-1.06)	-0.005 (-0.25)	-0.008 (-0.41)	-0.008 (-0.44)
重工业化	-0.003** (-2.39)	-0.002* (-1.83)	-0.002* (-1.77)	-0.003** (-2.49)	-0.002* (-1.73)	-0.002* (-1.71)	-0.003** (-2.48)	-0.002* (-1.94)	-0.002* (-1.94)
所有制结构	-0.003 (-1.64)	-0.003* (-1.67)	-0.003 (-1.13)	-0.004** (-2.11)	-0.005** (-2.20)	-0.004** (-2.00)	-0.004* (-1.92)	-0.004* (-1.94)	-0.004* (-1.87)
城乡居民收入差距	0.013** (2.31)	0.013** (2.35)	0.013** (2.26)	0.014*** (2.74)	0.015*** (2.84)	0.015*** (2.78)	0.011** (2.23)	0.011** (2.28)	0.011** (2.21)
ρ	0.558*** (13.35)	0.569*** (13.58)	0.576*** (13.06)	0.686*** (13.76)	0.697*** (14.08)	0.698*** (13.86)	0.646*** (12.30)	0.650*** (12.37)	0.648*** (12.09)
λ	-0.482*** (-6.27)	-0.469*** (-5.76)	-0.425*** (-4.48)	-0.743*** (-6.18)	-0.737*** (-5.96)	-0.730*** (-5.36)	-0.805*** (-6.56)	-0.791*** (-6.28)	-0.790*** (-5.84)
极大似然值	770.15	772.17	772.93	773.44	775.73	775.74	766.55	767.80	767.85
样本量	232	232	232	232	232	232	232	232	232
固定个体	控制	控制	控制	控制	控制	控制	控制	控制	控制
R^2	0.913	0.9147	0.9134	0.9083	0.9097	0.9096	0.9072	0.9082	0.9082

配的服务业尤其是生产性服务业发展就存在不足，同时也就解释了为
什么制造业多样化集聚能够吸纳更多的劳动力整体素质偏低农业转移
人口就业，提高城市化进程。进一步地，可以看出产业结构高级化
（Advan）这一控制变量对城市化存在负效应，也说明我国当下还处于
依靠工业化推进城市化的阶段。虽然自 2013 年起中国服务业 GDP 开
始超过了第二产业，但这绝不意味着服务业已成为国民经济的龙头，
第二产业在国民经济中的主导地位并没有发生根本动摇。

（三）进一步讨论

基于上面简要的分析可以看出，产业的不同发展模式对城市化将
产生大相径庭的影响，在这种情况下，我们按照这一规律，调整城市
内部土地利用方式，以顺应城市化进程中的产业发展需要，这可能是
作为土地这一要素需要努力的方向。

根据威廉·配第的产业结构演替理论，在城市化进程中，城市化
早期相对于第一产业，城市内部第二、第三产业呈现出协同发展的态
势，随着城市化进程的进一步加快，三次产业之间的关系演化为工业
与服务业之间此消彼长的关系。因此，在整个城市化进程中，随着时
间的推移，工业发展呈现出倒"U"形的态势，而服务业呈现出与城
市化相似的"S"形曲线轨迹。这是西方发达国家城市化的一个历史
过程，具体如图 6 - 3 所示。

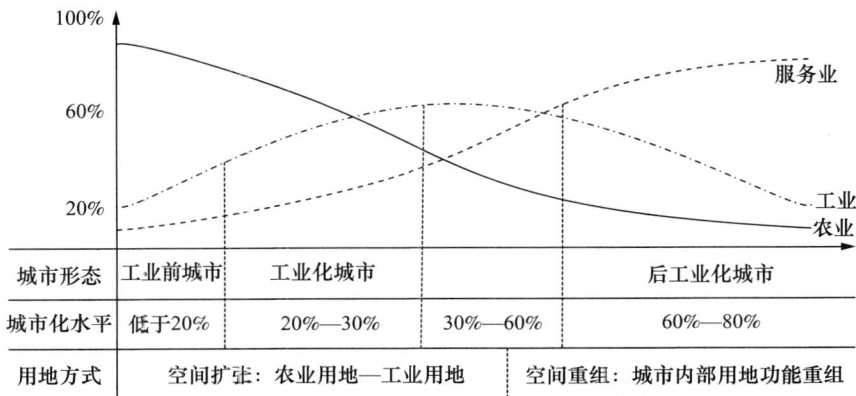

图 6 - 3　产业结构、城市化进程与土地利用方式

资料来源：在鲁寿阳（2010）基础上修改而成。

在这一过程中，产业结构的演化变迁是一个市场化的过程，然而，产业所依附的土地利用则牢牢地把握在作为行政配置资源主体的政府手中，因此，市场这只"无形的手"与政府这只"有形的手"实现有机结合，促进用地结构调整，顺应城市化发展需要，是一个重要的问题。

本章小结

本章考察了城市用地结构变动对城市化影响的中介效应问题，理论上说，随着土地资源的稀缺性加强，土地在城市经济社会中的地位将日益上升。土地利用的结构性变动对城市化的影响是基于产业结构这一桥梁作用于城市化，而不是产业结构作用于土地利用结构然后作用于城市化。土地利用是原发性的，因此是土地控制着产业发展，尤其是随着土地资源的日益稀缺，土地利用的机会成本日益提高。然后，借助2000—2010年的面板数据实证研究也发现：城市土地利用的结构性变动是城市产业的结构性变动的格兰杰原因，不存在城市土地利用结构调整与产业结构变动互为双向的格兰杰因果关系。

在此基础上，讨论了城市土地利用结构导向下的产业集聚结构对城市化的影响，以为城市土地利用结构调整提供政策依据。基于此，运用我国2006—2013年分省份面板数据，运用空间计量模型实证研究了产业集聚模式对我国城市化进程的影响。研究结论如下：

第一，在控制了其他变量后，非农产业集聚多样化与专业化对城市化具有促进作用，但产业集聚的多样化对城市化的促进作用，具有显著的影响。

第二，从行业属性角度来看，制造业多样化集聚对加快城市化进程具有显著的促进作用，而专业化集聚则抑制城市化进程，然而，服务业多样化集聚与专业化集聚对城市化有促进作用，但未通过检验。

基于上述分析，可以得出如下政策启示：

第一，产业多样化集聚是抵御城市破产的保险箱，产业集聚的多样化是推动城市化进程的关键力量，地方政府要树立产业专业化发展的风险意识，整体上要通过推进产业多样化集聚实现产业发展。

第二，制造业多样化集聚作为当前推动我国城市化快速发展的重要力量，要加快制造业多样化集聚发展，防止地区制造业行业的"一股独大"的局面。作为当前城市化水平最低的西部各省份，制造业专业化集聚指数总体较高，而多样化指数较低，因此，要加强招商引资平台建设，积极承接东部地区的产业转移，促进地区制造业的多样化产业的发展，吸引更多的人力资本集聚，对带动这些区域的城市化进程具有重要意义。

第三，服务业是从传统制造业逐步分离出来的行业，推进"制造大国"向"创造大国"战略转变，促进制造业的高级化，释放服务业发展尤其是生产性服务业发展的空间与红利，优化调整服务业内部结构，强化生产性服务业的发展，增进对制造业的支持功能，增强对新增城市人口的吸纳能力；加快资源型地区的转型发展，破除地区发展的资源禀赋依赖惯性，加快地区产业的转型升级，以此实现资源性地区的平稳过渡，规避资源型地区发展的潜在风险。

通过上述实证研究，通过用地结构尤其是产业用地结构的调整，支持产业多样化集聚尤其是高端制造业多样化发展对我国城市化进程具有重要的意义。与此同时，要着力降低对采矿业的用地支持力度，以此降低对生态环境的破坏，同时，促进矿业城市的产业转型升级，支持矿业城市的城市化发展。改变传统土地利用功能分区的规划理念，提倡土地利用的混合模式，形成多样化的空间利用格局和多样化的空间产权竞争格局，防止土地利用功能和利用主体的"一股独大"的垄断所有制格局。通过土地混合利用，增强城市各相关行业和服务机构之间的联系，以促进地区产业集聚的多样化发展。随着城市化进程的加快，压缩工业用地规模，提升工业制造业产出效率，提高服务业用地比重，支持对劳动力吸纳能力更强的服务业发展，支持创意产业[①]（Peter Hall，2000）发展，重塑城市空间结构，提升城市空间品

---

① 创意产业的发展通常利用城市存量用地，将工业建筑和老建筑经济学空间使用性质的转换，使原有建筑在创意产业推动下发挥新的功能，为城市更新提供了产业支撑。

质，实现城市更新。

　　综上所述，本章将学术界关于"用地结构与产业结构"和"产业结构与城市化进程"这两对关系进行了系统性整合，初步形成了"用地结构—产业（集聚）结构—城市化"这样一个分析框架，即先考察用地结构调整与产业结构变动之间的关系，然后考察产业（集聚）结构对城市化进程的影响。在考察用地结构与产业结构关系过程中，利用"外部性"的思想，将两者进行了有机衔接，一个是空间功能的外部性，另一个是产业集聚外部性。土地是产业发展的依托，土地利用结构决定了产业集聚的结构，即正如本书所提到的用地结构的专业化集中程度影响着产业的集聚结构，即地区用地结构特征将会影响该地区是产业多样化集聚占主导还是产业专业化集聚占主导。在考察产业集聚结构与城市化进程的关系的过程中，本章从非农产业集聚结构和分行业大类的制造业、服务业和采矿业的空间集聚结构的视角考察对城市化的影响，然后得出非农产业不同的产业集聚结构以及不同行业的产业集聚结构对城市化进程的影响差异。然后，将两者进行衔接，并得到一个重要的启示：支撑我国城市化进程，需要通过土地要素内部供给结构改善，使土地利用结构能够顺应加快城市化进程的各类产业集聚结构。

第七章 城市用地结构性错配、城市化进程与错配机制

通过第五章的实证研究发现，在全国层面或者在我国东部地区和中部地区，城市用地结构的专业化集中特征对城市化进程存在倒"U"形的特征，表明土地利用结构本身并不是一直对城市化进程起着积极的作用。对于这种情况，本书将其理解为城市土地利用的结构性错配。基于此，本章将从城市土地资源结构性错配视角考察不同用地对城市化产生的影响。基于相关文献分析，本章将主要从城市生产—生活两大功能视角考察工业用地和住宅用地在城市空间上的数量配置对城市化进程的影响。此外，基于城市土地在不同功能上的配置，形成供给—需求的相互作用，又将对各自不同功能的房价产生影响，进而可能对城市化进程中的居民、企业的生产生活成本产生影响，最后可能导致城市化发展受到影响。然后，从政府行为视角考察城市用地结构变迁的内在动力机制，从而为调整城市土地利用推进城市化过程提供理论依据，为推进土地供给侧结构性改革提供政策启示。

第一节 引言

资源配置是经济学研究的出发点，而资源错配①是经济发展中的

---

① 关于资源错配没有一个准确的概念。关于资源错配的标准、原因，张建华、邹凤明（2015）做了详细综述。

常态，而适配则是资源配置的一种理想化状态。如何有效地将资源错配转向资源适配，经济学家一直在努力。第五章讨论了城市用地专业化集中与城市化进程的关系，基本的结论是：城市用地专业化在一定程度上有助于城市化进程的推进，但超过一定的"度"又会抑制城市化进程。结合前面的分析，城市是城和市的一个合约，城市化的快速推进，依赖于两者的和谐共生。而城和市的繁荣，需要背后支持其发展的产业用地与住宅用地，这两类用地关系到城市化进程中人口非农化进程中的安居乐业问题，进而影响着城市化进程。具体来讲，一个决定着城市化主体的微观个体进入城市是否能够有事可做，另一个决定着是否有地方可住。这两个条件同时作用于微观主体才是完完整整的城市化主体，否则只能是"流浪汉"。相比较农村，城市的目标就是"使人的生活变得更美好"。因此，要实现这一目标，就需要把生产与生活协调起来，如果只考虑生产功能，而轻视生活功能的培育，就违背了城市发展的初衷。基于此，本书将进一步重点考察，对城市化关系最为紧密的两类用地——住宅用地和工业用地对城市化的影响效应。

此外，值得关注的一个重要现象，中国城市化进程中正是基于工业用地与住宅用地供给的极不协调性这一杠杆作用来成为获取政府土地财政收入。在供给侧结构性改革的背景下，去杠杆是重要的任务，因此，从整体上看，提高住宅用地，适当压缩工业用地，进而调整两者的比例关系是问题的核心所在，而且基于西方国家城市化发展过程中的土地利用结构特征，结合我国城市化发展实际，强化城市化发展过程中住宅用地的供给，压缩工业用地供给，对支撑城市化后续发展的第三产业服务业的发展尤为重要，然而，土地资源的政府管理权，决定了用地结构调整会受到政府行为的影响。基于此，本书将进一步考察城市用地结构调整的驱动机制，为促进城市化健康可持续发展提供理论依据。

第二节　城市土地资源的结构性
错配与城市化发展

一　分区域与城市规模的住宅用地和工业用地配置

在城市化进程中，地价是影响城市化微观主体行为的重要机制。近年来，工业用地与房地产用地价格有天壤之别。这种价格差异，在东部地区和西部地区表现得最为明显。其结果是导致工业用地粗放浪费、低效，圈地行为屡禁不止，而房地产价格越来越高。这其中，除国家宏观政策原因外，与土地市场价格决定的二元化不无关系。具体来讲，政府制定工业用地的最低价，形成了对工业发展的一种保护，市场供需关系决定房地产价格，两种定价机制，形成不同地价走势。一方面，地方政府大力招商引资，用低容积率、低地价来牺牲土地发展工业；另一方面，城镇化发展住宅用地刚性需求增强，两者都在争夺有限资源。一边是政府希望通过高价出让房地产用地赚取的盈余来弥补过低工业用地带来的亏空；另一边是通过房地产的高容积率来弥补过低的工业用地容积率。地方政府通过制定工业最低价来过度地保护地方工业，既导致国家经济的过度工业化问题（Naughton，1999；Poncet，2003），又导致城市空间结构逐步失衡。

如上文所述，在整个城市土地利用结构中，住宅用地与工业用地的比例关系在城市化进程中具有重大的意义。图 7 - 1 表明，2006—2014 年，无论是在全国层面，还是在分区域层面，住宅用地与工业用地的比例都呈现出缓慢上升的趋势，表明城市化进程中以人为本的居住功能导向，逐步推进。从区域差异来看，住宅用地与工业用地比自西向东逐步降低，其中，东部地区的住宅用地与工业用地比年平均分别小于中西部地区 0.3、0.5。这表明，东部发达地区的城市更多地偏向于生产功能，而西部地区的城市更多偏向于居住功能。这可能与我国地区经济发展的空间差异有明显的关系。我国经济发展水平层次自东向西逐步降低，东部更多的用地流向了城市经济建设，从而挤出了一部分住宅用地，而中西部地区，尤其是西部地区，经济发展落后，产业集聚或集群效应不强，使对工业用地的需求不足，而且西部地区财政压力大，地方政府通过土地财政买地，刺激了房地产开发，使居宅用地面积得到提高。2009—2014 年，对于不同规模城市，其住宅用地的年度增幅基本呈现出"小城市 > 中等城市 > 大城市 > 特大城市和超大城市"的特征。

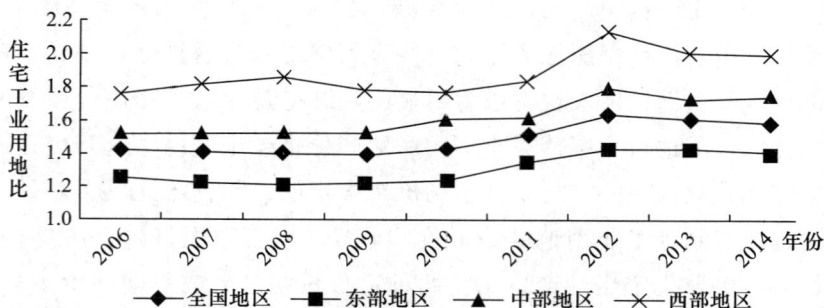

图 7 – 1　2006—2014 年分区域层面住宅工业用地比

资料来源：《中国建设统计年鉴》。

　　考虑到不同的城市人口规模大小由于空间社会职能的偏向差异性，使在住宅用地与工业用地相对比例关系存在差异性，为了更好地揭示住宅用地与工业用地在不同规模城市中的比例关系，本书按照最新的标准，将城市规模划分为五类①，分别观察这一比例关系在不同规模中的情况，具体情况如图 7 – 2 所示。从横向来看，可以发现，在研究期内，整体上呈现出城市规模越大，住宅用地与工业用地的比例就相对越小。因此，从城市空间职能取向来看，可以发现一个规律：小城市更加偏向居住功能，而大城市更加偏重于生产功能。从纵向来看，随着时间的推移，整体上住宅、工业两类用地的比重呈现出波动式上升趋势，表明城市职能逐步向居住偏向。

① 按照国家最新出台的标准，将城市规模划分五类：建成区人口：0—20 万的为Ⅱ型小城市，20 万—50 万的为Ⅰ型小城市；50 万—100 万的为中等城市；100 万—300 万的为Ⅱ型大城市；300 万—500 万的为Ⅰ型大城市，大于 500 万的为特大城市。

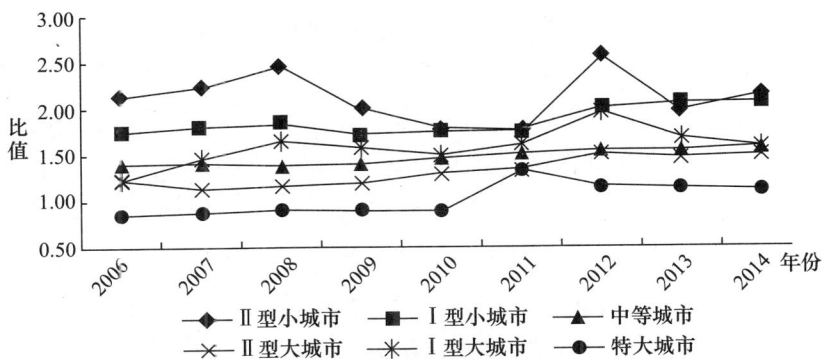

图 7 - 2　2006—2014 年不同规模城市的住宅用地与工业
用地的比例关系比较

资料来源:《中国建设统计年鉴》。

此外,从住宅用地总量比例与城镇人口增量比例的关系来看,在不同规模的城市存在差异,城镇人口吸纳力最强的 500 万以上的城市,住宅用地增量比例要远远落后于人口增量比例,具体如图 7 - 3 所示,说明随着城市规模的增大,城市住宅用地将相对短缺(任泽平,2017)。

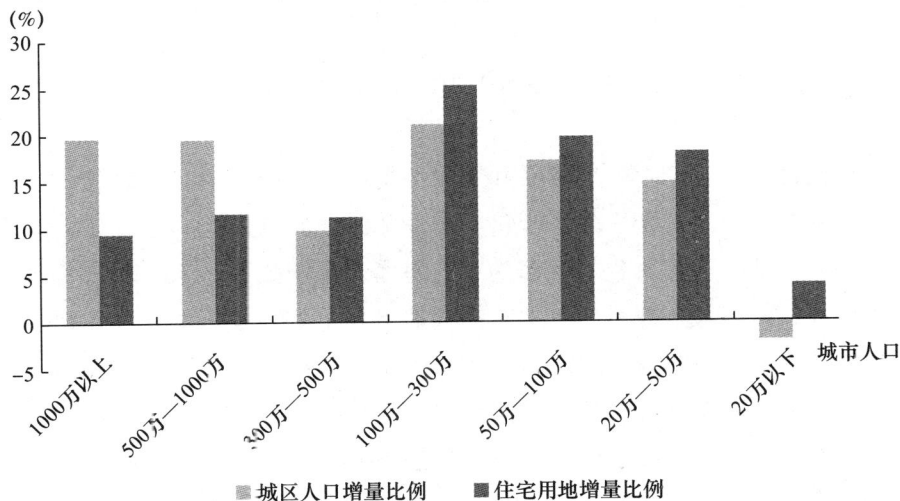

图 7 - 3　2006—2014 年不同规模城市人口增量比例与住宅用地增量比例

资料来源:任泽平(2017)。

二　城市住宅用地和工业用地错配与城市化进程

工业用地和住宅用地反映了城市化进程中的生产和生活功能，它们之间的结构变化将会对城市化发展产生重要的影响。理论上讲，随着城市化进程的推进，住宅用地在整个建设用地中的比例将逐步提高，而工业用地则相反（见图 7 - 4），假定住宅用地朝着既定的轨迹运行，理论上讲，工业用地应该按照 CP 的路径逐步下降，但政府的工业用地投入偏好，由工业用地在建设用地中投入的比例较高，现在按照 DQ 的路径下降，进而带来的是工业用地的过多投入，出现住宅用地和工业用地的不合理匹配。

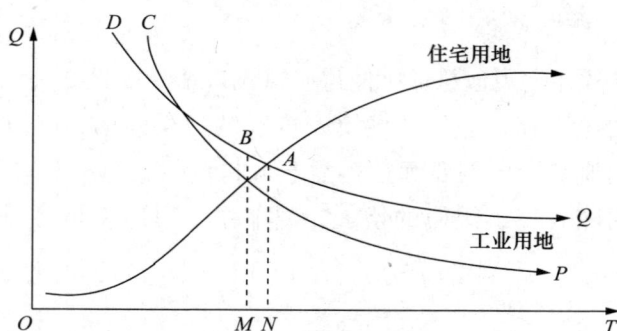

图 7 - 4　工业用地与住宅用地的供给轨迹

假设不考虑产业发展水平和层次的情况下，或者说单位产值的人口吸纳能力是一样的，理论上讲，工业用地供给较多，会在一定程度上提高企业入驻率，提供更多的就业机会，吸引更多的人口转变为城镇人口，提高城市化水平。但与此同时，住宅用地的紧缺，住房供给稀缺，导致房价过高，增加城市劳动力的生活成本，通勤成本提高，又将降低城市吸引力，阻碍人口向本地区流动，进而降低城市化发展水平。而这种用地的结构性失衡对城市化发展最终产生怎样的影响，尚待研究表明，但无论是哪类土地利用，如果某一功能的过度集中，会导致城市空间功能难以实现有效的"对偶"互补，会对其他城市功能产生挤出效应，进而抑制城市整体功能的发挥，最终阻碍城市化发展，这就是用地专业化的规模边界性。而维持在这样的边界，为其他功能的发展提供空间，这样，就会存在一定的功能多样性特征，产生多元化功能互动的空间集聚效应机制，从而整个城市空间系统将趋于有序性。

另外，工业用地供给扩张可能将导致城市产业集聚效益未能达到最优，如第三章第一节所讨论的那样，城市空间各项功能空间存在最优的规模，超过一定边界，产业集聚能力降低，单位面积的资本密度降低，难以产生长大化的专业化收益，空间的无限拓展，使相对于产业发展而言，空间不具有稀缺性，土地成本低下，使企业缺乏产业升级的外在约束。而且在外部资本流向工业用地时，它既可以流入原有的城市土地，也可以流入新增的城市土地，这可能加剧稀缺的资本流向了基本建设领域而不是机器设备及技术更新，进而使产业转型升级缓慢，影响经济发展（龙奋杰，2009）。

基于本书第三章关于西方发达国家的城市用地结构比较可知，其住宅用地与工业用地之间的比值较大，而我国则总体较低，这可能与城市化发展的阶段有关系，城市化还处于土地资源约束较小的环节，使工业用地与住宅用地结构对城市化进程的影响程度较小，而当城市化进程加快，土地资源日益稀缺时，必须通过压缩工业用地，提供更多的住宅用地来支持大量人口在城市的集聚，这在一定程度上提高了产业发展层次，放缓了低端人口流入所产生的承载压力，即在城市化水平较高的情况下，支持城市发展和城市化进程更多的是服务业，相比较工业，其土地集约利用的程度会更高。因此，在我国未来的城市化进程中，需要通过压缩工业用地，提高产业发展层次，提高空间承载力，加快城市化进程是重要的方向，具体如图7－5所示。

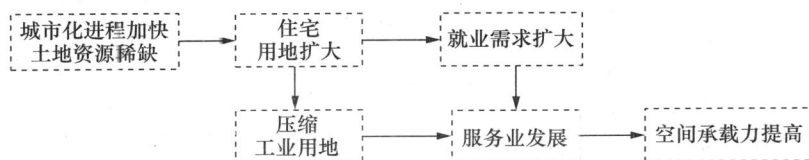

图7－5　工业用地与住宅用地转换的城市化进程效应

三　实证检验与结果分析

（一）模型构建

本书基于文献研究和理论分析的基础上，设定如下模型来检验城市住宅用地与工业仓储用地对城市化水平的影响效应：

$$URB_{it} = \beta_0 + \beta_1 JZ_{it} + \beta_2 GC_{it} + \sum \beta_k X_{it} + u_i + \lambda_t + \varepsilon_{it} \qquad (7-1)$$

式中，URB_{it}是本书的被解释变量，代表我国第t年第i个省份的城镇化水平。JZ、GC是本书重点考察的解释变量，分别表示城市住宅用地与工业仓储用地，本书取其自然对数。X_{it}是基于文献而引入的控制变量。主要由如下 8 个控制变量构成：城乡居民收入差距、人均收入水平、教育水平、外商直接投资、所有制结构、重工业化、产业结构高级化和政府财政支出，分别用 GAP、lnpgdp、Edu、FDI、Soe、Heav、Adv、Gov，λ_t 为时间效应，ε_{it} 为随机扰动项，u_i 为个体效应。关于各指标变量的测度不再赘述。

（二）样本与数据

表 7-1 报告了实证分析中所涉及的主要变量说明和描述性统计。由于 2010 年测度教育水平的原始数据缺失，基于此，本书将采取插值法进行了填补。

表 7-1　　　　　　　　数据基本统计量

变量	样本量	均值	标准误	最小值	最大值
工业用地	234	3.0701	2.5794	0.1915	14.6726
住宅用地	234	3.9290	2.7937	0.3776	14.4664
城市化水平	234	0.473	0.091	0.275	0.678
城乡居民收入差距	234	3.0393	0.5647	1.9487	4.7586
产业结构高级化	234	0.8193	0.2312	0.4944	2.0931
外商直接投资	234	0.0233	0.0231	0.0007	0.2589
地区经济发展	234	9.0079	0.3837	7.9236	9.8746
教育水平	234	8.2605	0.7774	5.9882	10.3032
所有制结构	234	0.4601	0.3095	0.1027	4.7211
重工业化	234	0.7638	0.3806	0.1254	6.1484
政府财政支出	234	0.1936	0.0904	0.0767	0.6121

图 7 - 6 是我国 2006—2014 年住宅用地、工业仓储用地与城市化的演变趋势，整体来看，住宅用地与城市化进程呈现同步变化的趋势，工业仓储用地 2006—2009 年持续上升，2009—2011 年增速有所下降，随后 2012 年后又开始回升。

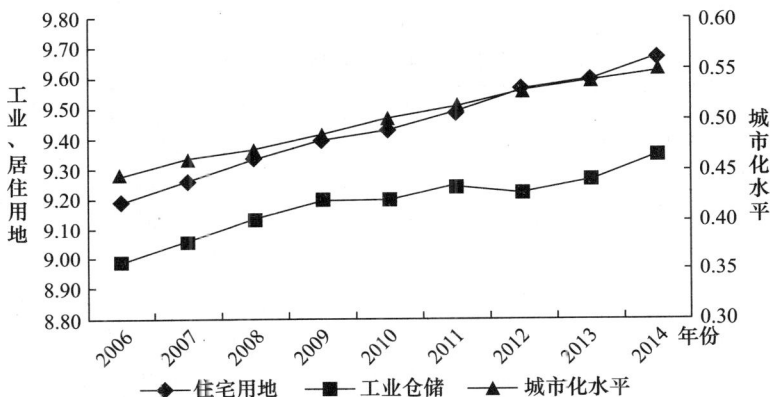

图 7 - 6   2006—2014 年住宅用地、工业仓储与城市化水平

资料来源：《中国统计年鉴》和《中国建设统计年鉴》。

(三) 实证结果与分析

在实证检验之前，本书对各变量之间是否存在多重共线性进行了检验。结果表明，可以进行实证检验。此外，本书做了混合效应、固定效应和随机效应回归，依据豪斯曼检验结果，应采用固定效应模型（FE）为宜，由于版面限制，本章不再提供混合效应和随机效应的估计结果。本章我们先做整体性样本检验，在此基础上做子样本检验。

1. 整体样本检验

表 7 - 2 报告了在全国层面与民生直接相关的反映非农产业就业人口安居乐业的工业用地和住宅用地对城市化影响的回归估计结果。通过模型（1）至模型（6）可以看出，无论考虑控制变量与否，住房用地对城市化存在显著的正相关关系，而工业仓储用地对城市化存在显著的负相关关系。说明在土地资源日益紧缺的情况下，反映城市生产职能的工业用地对反映居住职能的生活用地和相关功能用地的挤出，造成全社会福利的损失。孙永正、勾丽（2014）的测算表明，

2011 年、2012 年，如果在供地总量不变的前提下，若当期工业用地供给量能减少 10 个百分点，那么相应的住宅用地就可以分别增加 56.1 个和 53.8 个百分点，而这无形之中为外来农业人口落户城镇提供了重要的空间基础。

表 7 - 2   全国层面住宅用地与工业用地对城市化的影响效应

变量	模型 (1)	模型 (2)	模型 (3)	模型 (4)	模型 (5)	模型 (6)
住宅用地	0.067***	0.024***	0.021***	0.021***	0.021***	0.023***
	(0.004)	(0.003)	(0.003)	(0.003)	(0.003)	(0.003)
工业用地	-0.039***	-0.013***	-0.013***	-0.012***	-0.012***	-0.013***
	(0.005)	(0.004)	(0.004)	(0.003)	(0.004)	(0.004)
地区经济发展		0.246***	0.195***	0.186***	0.177***	0.159***
		(0.012)	(0.018)	(0.018)	(0.020)	(0.020)
教育水平			0.021***	0.022***	0.021***	0.023***
			(0.006)	(0.006)	(0.006)	(0.006)
所有制结构				-0.011*	-0.011*	-0.006
				(0.006)	(0.006)	(0.006)
重工业化				0.004	0.003	0.003
				(0.004)	(0.004)	(0.004)
政府财政支出					0.050	0.101**
					(0.048)	(0.050)
外商直接投资					0.003	-0.003
					(0.086)	(0.085)
产业结构高级化						-0.038***
						(0.012)
城乡居民收入差距						0.012
						(0.007)
常数项	0.304***	-1.824***	-1.535***	-1.453***	-1.377***	-1.246***
	(0.008)	(0.101)	(0.125)	(0.131)	(0.150)	(0.156)
样本量	364	364	364	364	364	364
时期固定	是	是	是	是	是	是
个体固定	是	是	是	是	是	是
调整的 R^2	0.596	0.826	0.833	0.835	0.836	0.842

表 7-3 报告了我国 2008—2014 年建设用地中工业用地与住宅用地供应情况，除商服用地外，工矿仓储用地增幅达到 36.1%，在全国城镇各类土地中最大。从城市工业用地与住宅用地的数量比较中可知，工业用地和住宅用地面积比由 2008 年的 1.5 倍扩大到 2012 年的 1.83 倍。从工业仓储用地在总的建设用地中的比重来看，工业仓储用地比例在 2011 年和 2012 年分别是 32.15% 和 29.42%，该比重是国际范围的工业用地比重的两倍，同时高于以往我国工业用地占 25% 的水平，而住宅用地供应量不但量小，而且从 2011—2012 年非但没有上升反而还在下降，分别占同期建设用地供应总量的 21.38% 和 16.09%，跟国际相比，比重明显偏低。因此，基于实证结果发现，政府大面积地增加工业用地未必就能达到推动城市化持续发展的预期。

表 7-3　　　　2008—2014 年国有建设用地中工业用地和住宅
用地供应情况　　　　　　　　单位：万公顷

用地类型	2008 年	2009 年	2010 年	2011 年	2012 年	2013 年	2014 年
城镇住宅用地	6.2	8.2	11.5	12.7	11.1	13.81	10.21
工业仓储用地	9.3	14.1	15.4	19.1	20.3	21	14.73

资料来源：《中国城市建设统计年鉴》。

其原因就在于，城市工业仓储用地的过多供给，在本质上是一种用地的空间垄断行为，它降低了集约利用的作用，也进一步阻碍了产业转型升级的动力发挥。长远来看，抑制城市化的健康发展。除前面讨论的挤出效应外，还有一个重要的方面是工业用地过度供给可以使地区工业环境污染加深，影响城市生态环境，降低城市的宜居性。因此，我国工业用地的过多供给，加之以传统产业为主，这就带来了一定程度的环境负外部性效应。工业用地内部，在路径依赖的作用下，更加偏重于传统产业的供应，而高端产业的用地供给不足，在经济全球化的大趋势下，依托我国劳动力红利的传统产业，日益受到人口老龄化的威胁，而且传统产业对经济增长的贡献度日益下降，进而影响着支撑城市化进程的经济基础。近年来，"产能过剩""僵尸企业"现象也显现出工业制造业内部的结构性问题，在化解产能和淘汰"僵尸企业"过程中，2014 年，我国第二产业的就业容量相比 2013 年绝对减少了 71 万人（丁守海等，2016）。其实，随着后工业化时代的逐步到来，城市空间结构将比工业化时代变得更加富有弹性，将逐步取代传统的空间功能分区格局，城市传统工业如钢铁、机械、造船、汽车等逐步被日益兴起的计算机、通信、金融为代表的高端生产性服务业所取代，因此，相应的用地结构需要做出适当的调整，打破传统的土地供给格局（历伟，2012）。

当前住宅用地供给相对短缺，使与外来农业转移人口息息相关的房价过快上涨，这在一定程度上抑制了居民其他方面的消费需求。从 1992 年随着国有企业改革以来的城镇住房体制改革可知，城镇住房问题成为城市化进程中的重点和难点，是外来人口落户城镇的基本制度性前提，很多地方政府做了明确规定，要落户城镇必须拥有住房，而保障农业转移人口能够拥有独立产权的住房、整体上改善居住条件，提高城市化的吸引力，而最为直接、最有效的办法就是尽可能地在建设用地供给总量不变的情况下向住宅用地方面倾斜。但从理性经济人的角度来看，地方政府为了通过工业预期获得更多的财政收入，似乎没有可能这样做。一方面，放宽住宅用地，减缓了供需矛盾，导致房价下滑，进而导致地价下降，地方政府的土地财政收入随之下降。另一方面，在土地供应紧缺的情况下，工业用地相对减少，导致工业厂房的价格上升，进而可能抑制工业企业的落户，使增值税减少，经济发展放缓，政治晋升受到影响，似乎使整个问题最终难解或无解。但实际上是政府一种保守的产业发展心态。在土地资源配置过程中，更多以传统产业为主，新兴产业土地供需矛盾依然尖锐。过多的工业用地供地冲动，是地方政府忽视了产业集聚发展的机理，过多供给的目的就是为工业的发展提供空间，往往将工业园区建成产业的容器，混乱成大杂院，在环境变化较大的情况下，带来地区发展的巨大经济风险，工业用地过多，基于填充式的发展思维，结果使产业发展出现聚而不群的情况，过多的工业用地使地方政府放松了基于集群发展产业的思路。

2. 子样本检验

为了进一步考察工业用地和住宅用地对城市化进程的影响在区域

上的差异，本书将按照前面的办法，将全国分为东部、中部和西部三大区域。表7-4、表7-5和表7-6分别报告了我国东部地区、中部地区和西部住宅用地和工业用地对城市化进程影响的回归结果。在研究期内，住宅用地对城市化存在显著的促进作用，而工业用地则抑制了城市化发展。而且，工业用地对城市化的抑制作用呈现出由东向西递减的态势，这一结论与吴群（2013）的结论基本一致。总体来看，加强城市住宅用地供给对各地区城市化发展都是有利的，而一味地增加工业用地将对城市化发展不利，即工业用地投入并不能一直推动城市化进程。其重要的原因可能是当前工业生产所带来的城市化发展的边际效应递减阶段，而且工业用地的大面积投入，使产业转型升级缓慢。空间经济增长是一个基于空间传递的过程，如果经济发展较好的地区不能实现有效的产业转型升级，那么经济落后的地区就难以获得产业梯度转移。

表7-4　　我国东部地区层面住宅用地与工业用地对
城市化的影响效应

变量	模型（7）	模型（8）	模型（9）	模型（10）	模型（11）	模型（12）
住宅用地	0.053***	0.011*	0.010	0.013**	0.012**	0.014**
	(0.008)	(0.007)	(0.007)	(0.006)	(0.005)	(0.005)
工业用地	-0.029***	-0.010*	-0.010*	-0.008	-0.011**	-0.010**
	(0.008)	(0.006)	(0.006)	(0.005)	(0.005)	(0.005)
地区经济发展		0.463***	0.437***	0.165**	0.193***	0.227***
		(0.043)	(0.061)	(0.066)	(0.065)	(0.063)
教育水平			0.009	0.015	0.011	0.009
			(0.015)	(0.012)	(0.012)	(0.012)
所有制结构				-0.341***	-0.421***	-0.349***
				(0.051)	(0.057)	(0.072)
重工业化				-0.002	0.000	-0.001
				(0.006)	(0.005)	(0.005)
政府财政支出					-0.370**	-0.290
					(0.182)	(0.197)

续表

变量	模型（7）	模型（8）	模型（9）	模型（10）	模型（11）	模型（12）
外商直接投资					-0.764***	-0.769***
					(0.225)	(0.215)
产业结构高级化						-0.103***
						(0.034)
城乡居民收入差距						-0.064***
						(0.024)
常数项	0.354***	-3.846***	-3.671***	-1.107*	-1.212**	-1.314**
	(0.018)	(0.393)	(0.489)	(0.569)	(0.561)	(0.533)
样本量	112.000	112.000	112.000	112.000	112.000	112.000
时期固定	是	是	是	是	是	是
个体固定	是	是	是	是	是	是
调整的 R^2	0.531	0.780	0.781	0.850	0.868	0.884

表 7-5 我国中部地区住宅用地与工业用地对城市化的影响效应

变量	模型（13）	模型（14）	模型（15）	模型（16）	模型（17）	模型（18）
住宅用地	0.059***	0.027***	0.024***	0.025***	0.021***	0.028***
	(0.005)	(0.006)	(0.006)	(0.006)	(0.006)	(0.006)
工业用地	-0.005	-0.009	-0.012*	-0.014**	-0.013**	-0.016***
	(0.008)	(0.007)	(0.006)	(0.007)	(0.006)	(0.006)
地区经济发展		0.203***	0.164***	0.165***	0.152***	0.117***
		(0.026)	(0.029)	(0.030)	(0.030)	(0.033)
教育水平			0.021***	0.022***	0.016**	0.016**
			(0.008)	(0.008)	(0.008)	(0.008)
所有制结构				-0.002	-0.002	0.000
				(0.004)	(0.004)	(0.004)
重工业化				-0.015	-0.013	-0.016
				(0.012)	(0.011)	(0.011)

续表

变量	模型（13）	模型（14）	模型（15）	模型（16）	模型（17）	模型（18）
政府财政支出					0.214 **	0.315 ***
					(0.095)	(0.101)
外商直接投资					0.165 **	0.143 **
					(0.072)	(0.070)
产业结构高级化						-0.002
						(0.015)
城乡居民收入差距						0.034 ***
						(0.011)
常数项	0.221 ***	-1.449 ***	-1.257 ***	-1.259 ***	-1.119 ***	-0.939 ***
	(0.013)	(0.217)	(0.221)	(0.226)	(0.236)	(0.253)
样本量	112.000	112.000	112.000	112.000	112.000	112.000
个体固定	是	是	是	是	是	是
时期固定	是	是	是	是	是	是
调整的 R^2	0.824	0.889	0.897	0.898	0.909	0.917

表7-6　西部地区住宅用地与工业用地对城市化的影响效应

变量	模型（19）	模型（20）	模型（21）	模型（22）	模型（23）	模型（24）
住宅用地	0.081 ***	0.021 ***	0.017 ***	0.017 ***	0.017 ***	0.014 ***
	(0.009)	(0.005)	(0.005)	(0.005)	(0.005)	(0.005)
工业用地	-0.030	-0.001	0.001	-0.001	-0.002	0.001
	(0.019)	(0.008)	(0.008)	(0.008)	(0.008)	(0.008)
地区经济发展		0.219 ***	0.177 ***	0.166 ***	0.170 ***	0.178 ***
		(0.010)	(0.015)	(0.016)	(0.017)	(0.017)
教育水平			0.019 ***	0.018 ***	0.019 ***	0.017 ***
			(0.005)	(0.005)	(0.005)	(0.005)
所有制结构				-0.034	-0.035	-0.035
				(0.022)	(0.022)	(0.022)
重工业化				0.001	0.001	0.001
				(0.004)	(0.004)	(0.004)
政府财政支出					-0.020	-0.052
					(0.036)	(0.038)

续表

变量	模型（19）	模型（20）	模型（21）	模型（22）	模型（23）	模型（24）
外商直接投资					0.077	0.058
					(0.278)	(0.284)
产业结构高级化						0.005
						(0.012)
城乡居民收入差距						-0.014**
						(0.006)
常数项	0.255***	-1.579***	-1.350***	-1.224***	-1.260***	-1.254***
	(0.014)	(0.080)	(0.098)	(0.125)	(0.133)	(0.131)
样本量	140	140	140	140	140	140
个体固定	是	是	是	是	是	是
时期固定	是	是	是	是	是	是
调整的 R^2	0.638	0.930	0.937	0.938	0.938	0.942

就住宅用地对城市化影响的大小来看，弹性最大的是中部地区，增加一单位工业用地，对城市化影响较大的也是中部地区，说明加强中部地区产业转型升级，通过"腾笼换鸟""退工进居""退二进三"是加快中部城市化发展的关键。而东部地区增加一单位工业用地，对城市化的挤出小于中部地区，而且东部地区增加住宅用地对城市化的带动作用与西部相差不大，这可能的解释是：东部地区城市空间格局已经基本定型，而且增加一单位的工业用地，对城市化抑制作用小于中部，这从全国战略空间层面来看，东部地区承载着工业生产能力，中部地区更多地承载着居住功能与生产功能，而西部主要承载居住功能。

（四）进一步讨论

基于上面关于土地资源在量的投入上的差异和进一步的实证研究表明，住宅用地的投入加快了城市化进程，而工业仓储用地在一定程度上抑制了城市化，这种抑制水平在区域间存在差异，并在东部地区和中部地区表现较为显著。表明从加速城市化进程的目标导向来看，我国的城市土地供给存在结构性短缺问题，同样，基于国际经验也可以得出类似的结论。进一步的分析显示，土地供给短缺将带来地价的上涨，而地价上涨将推动房价的上升。为了进一步揭示由于土地供应结构所带来的对城市化进程的影响，将考虑代表不同功能的房价（城市化进程的成本）对城市化发展的影响。工业企业、商业企业和商务企业以及普通居民消费者（生产者）是城市化进程的主体力量。不同的参与主体受到的土地成本的约束是有差异的，进而对城市化进程的贡献也是有差异的。为了更好地体现不同的房价对城市化进程的影响，借鉴前人的研究成果，用半城市化来反映基于成本约束而使城市化进程受阻的情况。半城市化是用人口城市化减去户籍城市化，是指进入城市但未被吸纳为城市户口的这部分人群，图7-7是城市各类房价与半城市化水平的关系图。

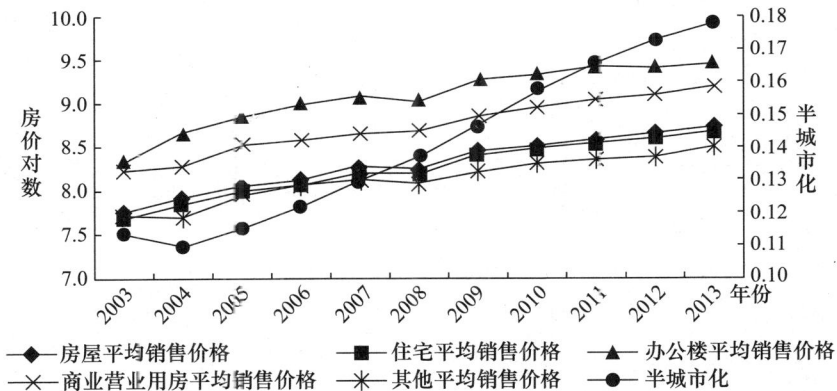

图7-7　城市各类房价与半城市化水平的关系

资料来源：《中国统计年鉴》。

表7-7报告了各类房价对半城市化的影响。从整体上看，房价的上涨与半城市化之间具有显著的正相关关系，并通过了1%的显著性检验，房价上涨的背后反映的是各种生产要素价格的上涨，这使城市化整体成本上升，进而农业转移人口落户城镇的门槛提高。进一步研究发现，住房价格与半城市化也存在显著的正相关关系，表明住房成本成为非户籍城市人口完成城市户籍化的重要障碍，更为深层次的原因在于房价上涨导致职工工资的上涨，房价上涨的成本由企业来分

摊，导致企业成本的上升，进而降低了企业利润，导致企业被迫外迁，抑制地区整体产业发展。

表 7-7　　　　　　　各类房价对半城市化进程的影响

变量	房价	住房价格	工业用房价格	办公用房价格	商业用房价格	综合价格
L. 半城市化	0.823***	0.826***	0.816***	0.832***	0.879***	0.838***
	(0.02)	(0.03)	(0.03)	(0.02)	(0.03)	(0.03)
房价	0.010***					
	(0.00)					
住房价格		0.011***				0.015***
		(0.00)				(0.00)
工业用房价格			0.004**			0.004**
			(0.00)			(0.00)
办公用房价格				-0.003		-0.004
				(0.00)		(0.00)
商业用房价格					0.001	-0.005**
					(0.00)	(0.00)
政府财政支出	-0.005***	-0.006***	-0.004***	-0.003***	-0.001**	-0.005***
	(0.00)	(0.00)	(0.00)	(0.00)	(0.00)	(0.00)
地区经济发展	0.023***	0.023***	0.025***	0.027***	0.032***	0.023***
	(0.00)	(0.00)	(0.00)	(0.00)	(0.10)	(0.00)
教育水平	0.008***	0.008***	0.011***	0.011***	0.008***	0.007**
	(0.00)	(0.00)	(0.00)	(0.00)	(0.00)	(0.00)
所有制结构	-0.002***	-0.003***	-0.003***	-0.003***	-0.002***	-0.003***
	(0.00)	(0.00)	(0.00)	(0.00)	(0.00)	(0.00)
重工业化	0.003***	0.004***	0.004***	0.003***	0.003***	0.004***
	(0.00)	(0.00)	(0.00)	(0.00)	(0.00)	(0.00)
常数项	-0.094***	-0.086***	-0.097***	-0.093***	-0.072***	-0.080***
	(0.01)	(0.01)	(0.01)	(0.01)	(0.01)	(0.01)
样本量	300	300	300	300	300	300
AR (1)	0.0047	0.005	0.005	0.0052	0.0046	0.0045
AR (2)	0.315	0.316	0.3175	0.322	0.3119	0.2937
萨根检验	0.9998	0.9999	0.9999	0.9999	1	1

单独考虑工业用房价格发现，其价格的上涨也将对人口市民化构成制约，这其中的原因在于，工业用房价格的上涨，使工业发展成本上升，抑制了工业企业在本地的落户。而更为深层次的体制原因可能是对工业用地实施的"招拍挂"供地方式，以"地价高者得"的原则，不利于新兴产业的培育和产业集聚的发展，进而不利于该地区城镇化水平的提高。

单独考虑办公用房价格与商业用房价格，则对半城市化的影响不明显。综合各类房价考虑对半城市化的影响，可以发现，依然是住房价格和工业用房价格加速了半城市化的发展，而办公用房价格与商业用房价格对半城市化存在抑制作用，但仅仅商业用房价格对城市化的作用通过了显著性检验。这表明，商业地价越高，人口越密集，那么相应的可能是市民化程度高的反应。

其实，上述问题本质上都是由于土地资源的错配。针对这种错配，其修正的办法有两个面：一是从增量的角度调整，二是从存量的角度改善。下一阶段，可能更多地需要进行存量调整，优化结构，提升土地利用的效率。

第三节　城市用地结构性错配的机制：基于政府行为视角

通过本章第二节可以看出，城市建设用地最主要的是住宅用地与工业用地，而在城市化的发展过程中，存在工业用地与住宅用地此消彼长的情况，因此，这两者是影响城市土地利用结构的最关键的力量。土地资源的国家所有权，决定了土地资源的分配权掌握在各级地方政府的手中。政府的性质是什么？正如本书前面的分析，它同企业和个人一样，是个体利益最大化的追求者，有着自己的生产、效用函数。马克思主义经济学告诉我们，生产资料决定着财富的分配，政府手中的生产资料主要是土地资源。然而，政府本身并不从事任何土地上的生产活动，而是将土地分配给需要土地的经济活动主体，而政府

自己充当"地主"，负责运营土地，实现土地价值的最大化，由此地
方政府借助土地获取自己的政治经济利益，因此，如何运营是实现城
市土地价值最大化的关键一环。然而，地方政府存在多重目标的选择
问题，不同的目标导向将使地方政府自身的供地决策存在差异。值得
注意的是，20世纪80年代初以来，国家的重心再次转移到以经济建
设上，由此对地方政府的政绩考核转变为以 GDP 增长为主，加上地
方政府的政治晋升与政绩考核挂钩。因此，在这样的体制激励约束
下，地方政府千方百计地通过手中的土地资源来扩大自己的财政收
入。2008—2015 年全国及东部、中部、西部三大区域城市住宅用地与
工业用地价格比如图 7 - 8 所示。

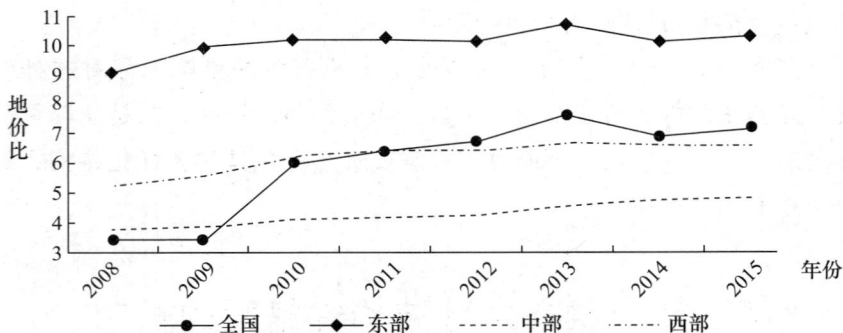

图 7 - 8   2008—2015 年全国及东部、中部、西部三大区域城市
住宅用地与工业用地价格比

资料来源：《中国城市建设统计年鉴》。

表 7 - 8 归纳了工业用地与住宅用地在实际经济活动中存在的主
要差异，具体体现在以下三个方面：首先是功能定位；其次是收益延
续性；最后是出让年限。第一个差异是基础，决定了其他两个差异，
它们共同决定了工业用地与住宅用地的不合理匹配。

工业用地与住宅用地不同程度的错配，本质上是地方政府基于短
期 GDP 政绩考核的行政压力而将发展方式转型停留在口号层面的理
性选择。地方政府作为理性经济人，并不是把追求人口城市化作为直

接目标，而是基于土地投入在不同城市功能之间所产生的 GDP 增长为依据。孙永正、勾丽（2014）对北京市和成都市在工业用地和住宅用地的地价、长期受益（间接收益）、综合收益做了一个比较（见表 7-9）。发现工业用地的综合收益和住宅用地的综合收益比在北京市和成都市分别达到 2.5 倍和 2.3 倍。因此，工业用地与住宅用地在收益上的巨大差异，使地方政府更偏向于工业用地存在必然性（楚建群、许超诣、刘云中，2014）。

表 7-8　　　　　　　　　　工业用地与住宅用地差异比较

特征	工业用地	住宅用地
功能定位	创造财富、吸纳就业	生活安居、保障生产
出让年限	≤50 年	≤70 年
收益延续性	一次性	持续性

表 7-9　工业用地长期收益、综合收益及其与住宅用地收益之比

单位：万元/公顷

	工业用地			住宅用地			综合收益比值
	地价	长期收益	综合收益	地价	间接受益	综合收益	
北京	1569	41725	43284	13587	3416	17003	2.5
成都	685	18749	19434	7206	1276	8482	2.3

资料来源：孙永正、勾丽（2014）。

一　分税制、土地财政与城市用地结构

新中国成立以来，基于分税制改革，我国的城市内部住宅用地与工业用地出现了较明显的变动，本节重点分析 1981—2013 年工业用地和住宅用地的变化情况。借助工业用地与住宅用地的比值来表征其相对供应速度，该比值越大，说明工业用地的增长速度快于住宅用地；反之则较住宅用地的增长速度要慢。

经过 20 世纪 70 年代城市经济的停滞增长，到 80 年代，我国的 GDP 开始进入到快速恢复的时期，在用地上呈现出总量扩张与结构重

组并举的态势。就工业用地而言，在总量上仍然在不断增加，新增的
生产性用地为同期新增建设用地的 24.7%，这一时期，其相对量总体
上呈轻微的下降趋势，1981—1990 年持续下降了 1.5 个百分点；而与
此同时，住宅用地供给不断提高，这一时期增长了 4 个百分点，增长
量占同期新增建设用地总量的 47.4%。此外，1985 年党的十二届三
中全会讨论城市经济体制改革问题，并通过了《关于经济体制改革的
决定》，使在城市建设中的工业用地与住宅用地格局得到了一定的调
整，工业用地与住宅用地比值下降的速度得以缓解。总体来说，
1981—1990 年住宅用地和工业用地占建设用地的决定地位，其余功能
用地增长缓慢，就工业用地与住宅用地两者而言，这一阶段住宅用地
处于较为优先的地位。具体如图 7-9 所示。

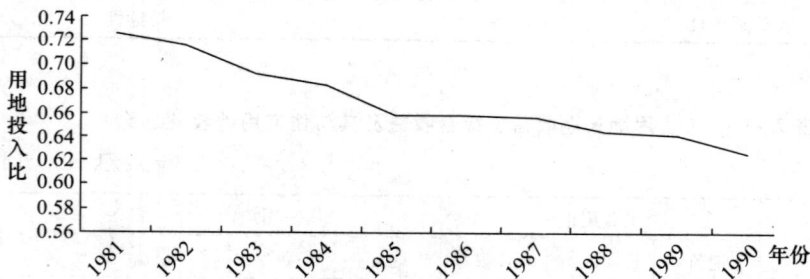

图 7-9 我国 1981—1990 年工业用地与住宅用地投入比

资料来源：《中国城市建设统计年鉴》。

其原因在于：新中国成立初期，全国经济是"乱摊子"，为了振
兴经济，建立完整的工业体系，大力发展工业，由此带来城市工业仓
储用地的大面积增长，同时，由于重工业战略下的资本对劳动的替
代，以及受到当时西方国家所谓"大城市病"右倾主义观点的影响，
认为城市病问题是资本主义国家的事。因此，基于这些背景，国家实
施了严格的户籍制度，使对住宅用地的扩张相对迟缓。与此同时，在
那一阶段，城市空间内部，住宅用地服从于生产用地，形成了两者相
互混杂的空间格局。而改革开放初期，思想得到解放，国家又一次将

工作重心转移到经济建设上，对人口的流动管控放缓，使人口不断地涌向城市，从而使住宅用地供给相对增加。

1991—2014 年，我国城市工业用地与住宅用地在整个城市用地中处于绝对支配地位，且住宅用地与工业用地的比例都出现了不同程度的降低趋势。从用地总量来看，住宅用地的增长量仍然是最大的，这一时期，新增住宅用地占历年新增建设用地总量的比例为 32.36%；其次为工业用地，其增长量占历年新增建设用地总量的比重平均为 17.58%。从占比来看，住宅用地、工业用地占城市建设用地的比重均趋于稳定，且略有下降。其中，住宅用地由 1991 年的 34.3% 下降到 2014 年的 31.7%；工业用地由 1991 年的 25.1% 下降到 2014 年的 19.95%，下降幅度比住宅用地要高。这期间，因为分税制改革、国有企业改革、住房市场化改革，产业政策、土地制度相关政策的调整，城市内部用地结构具有明显的阶段性特征，下面将分成 1991—2001 年、2002—2008 年和 2008 年以后三个阶段来分析。

1991—2001 年，反映我国城市生活功能的住宅用地在城市总的建设用地的比例则存在小幅度上升而反映城市生产功能的工业用地在城市总的建设用地的比例有小幅下降。这一变化的主要原因，可能是 1992 年开启的国有企业的改革，改变了传统的国有企业办社会的社会管理体制，加快了住房市场化进程，住房"饥渴症"得以逐步释放，同时，加快了政府扶持房地产业的热情，由此房地产开发迎来了崭新的春天，其中，我国房地产开发投资于 1992 年和 1993 年的额度，较前一年分别超出了 17.5 个和 65 个百分点。1995 年达到了高峰，也因此导致了我国城市用地的无序扩张，使国家紧急刹车，出台相关政策进行宏观调控。1996 年以后，住房用地的增长得到了一定程度的节制。相应地，两类用地的增幅较前一时期也有了一定程度的下降，尤其是新增工业用地下降了近 4 个百分点。总体上看，1991—2001 年，一系列制度体制改革，呈现出住宅用地的相对供应速度总体上大于工业用地的相对供应速度的特征。

2002—2008 年，前一阶段，工业用地一直存在下降的趋势，然而，从 2003 年开始，这种下降的速度被抑制，一直到 2008 年，工业用地在城市总的用地构成中比例较为稳定（见图7－10），其可能的原因是工业结构出现传统基础工业向现代制造业和重化工业转型升级。与此相反的是，住宅用地占城市建设用地的比例并未保持持续上升的趋势，而是平稳中略有下降。从占比来看，这一时期住宅用地占比年均下降0.1%，明显高于上一期的下降速度，而同期工业用地占比仅微降，年均下降仅为0.02%。从这一时期工业用地和住宅用地的相对供应速度来看，工业用地的相对供应速度总体高于住宅用地。尽管2002年国土部出台了《招标拍卖挂牌出让国有土地使用权规定》，其目的是抑制低成本的工业用地供应，减缓城市的蔓延式扩张，但实际上，工业用地供应相对于住宅用地不但没有减少，反而相对增加了。

图7－10　我国1981—2014年工业用地与住宅用地占建设
用地比例变化情况

资料来源：《中国城市建设统计年鉴》。

2009年至今。2008年的国际金融危机，使工业用地与住宅用地占总的城市建设用地的比例开始下降。尤其是工业用地供给下滑的速度较快，国家给予4万亿元的投资干预，使工业用地与住宅用地供给回升，尤其是住宅用地回升较快，随后的年份开始平稳。而工业用地供给到2010年过后又出现下滑，然后平稳过渡。

整体来看，在1991—2014年城市工业—住宅用地比值变化呈现出"W"字形变化（见图7-11），这种变化的背后，最根本的是地方政府为实现地方经济增长而做出的调整。具体而言，一方面基于工业增值税偏好不断加强工业用地投入发展工业，而相对压缩住宅用地，同时又带来住宅用地的短缺和住宅用地价格上涨，实现预算外支出。另一方面是财政缺口问题（吴群、曹春艳，2014）。

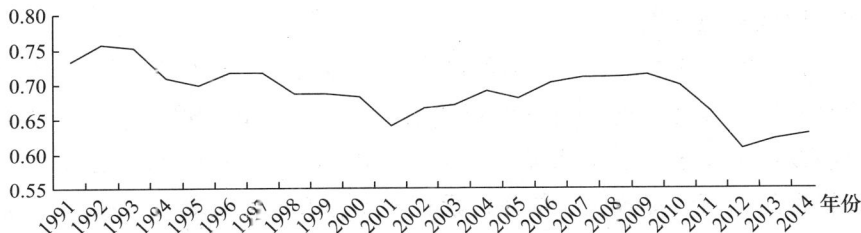

图7-11　1991—2014年我国城市工业与住宅用地比例变化情况

资料来源：《中国建设统计年鉴》。

（一）税收偏好与城市用地结构

分税制改革以后，营业税成为地方税收收入中比重较大的税种，房地产业成为营业税收入的重要税源，房地产业的发展，一方面，经过土地一级市场为地方政府带来了较高的土地出让收入；另一方面，产生营业税、契税与土地增值税等诸多地方税收税种，给地方财政收入做出较大的贡献。因此，培育房地产业成为地方政府有能力去经营城市的一种主要的经济行为，由此单方面决定了房地产开发入市的土地供应量、土地供应方式以及由此决定供应的价格，而且在这一过程中，通过城市空间规划、行业监管、税收政策等影响房地产业。在城市化发展过程中，地方政府打着"经营城市"的旗号，通过城市土地开发策略，促进城市建筑业和房地产业的发展，带来大量的集体用地"流入"城市用地，城市住宅用地规模得到扩张，日益适应城市化发展的住房需求。地方政府在制定住宅用地供应策略时，存在两种途径：一种是数量途径，在给定的土地价格和满足工业发展需要的情况下，尽可能多地供给住宅用地，以实现财政收入的最大化，但很可能产生价格替代弹性效应，即大量住宅用地的供给，超过市场需要，结果最终导致地价下降，事与愿违。另一种途径即价格途径，即给定的土地总供给量的情况下，地方政府对住宅用地实施尽可能的"非饱和供应"，以达到实现土地财政收入最大化的目标。可以发现，上述两种途径，在实践中，地方政府作为理性经济人，通常是采取第二种保险的途径。因此，为了取得稳定的房地产税，地方政府将尽可能地对住宅用地实施非饱和供应。

我国的工业开发是伴随着经济发展中的招商引资和工业园区的建设兴起的，大规模进行招商引资的最大动力因素即 1994 年以后的分税制改革中关于工业用地实施全国统一的增值税。① 因此，增值税具有较强的招商引资效应，然而，投资市场的投资额度是相对较为稳定的，决定了投资总量的稀缺性，与此同时，各地方政府缺乏招商引资的协调机制，因此，招商引资方面的恶性竞争成为常态，地方政府为了取得更多的投资，通过多途径降低投资企业在本地的经营成本，而最关键的一项，就是低价超低容积率供应土地。

很显然，决定城市政府对土地进行资本化运作的动力来自政府财力的大小，而财力的大小源于税收收入。因此，如果政府财力偏小，税收渠道少，将可能驱使政府利用手中的土地资源做文章，这一过程叫作"土地财政"。土地财政在释放土地红利刺激中国空间城市化快速推进方面发挥了重要作用。土地财政源于土地杠杆效应，如前所述，城市是生产空间与生活空间互动耦合的结果。在互动耦合的过程中，这两大空间从属于不同的空间利益主体，实质上它们是相互竞争的，而且它们各自所产生的经济效应是存在差异的。对于生产空间而言，地方政府将得到长时间持续的税收收入回报，而对于住宅用地，更多的是获得一次性回报，因此，政府基于这样一种机制和利益差异，人为地干预土地市场，对工业用地实施"放长线，钓大鱼"，通

---

① 增值税是对销售货物或提供加工、修理修配等劳务以及进口货物的单位个人征收的一种税收，该税种源于法国，包括生产型增值税、消费型增值税和收入型增值税。目前我国主要采用的是生产型增值税，它的一个重要特点是抵扣小、税基宽，在同等税率的情况下，可以获得更多的税收收入。

过低地价、低密度供应工业用地，吸引企业落户，以获取长期持续的收入回报。对住宅用地则实施硬着陆，大力压缩住宅用地，实现住房供给与需求的严重错配，然后借助诸多竞争性的房地产开发企业抬高了土地投标的价格，实现了土地价值的增值，将城市化发展的成本①成功地转嫁给了新增的城市外来人口。土地出让金刺激地方政府通过大量杠杆买地，获得财政收入。

（二）财政缺口与城市用地结构

假定政府具有稳定不变的税收偏好，如果一般预算收入难以平衡一般预算支出，财政出现缺口。财政缺口越大，那么地方政府借助预算外的土地出让金来弥这一缺口的动机就相对越强，相应的地方政府将可能相对较多地②向房地产市场供给住宅用地，通过土地一级卖方垄断市场获得一定数额的土地出让金，这种行为过程反映了地方政府在基于预算外的土地出让收入上的偏好程度。另外，该指标还间接地反映了地方政府对于获得自身财政收入和发展地区经济的相对偏好。如前所述，地方政府不仅要为增加自身财政收入而努力，同时还要为了行政区经济发展而竞争。政府的财政支出对经济增长有着正向的促进作用，财政支出越多，对经济增长的促进作用越大。在控制其他条件的情况下，财政压力越大，在短期内会通过预算外的土地出让金的方式使自身摆脱财政困境的约束，即通过房地产开发商获得财政收入，这实质上是一种类似于PPP的融资模式，通过将住宅用地的开发权力让渡给房地产开发商，来迅速扩充自身财政收入；反之，当财政缺口较小、财政压力不大的情况下，地方政府对经济发展的偏向可能更强，则可能会增加工业用地的比例，从而影响我国城市建设用地结构。

二　模型、数据与实证检验

（一）模型构建

基于文献和理论分析，借鉴吴群、曹春艳（2014）的做法，将构

---

① 这种成本包括为了大力引进工业企业落户，地方政府廉价地出让工业用地所带来的沉没成本。

② 这是土地调节宏观经济的相机决择。

建如基本模型（7-2），来检验政府的税收偏好、财政缺口对用地结构的影响。

$$Lst_{it} = \beta_0 + \beta_1 Lst_{it-1} + \beta_2 Fg_{it} + \beta_3 Rt_{it} + \varepsilon_{it} \qquad (7-2)$$

式中，i 表示第 i 个省份，t 表示第 t 期，Lst_{it} 是建设用地结构，这里，Lst 用城市工业用地的面积与住宅用地面积的比值来表示城市的用地结构，而 Lst_{it-1} 表示一期滞后项。Fg_{it} 表示当年财政缺口，用当年一般预算财政支出比上当年一般预算收入；Rt_{it} 表示地方政府的税收偏好，这里用增值税比上年房地产税；ε_{it} 表示残差项，随机扰动。

通过上述模型的设定，可以预想到，在本模型的估计中，可能会存在较为明显的内生性问题，其原因在于有些可能影响城市用地结构的变量难以测度，从而可能导致遗漏变量，并引发内生性的问题使模型估计结果出现一定的偏误。因此，为了解决这一问题，在模型（7-2）中，引入了被解释变量 Lst_{it} 的滞后项，具体滞后几期，依赖于在模型估计过程中的相关检验。

（二）数据来源与数据统计

基于数据的可获得性，本部分选取 2006—2014 年我国除北京、上海和西藏以外 28 个省份的面板数据作为分析样本。其中，城市建设用地的供给结构的原始数据来自《中国城市建设统计年鉴》。财政缺口中的一般预算财政支出和一般预算财政收入来自《中国统计年鉴》，地方政府的税收偏好原始数据来自《中国税务年鉴》中的全国税务部门地方级收入分地区税种情况。表 7-10 报告了主要变量的基本统计量。

表 7-10　　　　　　　　　　主要变量的基本统计量

变量	样本	均值	标准误	最小值	最大值
用地结构（Lst）	252	0.605	0.177	0.136	1.021
税收偏好（Rt）	252	6.730	2.480	1.280	18.657
财政缺口（Fg）	252	2.306	0.938	1.095	6.745

图 7-12 和图 7-13 分别是 2006—2014 年我国 28 个省份的工业

用地—住宅用地的比值与税收偏好的核密度图，整体来讲，工业用地与住宅用地呈现明显的正态分布的特征，其值在 2014 年达到最小的峰值，2009 年达到最大的峰值，但税收偏好，除 2013 年和 2014 年呈现正态分布外，其余大多年份呈现出右偏锋分布，表明诸多地区在税收偏好上比较重视增值税。

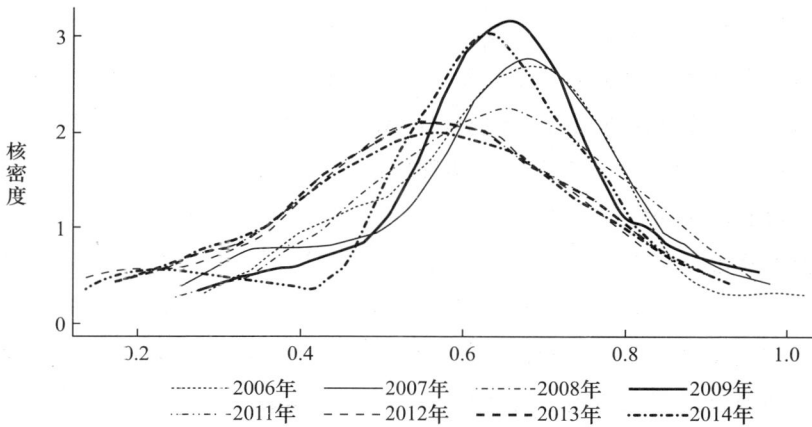

图 7 – 12　2006—2014 年我国 28 个省份工业用地与住宅用地比例核密度

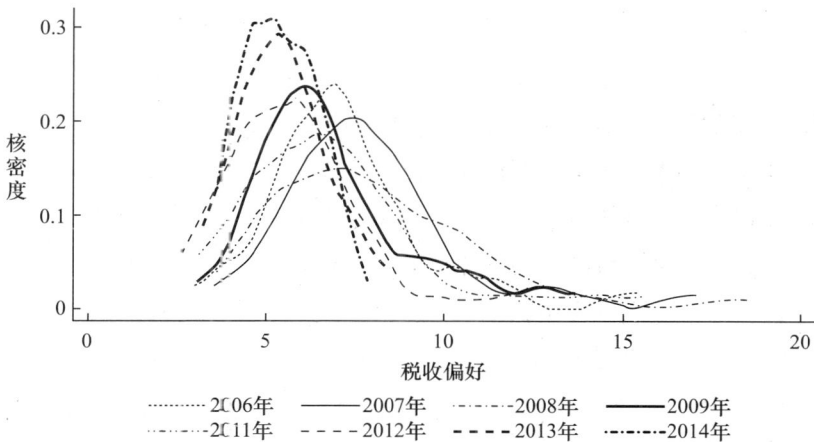

图 7 – 13　2006—2014 年我国 28 个省份工业用地与
住宅用地比例与税收偏好的核密度

（三）实证检验与结果分析

表 7-11 报告了地方政府的税收偏好、财政缺口对城市用地结构的影响。首先运用静态面板模型作为基准模型，基于内生性，我们将被解释变量的滞后性作为工具变量，纳入回归模型，基于豪斯曼检验结果发现，固定效应要优于随机效应模型，税收偏好与用地结构具有显著的正向关系，并在 1% 的显著性水平下通过了检验，说明越偏向增值税，地方政府将越愿意在工业经济发展中获得财政收入，并将投入更多的工业用地，支持当地工业的发展。而当年财政缺口与工业用地和住宅用地的比例也呈现出正相关关系，说明财政缺口越大，相比较住宅用地，地方政府将投入更多的工业用地，其理由就在于，在用地资源紧缺的情况下，政府通过挤压住宅用地，提高了住宅用地的价格，这使地方政府在一级土地市场获得大量的预算外财政收入。同时，使住房供不应求的程度提高，使房价提高，地方政府从房地产中获得更多的房地产税收，而当年财政缺口的滞后一期，与工业住宅用地的比值负相关关系，说明在上一期地方政府面临较大的财政压力时，下期的工业—住宅用地比值关系的稳定性将会被打破，相对工业用地而言，会增加住宅用地，其可能的原因是地方政府在本期遇到较大的财政压力时，会在本期通过压缩住宅用地，相对增加工业用地来解决，但是，这样一来，导致住宅用地与工业用地的比值关系被打破，使生产与生活用地不相协调，又会抑制本地产业的发展。因此，在下一个土地供给年度，还上一年度欠下的"账"，增加住宅用地，相对减少工业用地。总的来讲，上一年的财政缺口越大，则相应的工业用地与住宅用地比例将越小，政府为了补上去年的财政缺口，可能将适当增加住宅用地，通过开发商获得大量的预算外收入，而当年财政缺口与当年度的工业用地与住宅用地比例呈正相关关系，即通过降低住房用地供给，提高土地出让金，弥补财政缺口。

为了保证估计结果的稳健性和可靠性，接着运用 GMM 估计，表7-11 中的模型（5）和模型（6）报告了这一结果，发现一期自相关 AR（1）在 1% 的显著性水平下通过了显著性检验，二阶自相关 AR（2）接受了没有自相关的原假设，表明模型有效，而其估计结果与包含工具变量的固定效应的估计结果基本一致，表明结论具有稳健性。基于实证结果表明，总的来说，地方政府的税收偏好是影响地方政府在工业用地与住宅用地的相对比例关系的重要原因。如果地方政府在预算期内的税收结构上更偏向增值税，这表明作为具有理性经济人特性的地方政府将在城市建设用地的供给中增加工业用地投入力度，以期待实现更多的增值税。上一年度的财政缺口会在下一个建设用地供给年度通过相对增加住宅用地来取得预算外的财政收入，以弥补财政赤字。

表 7-11　　　　　税收偏好、财政缺口与城市用地结构

变量	模型（1）固定效应	模型（2）随机效应	模型（3）固定效应	模型（4）随机效应	模型（5）系统 GMM	模型（6）差分 GMM
L. 用地结构	0.548***(0.06)	0.920***(0.03)	0.521***(0.06)	0.910***(0.03)	0.619***(0.02)	0.494***(0.03)
税收偏好	0.009***(0.00)	0.000(0.00)	0.015***(0.00)	0.014***(0.00)	0.008***(0.00)	0.009***(0.00)
L. 税收偏好			0.008***(0.00)	0.008**(0.00)	0.002***(0.00)	0.003***(0.00)
当年财政缺口	0.005(0.02)	-0.015***(0.02)	0.054**(0.02)	0.034(0.02)	0.031***(0.00)	0.045***(0.00)
L. 当年财政缺口			-0.086***(0.02)	-0.111***(0.02)	-0.084***(0.00)	-0.083***(0.00)
常数项	0.213***(0.05)	0.071***(0.03)	0.517***(0.05)	0.631***(0.05)	0.278***(0.02)	0.305***(0.03)
AR(1)					-2.784***(0.05)	-2.6227***(0.0087)
AR(2)					-0.47(0.639)	-0.98165(0.3263)
萨根检验					0.8289	0.5467
R^2	0.473	0.430	0.315	0.299	—	—
样本量	224	224	224	224	224	196

本章小结

本章更进一步揭示了城市空间内部各功能用地对城市化的影响效应，无论是在全国层面还是分区域层面，在研究期间内，住宅用地对中国城市化具有显著的促进作用，而工业用地在一定程度上抑制了中国的城市化，以一般规律窥视具体现实，这一结论较为清楚地回答了改革开放以来我国城市化发展过程中的一个值得关注的问题，即开发区热到底有没有促进城市化这一问题。从研究的结果来看，随着时间的推移，通过低价大量工业土地投入的产业开发区模式，并未有效地推进我国的城市化进程，而在某种程度上抑制了城市化发展。其可能的原因在于，粗放的土地投入，一方面，减缓了中国的产业转型升级发展步伐，相当一部分低端行业的产能过剩成为我国面临的重要问题，各地区重复建设，产业间的恶性竞争不断上演。另一方面，大量工业用地的投入以压缩居住等用地为杠杆，结果导致了与民生相关的住宅用地的严重短缺，并面临着与工业地价相对立的高房价，形成了工业用地与住宅用地的巨大的价格"剪刀差"，加剧了以人为本的中国城市化发展的成本。如果说 20 世纪的工农产品价格"剪刀差"是农民为工业化所缴的隐性税负，那么当今工业用地与住宅用地的价格"剪刀差"，就是城镇居民为补偿政府廉价出让工业用地而做的贡献，显然，这有悖社会公正和公平原则（孙永正、勾丽，2014）。此外，住宅用地的紧缺减少了劳动力的有效供给，导致地方产业转型升级缓慢，最终抑制城市化，因此，从某种层面上讲，我们可以从工业用地与住宅用地的结构性错配方面找到地方产业转型升级缓慢的原因。

在前面分析的基础上，简要地回顾了 1993 年前后的分税制改革与 2014 年我国城市工业用地与住宅用地的相对变化关系，讨论了增值税和房产税对于城市政府在工业用地与住宅用地的经济激励情况。进一步回答一个问题，城市内部用地结构的调整演变的机制，基于地方政府是土地实际管理者、干预者，因此，从政府税收偏好的层面讨论了这一问题。

基于上述分析，得出如下六个结论及启示：

第一，工业用地与住宅用地对城市化作用的差异以及土地利用较西方国家而产生的结构性差异，体现了城市不同权益主体背后各自利益代表权力的强弱，以及由此相互博弈的结果。扭转这一局面，地方政府要正确认知各功能主体之间的相互关系，尤其是工业用地与住宅用地的内在逻辑联系。基于上面的分析可知，城市土地供应结构的有效性和协调性，必须以各功能的协调互动为基础，准确把握各功能之间的内在关联性，从更大的层面来讲，就是要坚持生产、生态和生活的协调为准绳，围绕它们对城市居住、工业仓储、商业以及办公设施用地进行科学合理的结构性配置，既要重视产业发展的工业用地的经济效率，又要突出非生产用地的社会保障功能，前者是根本目标，后者是基础，两者相互依托、相互支持，而不能顾此失彼。应基于经济和行业的发展需求及国家经济环境对商住用地、工业仓储用地及公共设施等用地的供地比例逐步调整，既不能因供地不足影响某行业的发展潜力，又应注意避免因供地过剩导致的土地资源低效粗放利用。

第二，在准确认知工业、居住、商服等用地之间关系的基础上，最终还是要落脚到产业发展水平上，通过工业地价调整，促进产业升级，淘汰落后产能，引导新兴产业尤其是战略性新兴产业发展。而工业用地地价调整则是问题的关键，这涉及短期利益和长期利益的关系问题，关系到我国政府绩效考核的问题。工业地价推行市场化，在短期内可能挤出一部分低质、低效和低端的产业与行业领域，从而可能在短时间内使 GDP 受到一定程度的影响，这对于具有年限约束的地方政府的政绩考核产生负面影响，使其缺乏进行工业用地市场化改革的动力。因此，通过工业地价调整推进产业升级发展这一传导机制，离不开一个好的促使地方政府进行工业用地市场化改革的制度。

第三，供需错配是供给侧结构性改革的产生背景，供需匹配则是化解供需错配问题的关键。在供给侧结构性改革思路的指引下，土地资源在配置过程中的一个核心问题是无效供给，工业用地投放过多，并没有产生有效的需求，很可能产生产能过剩，阻碍经济增长，最后抑制城市化进程，而在民生领域的用地供给被完全压缩，从而抑制了有效需求。因此，在供给侧结构性改革的政策框架下，以及在以人为本的政策引导下，重视人的空间需求分析，把握产业的演进规律，通过城市土地供给侧结构性调整，实现产业用地的集约利用与产业的升级步伐，为非生产用地功能腾出更多的空间，实现城市生产功能与非生产功能的互动、共生、共享、共荣。因此，坚持城市化发展过程中的"人本主义"，保障人的发展权，提升集聚经济效应，提高工业用地利用强度，减轻工业用地的比重，增加住宅用地的比例，提高"产城融合"发展水平。

第四，实证结果表明，地方政府的税收偏好与工业—住宅用地结构之间存在正相关关系。即在其他情况不变的情况下，政府倾向于通过发展工业来获得持续的税收收入，而发展工业，使地方政府通过压缩住宅用地，投入更多的工业用地。与此同时，落后产能的形成与工业用地的粗放利用是地方政府为追求 GDP 而借助于低廉的土地价格对产业进入门槛的纵容。

第五，财政缺口对工业—住宅用地的影响需要分情况讨论，在当期，财政缺口与工业—住宅用地正相关关系，即在年度内，当地方政府遇到财政缺口时，会通过压缩住宅用地，这样就无形之中导致住房用地短缺，就很容易提高出让金的价格，进而使地方政府缓解了财政缺口危机。在财政缺口滞后一期，与当年度的工业—住宅用地呈现负相关关系。即如果去年的一般预算支出与一般预算收入的比值越大，则政府就会通过相对增加住宅用地的出让来获得预算外收入。

第六，地方政府的"大城市病"心理症结。对人口城市化集聚效应明显的大城市进行人为干预，限制住宅用地的供给，而为了 GDP 政绩考核，对工业用地的供给限制较小；相反，对于人口城市化集聚效应较弱的中小城市，在住宅用地上给予较多的供应，这导致工业用地与住宅用地的不匹配，形成"政府悖论"。

第八章 研究结论、政策启示与研究展望

本书以城市内部用地结构对城市化的影响为研究对象。首先，在供给侧结构性改革政策背景下，提出了城市土地供给侧结构性改革，并以此作为本书的分析框架，较为完整地讨论了为什么要以城市内部土地利用结构为切入点研究其对城市化进程的影响；其次，从空间功能专业化分工的视角讨论了城市的形成及其实质——城市是以占据一定规模土地的大小不等的职能分工合作结构体系，由此，形成一个命题：城市用地结构对城市化发展进程有着怎样的影响？在此基础上，简要地描述了近年来城市用地结构的时序变动和城市化发展进程，并围绕本书的命题提出了 4 个支撑本命题的研究假设。然后运用相关方法数据模型等手段对假设进行验证。

首先，检验了土地资源的城市化"阻尼效应"，作为本书演进的逻辑起点；在此基础上，从全国层面和分区域层面考察了表征城市用地结构整体特征的专业化指数对城市化进程的影响效应。

其次，讨论城市土地利用结构对城市化影响的中介效应，形成了"用地结构—产业结构—城市化"的分析构架，检验了城市用地结构变动与产业结构变动的格兰杰因果关系，在此基础上，从集聚结构视角考察产业结构对城市化进程的影响。

最后，基于资源错配视角，重点考察了住宅用地与工业用地对城市化进程的影响，以及从政府行为的角度考察政府的税收偏好与财政缺口对工业—住宅用地结构相对关系的影响。

本书基于上述研究结论，将给出了相应的政策含义，为城市化的健康、可持续推进提供决策参考。

第一节 研究结论

第一，土地作为重要的生产要素，随着土地资源稀缺性的增强，城市化进程中土地利用在城乡之间的外部矛盾，将日益转化为城市内部的矛盾，城市土地利用将逐步转向调结构，增强经济供给能力，来支撑城市化进程的持续推进。在供给侧结构性改革的大背景下，加快城市土地供给侧结构性改革是供给侧结构性改革战略重要内容之一。随着经济发展进入新常态，改变要素资源尤其是作为空间载体的土地在经济社会发展过程中的被动投入的地位，强化其在经济社会发展中的主导地位，引导我国经济适应新常态，走出新常态，转变土地供给方式，使其成为经济社会发展的新动能。

第二，城市土地利用结构调整的城市区域经济学解释。土地利用结构本身包含着马歇尔外部性（专业化）和雅各布斯外部性的特征，即土地利用的专业化是城市产业专业化的基础。城市土地利用多样化是支撑城市产业多样化的空间基础。何种空间结构特点与城市规划思潮密切相关。前者可以从规划的理性主义找到影子，而后者可以从新城市主义规划的思潮中找到答案。城市空间土地利用数量结构的变迁都逐步从土地利用的专业化向多样化转型，由此，地方城市经济发展模式也不断由地方化经济向城市化经济转型。

第三，城市土地资源总量对城市化进程的阻尼效应是本书研究的逻辑起点。基于此，本书运用经典的 C—D 生产函数构建了城市土地资源对城市化进程的阻力效应模型，结果表明，我国城市土地对城市化进程的阻力为 0.003859，即由于土地资源的限制，我国城市化进程的速度比没有土地资源约束的情形下降低 0.003859；从横向来看，总体上看，城市化、工业化水平较高地区的城市土地资源对城市化的约束性较强；从东部、中部、西部三大区域空间分布来看，城市土地资源对城市化进程阻尼效应最大的是东部地区，其次是西部地区，最后是中部地区；通过空间统计发现，城市土地资源对城市化的阻尼效应存在显著的空间自相关关系。

第四，在对城市化发展的城市土地资源"尾效"的基础上，本书认为，城市用地结构调整是缓解这种"尾效"的重要手段。基于此，运用区域经济学领域中关于表征结构的一些办法，本书以 HHI 指数（专业化指数）来测度城市用地的集中度水平。然后，基于中国2006—2014 年省际面板数据，验证城市用地集中度对城市化进程的影响。发现表征城市土地利用结构的土地利用集中度对城市化发展不是线性关系，城市土地利用的专业化集聚在一定程度上有助于城市化发展，即土地利用的马歇尔外部性产生的集聚效应对城市化的促进作用具有边界效应，即如第二章所分析的：专业化收益存在空间边界，某一功能所占据的土地利用超过一定的空间边界，就会产生边际收益递减，产生负外部性效应，单个功能超越最大化的收益边界将对整体功能的发挥产生不良影响。实证结果发现，城市建设用地专业化集聚与城市化水平之间存在显著的倒"U"形关系，通过了 1% 的显著性水平检验，代表城市功能的某类土地利用的专业化集聚会在一定程度上促进了城市化水平的提升，但这种持续的某项功能专业集聚会对相关功能的发展产生挤出效应；在区域的层面，除西部地区外，东部与中部地区的城市建设用地结构专业化和城市化的倒"U"形关系分别通过了 5% 和 1% 的显著性水平检验，相比较而言，中部地区的城市用地结构调整对城市化的弹性更大。表明进一步协调优化建设用地内部结构是缓解土地资源对城市化发展的增长阻尼效应、加快推进城市化的重要手段之一。与此同时，这为我国城市化发展过程中的土地利用结构调整指明了大的方向和思路。

第五，本书讨论了城市土地利用结构对城市化影响的中介效应——产业集聚结构。从理论上阐述了城市用地结构对城市产业结构的影响，然后基于面板格兰杰因果关系检验表明，城市用地的结构性调整是城市产业结构调整的格兰杰原因。但不存在两者之间的双向格兰杰因果关系。然后，进一步考察用地结构调整背景下的产业集聚结构对城市化的影响，从非农产业整体来看，反映马歇尔外部性的产业专业化集聚对城市化具有一定程度的抑制作用，而反映雅各布斯外部性的产业多样化集聚对城市化进程具有显著的促进作用，但从绝对影响来看，产业多样化占据主导地位。从分行业来看，制造业的多样化集聚是推进当前中国城市化进程的重要力量，而制造业专业化则显著抑制了城市化进程；采矿业无论是专业化还是多样化都对城市化存在负效应，而且相比较而言，采矿业专业化集聚对城市化的抑制作用更为明显；而第三产业服务业，无论是专业化集聚还是多样化集聚对城市化进程的促进作用均不显著。表明从整体来看，在产业用地结构调整方面，要进一步压缩采矿业的用地需求，尤其是对资源型城市，要通过用地促进其产业的转型，而在制造业发展的过程中，要强化制造业相关产业的多样化集聚，防止城市产业"一股独大"的局面。因此，在用地政策上，要支持产业多样化集聚的用地模式，增强城市抵御外部环境的不确定性，底特律汽车城是一个鲜活的案例。与此同时，随着城市化的深入推进，要在用地上更多地支持作为城市化发展后续动力的第三产业的发展。当然，各地区城市化所处的发展阶段不同，需要因地制宜地对待。

第六，基于国际比较，我国当前的城市住宅用地与工业用地的比重远远低于发达国家，从某种层面来讲，是一种资源错配。本书又着重讨论了对城市化影响最为关键的代表城市重要功能的住宅用地和工业用地对城市化进程的影响及区域差异效应。结果表明，在研究期内，无论是在全国层面还是区域层面，住房用地对城市城市化存在显著的正相关关系，而工业仓储用地对城市化存在显著的负相关关系，而且，工业用地对城市化的抑制作用，呈现出由东向西递减的态势。因此，城市化进程的持续推进，要结合国外发展经验，不断转换用地结构。地方政府是城市土地资源的管理者，土地利用结构错配与地方政府的行为偏好存在密切关联。地方政府通过对工业用地与住宅用地供给结构错配，即压缩住宅用地，扩大工业用地供给实现了一举两得，一是在短期内换取了大量的预算外收入。在长期内，取得持续稳定的税收收入。地方政府对来自工业生产领域的增值税的偏好使地方政府更愿意加大对工业用地的投入。就地方财政缺口而言，当期的地方财政缺口与工业—住宅用地正相关，研究表明，当期财政缺口较大，地方政府将可能减少住宅用地的供给，由此增强住宅用地的稀缺性，带来住宅用地价格上涨，使政府获得巨额的预算外土地财政。而财政缺口滞后一期发现，其与工业—住宅用地呈负相关关系，表明上期的财政缺口越大，到本期将会相对增加住宅用地面积。

第二节　政策启示

基于城市用地结构对城市化的影响研究，可以发现，城市用地专业化集聚结构对城市化的促进作用具有边界效应，超过一定的度就会抑制城市化。因此，城市用地结构在一定程度上影响着城市化进程。当前"空城""鬼城"是这一问题在微观空间上的重要表现，即由特定空间用地上的"一股独大"形成功能的单一化将抑制人口在空间上集聚。进一步研究发现，在研究期内，整体上看，住宅用地有助于城市化进程的加快，而工业用地的过度投入不利于城市化进程。这进一步说明要回归到城市的生活性本质上来，通过"产城融合"发展模式，加快推进我国的城市化发展进程。在城市发展的过程中，伴随着城市用地结构的不断调整将引起城市化进程不同程度的变化。由此，为了实现城市的健康发展，应该努力促进城市用地结构和城市化的协调发展。

一　把握城市用地结构与城市化的内在关联性

综观国内诸多城市，城市化进程的推进与非农产业用地的投入（尤其是工业用地与住宅用地的投入）存在明显的关系，土地资源的不合理匹配出现了诸如职住分离引发的交通拥堵，并进一步导致环境污染，基于GDP政绩考核的工业用地投入偏向导致住房紧张等一系列城市病，进而导致城市空间交易成本上升和城市竞争力下降，制约城市化进程进一步推进。因此，调整城市内部用地结构安排，是破解这些问题的关键。未来要实现城市化水平的提升，更多地需要注重城市用地结构优化和城市用地效率改善，提高城市用地结构和城市化发展进程的匹配程度。长期来看，城市内部用地结构与城市化进程是城市发展过程中两个重要的方面，在处理两者之间的关系时，需要考虑城市发展阶段，在城市化发展早期，更多的是城市化影响着城市用地结构，而在城市化发展的中后期，这种关系发生了逆转。因此，需要分阶段把握城市用地结构与城市化进程的关系。规划过程中，对于优化城市用地结构和提升城市化水平的相关决策，也应从整体上考虑到城市用地结构和城市化之间的关联性。

城市用地结构对城市化进程的影响，看似没有联系，实质上城市用地结构在大的方向上影响着城市内部的空间结构，结构决定着城市空间活动的集聚经济绩效。有什么样的土地利用安排，就会出现什么样的城市类型；如果在城市用地结构安排上考虑城市空间多元化特征，则这个城市就可能充满着雅各布斯外部性的空间特性，如果在城市用地结构安排上强调城市空间功能单一化，将城市理解为一个单纯的生产空间，最后这个城市的发展模式则可能充满着马歇尔外部性的空间特征。在实践中，人们更多地流向空间功能多样化的地区，最后影响城市化发展。

在把握城市用地结构对城市化的影响时，更重要的是理解这一逻辑机制，其中较为重要的是城市用地结构安排影响着城市产业发展，即城市用地结构调整牵涉产业结构的变动，影响着对城市化有直接效应的产业集聚效应的发挥。新旧产业的交替需要与之相匹配的用地政策予以支持。当前，在低端产能过剩的背景下，通过土地利用政策手段，加快淘汰低端产能，为新兴产业发展提供用地支持，促进产业发展，以培育城市化发展的新动能。

基于"结构—行为—绩效"的思维范式，需要从系统角度考虑各类用地在整个城市建设用地中的比例关系，各类用地不可偏废，各自承担着城市化发展的不同功能，尤其是与民生直接相关的住宅用地与工业用地之间的比例协调问题，一个关系着就业，另一个关系着居住，两者相互影响不可偏废。当然，对于两者的比例关系，在不同的发展阶段各有差异，在城市化的早期，多以工业用地占主导，但随着城市化进程的加快，产业转型升级，第三产业逐步发展，工业用地面积下降，所需要的住宅用地将会增多。

二 提高城市用地结构和城市化的匹配度

城市化发展是一个动态的过程，因此，与此相适应的土地利用结构也应该随着城市化的发展而不断地做出调整，从而达到提高城市内部用地结构和城市化匹配程度的目的，促进城市用地结构和城市经济竞争力的协调发展。每个城市都有其自身的独特性，因此，土地利用方式和经济发展阶段也有差别，土地利用结构调整的滞后性使城市化发展滞后。

不同区域以及不同等级的城市，城市内部用地结构与城市化的关系存在差异。尽管从全国和区域的层面抽象出了城市用地结构对城市化的影响以及中介效应，但一般不能代替个别，在实践中，还需要从城市个体的差异性出发，具体问题具体分析，因地制宜地实施差别化的城市用地结构管理政策。对于以工业为主导的城市，可能在用地上更多地要偏向工业用地；而对于第三产业为主导的城市，可能更多地要强化和支持服务业发展。对于大城市，要强化服务业用地与住宅用地支持；对于中小城市，要重视促进工业发展的用地支持，适度供应住宅用地，保障工业用地与住宅用地的协调。

不同的城市化发展阶段，城市化与土地利用结构之间的关系也存在差异。因此，需要增强土地利用结构与城市化发展在时间上的匹配性。在城市化发展的早期阶段，要大力发展工业，更多地强调土地利用的专业化集聚，城市功能整体上较为单一，对诸如生态、居住和服务业用地考虑得较少；当城市化进入较高一级阶段时，城市功能需要进一步完善，重视城市土地利用的多样化集聚，在工业化不断升级的情况下，城市发展应更加重视生态、民生需求的改善，这使城市空间呈现出生态用地、住宅用地和工业服务业用地协同发展的格局。

三 强化空间发展权共享

从根本上讲，用地结构的不合理是"人为"导致的结果，是不平等在空间上的表现。消除这种空间发展权的不平等，强化空间发展权共享，是实现城市用地结构优化的战略选择。党的十八届五中全会将"共享"定为五大发展理念之一，"空间共享发展"是共享发展在空间上的具体体现。空间不是某类、某一主体或者某一类人群的空间，任何群体都有分享空间权益的机会。在经济新常态环境下，空间发展权共享，不能通过牺牲普通大众的基本发展利益来维持少数社会精英的权益，要保障在城市化进程中社会大众的基本生活居住权利，城市空间是不同的空间实体构成的集合，要协调不同利益主体的权利，保障不同利益主体的空间发展权。以人为本的新型城镇化，在稀缺的空间资源背景下，城市工业用地不能挤占保障普通大众安居的住宅用地，不能单单牺牲住宅用地，粗放式拓展工业用地来谋求 GDP 的提高。不能打着追求更多的就业机会的幌子，挤压住宅用地，降低体现其马斯洛需求最为基本层次的居民居住福利。安居乐业，只有安居才能乐业，唯有切实做到从人的发展出发、为人的发展服务，才能说明新型城镇化建设的以人为核心落到了实处，也才能真正体现出新型城镇化与传统城镇化的本质区别。而衡量人的生存和发展权的基本保障需要从居住方面的满足程度进行考量，对于工业发展中存在的用地紧缺等问题需要通过工业用地内部进行解决，而不是牺牲住宅用地供给量来满足自身。

发展权共享的基础是决定发展权的空间资源的共享。而土地空间资源的共享是一切共享的基础与前提。在空间资源稀缺的背景下，土地资源共享是缓解土地空间稀缺的出路。回顾我国的发展历程，混合所有制经济是我国建立社会主义市场经济体制的一种重要的共享发展权的思路。这一模式改变了中国国有经济"一股独大"的局面，激发了市场活力，缩小了我国与发达国家的经济发展差距。混合所有制实现了产权层面的共享，不同属性的产权主体的融合，实现了"你中有我、我中有你"的兼容并包，推动经济发展，促使不同产权利益主体共享经济发展成果。从某种意义上讲，不同产权主体在同一企业和产业的融合是我国改革转型时期促成经济发展的新动能。这些不同产权主体的融合是改革开放以来符合经济发展规律的共享经济模式。在所有制产权共享发展日趋完善的情况下，城市化发展进入中后期，土地空间资源日渐稀缺，而空间共享是共享经济时代面临的一个新的方向，这也将成为促成经济持续发展、城市化持续推进的新动能。特定空间不同土地利用类型的混合，背后反映的是不同土地利用产权主体随着空间价值的增值，基于提高空间利用效率、节约空间资源而做出的最大化的努力。另外，反映了不同空间属性产权主体的交互作用，共同决定着空间的组织结构形态及其效率。

空间资源的分配结构直接决定着空间生产的结构。这个空间生产为了谁？这是问题的核心。生产力发展水平决定了分配的水平与程度，进而决定空间剩余价值的大小，空间土地发展权实质上反映的是不同群体在空间中的地位和权利，重塑空间发展权，基于结构的视角，就是通过优化土地利用分配结构，调整空间不同群体的利益关系，确保空间各项功能有机融合，互促共生，推进空间共享、共生与共荣，进而实现包容性发展。包容性发展需要落在空间上，而不同空间权益主体或者利用主体拥有共享空间的权益是包容性发展的基础。

四　加快空间产城融合发展

通过研究可知，从横向比较来看，自东向西，我国城市用地结构的信息熵值逐步提高，城市内部功能的功能叠加性程度逐步下降。与此同时，城市化水平自东向西呈现下降趋势，而且实证研究也表明，城市用地的过度专业化利用对城市化进程具有显著的抑制作用，所以，从这个角度讲，随着城市化进程的持续推进，在面临土地资源约束的情况下，要提高城市整体的用地结构均衡度，使城市的功能结构体系趋于合理化。而且通过实证研究发现，加快住宅用地的供应和适度降低工业用地有利于城市化进程的加快。而落实在具体的空间上就要加快推进产城融合发展，促进城市功能的完善和升级。当前中央政府提出要拓展城市发展新空间，当然，在土地资源约束的背景下，主要依托内涵式拓展城市发展新空间，那么首要的空间实体就是当前的工业园区，尤其是近郊区工业园区，该种类型的工业园区一个重要的特点是空间功能"一股独大"，以生产功能占据主导地位，随着城市化进程的推进，这些空间单元将日益融入城市空间中去。因此，加快这些空间单元的空间功能重组改造，回归城市的本性，使其承载更多的功能，是历史的必然。

此外，基于第五章的研究结论，城市某类土地高度专业化集聚的配置方式，会抑制城市化，一个重要的逻辑衍生结论：用地多元化调整是当代空间发展的大趋势，其原因就在于用地结构多元化，使土地资源的稀缺性增强，倒逼城市功能转型升级，促使企业提高单位土地利用强度和效率，而"退二进三"是城市功能升级的重要表现。当前，综合用地作为一种多功能混合的多元化用地方式，一方面，降低了住宅用地与商服用地的成本，促进服务业发展，有利于人口集聚；另一方面，也提高了工业用地成本，形成了对企业或产业的自动筛选机制，客观上对高污染、低效益的企业或产业形成环境产权约束与挤出效应，进而有助于优化产业结构，促进产业升级，推动高新技术产业发展，提升城市空间整体价值，形成收入效应和一定的产业结构替代效应，进而为多元功能集聚融合、空间转型发展提供条件，而多功能混合的多元化用地模式的实质就是产城融合发展模式。

自"十一五"时期起，国家出台了关于产城融合发展的政策文件（见表8-1），并使产城融合发展成为新型城镇化发展的重要目标和指导原则，被写进新型城镇化发展规划，它背后深刻地反映了城与市的关系，是产与城在时间上的同步和空间上的共存，在本质上是改变过去产与城在时空上的分离与失调，通过土地利用结构重构，推进空间功能整合，实现功能空间融合，促进空间结构优化，进而促进城市化发展。产城融合发展落在空间上，主要表现在具有城镇化因子的城市新区与工业园区，城市新区"有城无产"，而工业园区，尤其是远郊工业区"有产无城"（钟顺昌、李坚、简光华，2014）。在撑开的城市骨架上努力长肉，充分发育城市肌体，是产城融合的重点（周其仁，2015）。基于生产生活功能匹配为原则，逐步改变特定空间用地"一股独大"的局面，实现生产生活功能的互动融合，进而促进"产—地—城—人"等要素在空间上的有效集聚，而从增长极理论角度出发，加快产城融合发展也具有必然性。增长极理论在区域经济学领域具有重要的地位，继法国经济学家布代维尔后，增长极理论被演化为两派，客观地说，产业园区①是以佩鲁为代表的功能学派增长极理论在我国经济发展过程中的重要运用。产业园区在对我国经济增长有着巨大推动作用的同时，随着城镇化进程的加快也产生了"产城分离"的发展困境而难以适应社会发展需要。因此，作为功能学派的产业增长极理论向地理学派的区域空间增长极理论的转向是必然的趋势，相应地，在实践中，加强空间治理，以产业园区空间组织结构重组为抓手，推进产业园区城市化进程，逐步实现产城融合发展成为必然的选择。其中，产城分离是作为功能学派增长极的空间组织形态的产业园区发展的重要缺陷。增长极在改变原有区域空间组织结构中发挥了巨大的作用。加快区域经济增长，离不开培育区域地理增长极，不可否认的是，地理区域增长极是产业增长极的空间化，即区域增长极形成的背后是基于产业增长极在某一区位空间的配置，但产业增长极不等于地理区域增长极，在内涵上，地理增长极远比产业增长极要深刻丰富。产业增长极作为一种具有竞争优势、比较优势、市场优势和较大关联度的产业组织或产业集群，具有很强的创新能力，但在实践中，该理论给今天的空间结构发展产生了一定的消极影响，把产业园区作为产业集群发展的容器，过分重视产业空间的自我孤立发展，而忽视了产业与城镇的有机互动融合发展，即忽略了产业和城镇的有效协调问题。直到今天，为了推进区域经济的快速发展，很多地区正在进行着所谓的以产业园区建设为中心的增长极发展战略，它所带来的缺陷就是"产城分离"这种低效率运行的空间组织结构，从而导致很多产业因缺乏与城市互动而难以持续发展，使空间的转型发展成为这些园区的首要任务。因此，产业园区城市化是产城融合的本质要求，实现传统功能增长极向地理增长极的理论视野转换是关键（钟顺昌、王德起，2016），而这需要加强对传统工业园区的用地"一股独大"的结构予以调整和重塑，为相关功能集聚奠定基础。

————————

　　① 产业园区是一个抽象的概念，在实践中，它包括诸如国家级经济技术开发、高新技术产业开发、保税区、出口加工区以及省级各类产业园区等各种类型的开发区，这些园区都隶属于不同的管理部门，本书在此不做详细说明，在国内一部分学者也把产业园区称为工业园区，本书对此不做明确区分。

表 8 - 1   关于产城融合发展的政府出台政策演变

时期	政策文件	政策要求
"十一五"	《国务院办公厅转发〈商务部等部门关于促进国家级经济技术开发区进一步提高发展水平若干意见〉的通知》（国办发〔2005〕15号）	促进国家级经济技术开发区向多功能综合性产业区转变
"十二五"	《国家级经济技术开发区和边境经济合作区"十二五"规划》	促进多功能综合性产业区向多功能综合性区域转变
党的十八届三中全会	《中共中央关于全面深化改革若干重大问题的决定》	建立有效调节工业用地和住宅用地合理比价机制
"十三五"前夕	中共中央、国务院印发《国家新型城镇化规划（2014—2020年）》	统筹生产区、办公区、生活区、商业区等功能区规划建设，推进功能混合和产城融合，在集聚产业的同时集聚人口，防止新城新区空心化
党的十九大前夕	《国务院办公厅关于促进开发区改革和创新发展的若干意见》（国发办〔2017〕7号）	优化开发区形态和布局，科学把握开发区功能定位，突出生产功能，统筹生活区、商务区和办公区等城市功能建设，促进新型城镇化发展

　　产城融合发展作为未来空间发展的主要模式，即不同功能在一定空间边界上集聚，需要相应的部门的规划能够有效地衔接融合，与此同时，现行的用地划分不利于功能混合发展的要求，在未来需要在用地管理上做一定的调整，顺应产城融合发展。改革空间管理体制，以空间多规融合加快产城融合发展。规划的本质在于对空间资源的调控和安排。一个空间而多个规划并存使空间治理低效已成为学术界的共识，如何加强诸如土地利用规划、城市建设规划等的协调统一，进而实现多规融合是一个重要的理论和现实问题。多规合一是规划事权再塑造、空间秩序再安排、物质环境再建构和空间相互关系再调整的过程。因此，多规融合是对传统规划范式的反思，传统空间功能的单一

性是空间规划单一性的结果。其对应的空间规划范式更多的是一种机械的功能主义规划，随着时代的变迁，产业逐步低碳化，需要加强以多规融合为根本的新城市主义空间规划在当代城市规划中的地位，逐步破解传统规划范式下空间功能"一股独大"的弊端，提高土地利用的系统性，增强功能集聚性，协调不同土地利用部门之间的关系。当前，在整个城市层面，工业园区是用地结构调整最为关键的一部分。工业园区是拓展城市发展的重要潜在新空间，政府要不断下放权力，将工业区归口到地方行政区所在地，由此确定管委会的行政管理权与经济管理权限，负责工业区的经济社会事务，坚持以"多规融合"引领产业园区产城融合，使产业发展与城镇建设在同一空间上并存，形成产与城的协同互动发展机制，促进工业园区向城市新区转变，增强人口聚集能力。

五　强化产业用地结构调整

在城市化的进程中，在强调城市空间功能分工要实现协调互补、共轭发展的同时，在产业用地内部，要加强产业用地的多样化集聚，以支持产业的多样化集聚发展。这种产业用地多样化集聚，本质在于增强产业发展的雅各布斯外部性。美国"汽车城"的破产，我国矿业与烟草"一股独大"的山西省和云南省以及重工业基地东北三省，经济增长缓慢，无不与产业结构单一、产业专业化集聚息息相关。这种"一股独大"的专业化集聚产业发展模式难以抵御市场的风险。近年来，房地产业不景气，导致钢铁产业一蹶不振，由此煤炭行业跟着不景气。在未来的城市化发展过程中，要支持多样化产业集聚的用地结构调整，实证结果表明，采矿业无论是专业化集聚还是多样化集聚都不利于城市化进程，因此，在城市供地方面，要适度减少这类行业的供地，加快这些行业领域的转型，培育新型产业。

加强产业用地结构调控，加强对产能过剩行业企业的关停并转，严格限制"三高"行业的用地增长。通过制度创新，改善产业用地结构，为新兴产业和新业态提供更多的用地空间，促成新兴产业的发展，实现经济转型。有数据显示，当前我国产业用地供给存在结构性失衡，新兴产业和高技术产业用地远远低于高耗能产业供地用地。

2008 年国际金融危机以来，我国的钢铁、有色、建材、化工、石油、电力等高耗能领域占工业用地面积高达 36.6%，而高技术制造业所占用地仅为工业用地面积的 24.2%。就产值而言，2013 年，我国工业用地效益产出分别仅为国土面积狭小的英国、日本和新加坡 2007 年工业产值的 1/3、1/10 和 1/17。此外，要着力加强城市闲置低效利用的土地盘活置换，加大对事关民生的产业用地的支持力度，强化公共管理用地的集约节约，为文化体育娱乐、卫生和社会保障等产业用地提供更多的空间（李蕾、张迪，2017）。

六　建立住宅用地与工业用地供应挂钩机制

要着手建立工业用地与住宅用地供应相挂钩的机制，协调城市内部生产功能与生活功能的协调性，现有的以 GDP 为导向的政府官员的政绩考核激励约束机制和国家的财政税收体制，迫使地方政府在城市土地利用结构性供给中，尤其是住宅用地与工业用地供给中，形成明显的投机取巧的行为，低价招商引资和高价出让反映民生的住宅用地是地方政府在分税制体制下，通过强制性的一次性收益来取得长期性税收收入的理性经济行为。这种理性经济行为换来的却是城市用地结构的不协调，由此带来的是整个城市空间结构运行效率的低下。地方政府供地偏好在城市建设用地的供应结构失衡以及房价偏高和房地产泡沫中起着不容忽视的作用。可以说，房地产热、开发区热的深层次原因是地方政府财政体制、住房政策、土地供应政策的制度缺陷，以及这些政策在实施、监督与管理层面的不足，鉴于目前税收政策、GDP 政绩考核制度改革的缓慢，可以考虑住宅用地与工业用地的挂钩机制，尤其是保障性住宅用地的供应与工业用地的供应挂钩。这样，人口与产业发展才能得到更好的协调，城市化进程才能顺利推进。

七　加强公众参与城市用地结构调整的力度

调和空间关系，实现空间资源配置效应的最大化，降低空间交易成本是城市规划的基本目标，因此，城市规划原则上具有社会公共性，也不是为规划而规划。从规划师的角度来看，这需要做到为人民规划，能够站在中立公平和城市发展伦理的角度，调和政府、企业和居民的空间利益关系和维护空间正义，不仅懂得如何通过城市规划能够提高经济绩效，又能够反映普通大众的空间需求。然而，很多时候，规划师是政府利益导向的规划师，他们代表的不一定是普通大众的利益。因而，这使空间规划难以综合考虑普通大众在用地方面的权益，表现在空间上即出现城市用地结构的不合理，难以顺应城市化进程推进的需要。因此，加强城市规划的公众参与力度，对于实现城市规划的工具理性和价值理性具有重要意义。

我国城市化进程中的土地利用结构安排不合理，尤其是住宅用地与工业用地的错配，一方面反映了政府与公众在资源分配博弈中的地位权力大小的不对等；另一方面反映了城市化规划过程中基于民主性、法制性的缺失导致的城市规划的科学性不足。民主性的一个重要体现是公众参与程度，是对民众空间诉求的响应，导致在城市用地结构上的不合理安排。城市土地利用结构的不合理性是作为空间利用主体的政府公众产业开发商之间相互关系的畸形，需要调整传统中政府、公众与开发商之间的关系（见图 8－1），促进政府在国家地位中的理性回归，提升公众在城市规划中的主体地位，探索诸如公众参与的社会化管理政策，是作为社会精英的规划师在规划中坚持价值理性与工具理性的关键，由此提高城市规划民主性、公开性，进而保障城市空间规划的科学性。

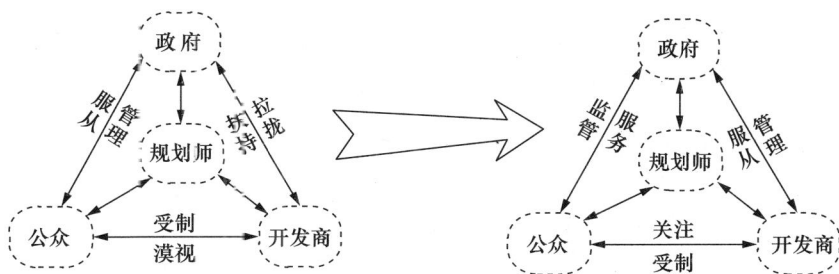

图 8－1　空间规划利益主体关系调整

资料来源：吴可人（2005）。

八　调整土地供应模式，实现以地促产格局

在供给侧结构性改革的背景下，随着土地的稀缺性增强，强化土地在经济发展中的战略主导地位，形成土地与产业相互支持、促进城市化发展的新格局，而完善土地供应方式对产业发展具有重要意义。

研究制定新的用地分类标准，促进空间功能混合发展。空间功能混合发展是新型城镇化背景下现代城市以及产业园区发展的基本趋势，然而，根据国家现行的《城市用地分类与规划建设标准（2011年修订版）》，其中，工业仓储用地中只包括"工业用地和物流仓储用地"两类，这给土地使用性质转变、土地出让等带来了困难，不利于新兴产业的发展和空间功能混合。按照现行政策规定，服务业用地属于经营性用地，工业园区内不能利用工业用地发展生产性服务业；如果转变土地利用性质，其程序又比较复杂，同时转变性质后还须补交土地出让金等，这必然会削弱企业发展生产性服务业的积极性。因此，根据产业集群和新兴产业的发展要求，以及产城融合发展新趋势，研究制定新的用地分类标准，对城镇化发展具有重要意义。

以延伸产业链、促进产业多样化集聚发展为导向，调整土地供应方式，实现以地促产格局。一方面，要通过地价机制，促使产能过剩行业、高污染行业退出，为其他产业和城市功能的发挥提供空间；另一方面，为推进产业集聚发展，在用地上对符合产业集聚发展目标导向和符合城市健康发展的产业项目，要逐步改革工业用地单纯以"价高者得"为原则的供地模式，努力探索实施"综合评估、价格优先"的方式出让。同时，要逐步化解工业用地批租年限相对较长与企业生命周期相对较短之间的矛盾①，以促进产业结构的调整和转型升级，确保工业用地能够随着产业生命周期的结束而发生动态调整和流转，增强其流动性。因此，可推行工业用地租赁制度，赋予工业用地的租赁权利，园区代表政府将土地租赁给符合园区产业规划的企业使用，租期根据产业类型及企业规模等要素进行协商约定，租金实行年付

---

① 有资料显示，中国企业平均寿命为7—8年，特别是民营企业的平均寿命仅3.7年。而工业用地出让是将土地一次性作价出让50年给企业。

制，每年可根据市场情况调整租金大小，租期期满后，可收回土地进行后续开发。这样，既可以减少企业用地成本，也可提高产业用地流转效率，减少闲置地发生（卢为民，2014）。

第三节 研究展望

有关城市化的动力机制是一个复杂的问题，城市用地结构对城市化的影响机制也相当复杂，本书在试图努力重塑土地这一要素在城市区域经济中的地位，尤其是在土地供给侧结构性改革的大背景下，这一工作尤为必要。但基于相关数据的制约等因素的影响，本书尚有诸多不足之处，当前我国城市化整体上刚过50%，进入城市社会，而且还有相当一部分城市和地区城市化还处于50%以下，因此，关于城市化问题的研究依然是一个重要的理论和现实问题，同时面临我国土地资源紧缺的现实，关注两者的关系仍有必要，未来需要从以下六个方面进一步加以研究和探索。

（1）本书仅仅从土地利用数量结构上给予了把握，而土地利用的空间结构问题也是一个极其重要的问题，当然，空间结构要以数量结构为前提。在后续的研究中，需要把握空间关联结构对城市化的影响，如何考察空间关联结构是一个难点。

（2）本书主要从省级区域的宏观层面考察了城市用地结构对城市化的影响，为了增强结论的可操作性，如果大量数据的可获得性强，可以从分城市规模、分城市职能的角度考察不同的用地结构对城市化的影响。这样，更具有具体的、因地制宜的指导性意义。

（3）本书主要涉及了土地利用结构演变对城市化数量的影响，后续的研究可以进一步考察土地利用结构与城市化发展质量的关系。

（4）正如本书前面所讨论的产业集聚是基于土地利用与城市化关系的中介力量，因此，通过大量的数据挖掘，考察工业内部各行业的用地结构对城市化的影响，对土地利用结构优化，促进城市化健康发展具有重要的指导意义。

（5）关于城市土地资源错配的研究有待进一步深入。本书基于城市空间功能的视角，较为粗略地提出了城市土地资源错配的问题。而有关工业产业用地内部的土地利用配置结构对工业经济绩效有着怎样的影响，是一个值得深入探讨的问题。

（6）本书主要从宏观层面把握了城市土地利用结构的变化对城市化进程产生的主要影响。产业园区，作为一个独立的承担人口城市化进程的空间载体，它是未来城市发展的潜在新空间，随着时间的迁移，产业园区的用地结构将日益发生调整，那么值得我们考虑的是产业园区的土地利用结构变迁是否推动了园区人口城市化进程？

附　　录

表 A－1　　　　　　　2005 年东部地区用地结构相似性系数

	北京	天津	河北	江苏	浙江	福建	山东	广东	海南
北京	—								
天津	0.9332	—							
河北	0.9223	0.9977	—						
江苏	0.9194	0.9869	0.988	—					
浙江	0.898	0.9773	0.9811	0.9968	—				
福建	0.9183	0.9851	0.9878	0.9704	0.9685	—			
山东	0.9255	0.9933	0.995	0.9897	0.988	0.9919	—		
广东	0.9251	0.9983	0.9991	0.9926	0.9886	0.9871	0.9959	—	
海南	0.8277	0.8943	0.9026	0.8514	0.8505	0.949	0.9115	0.8944	—

表 A－2　　　　　　　2005 年中部地区用地结构相似性系数

	山西	内蒙古	辽宁	吉林	黑龙江	安徽	福建	江西	河南	湖北	湖南
山西	—										
内蒙古	0.986	—									
辽宁	0.994	0.981	—								
吉林	0.991	0.982	0.992	—							
黑龙江	0.985	0.995	0.984	0.991	—						
安徽	0.993	0.989	0.996	0.989	0.988	—					
福建	0.983	0.982	0.981	0.966	0.968	0.99	—				
江西	0.986	0.986	0.984	0.984	0.982	0.994	0.991	—			
河南	0.992	0.98	0.989	0.986	0.976	0.992	0.99	0.995	—		
湖北	0.996	0.98	0.991	0.985	0.975	0.993	0.991	0.992	0.997	—	
湖南	0.986	0.975	0.976	0.973	0.964	0.983	0.99	0.991	0.994	0.995	—

表 A - 3 　　　　2005 年西部地区用地结构相似性系数

	广西	海南	重庆	四川	贵州	云南	西藏	陕西	甘肃	青海	宁夏	新疆
广西	—											
海南	0.873	—										
重庆	0.991	0.845	—									
四川	0.999	0.875	0.987	—								
贵州	0.981	0.931	0.968	0.977	—							
云南	0.976	0.933	0.976	0.974	0.979	—						
西藏	0.928	0.865	0.956	0.918	0.925	0.968	—					
陕西	0.977	0.923	0.950	0.983	0.967	0.971	0.893	—				
甘肃	0.997	0.894	0.991	0.995	0.987	0.985	0.944	0.976	—			
青海	0.955	0.824	0.982	0.946	0.933	0.966	0.984	0.903	0.962	—		
宁夏	0.987	0.900	0.985	0.986	0.973	0.985	0.951	0.969	0.991	0.966	—	
新疆	0.984	0.906	0.989	0.980	0.980	0.993	0.974	0.960	0.992	0.979	0.994	—

表 A - 4 　　　　　　用地类型与产业类型

用地类型		产业类型	
一级类别名称	二级类别名称	大类	门类
商服用地	批发零售	批发零售	第三产业
	住宿餐饮用地	住宿餐饮业	
	商务金融用地	金融业、商务服务业	
	其他商服用地	其他商务服务业	
工矿仓储用地	工业用地	工业	第二产业
	采矿用地	工业	
	仓储用地	交通运输、仓储和邮政	第三产业
住宅用地	城镇住宅用地	房地产业	第三产业
	农村宅基用地	—	
公共管理及公共服务用地	机关团体用地	公共管理与社会组织	第三产业
	新闻出版用地	文化、体育与娱乐业	
	科教用地	教育	
	卫生慈善用地	卫生、社会保障和社会福利业	
	文体娱乐用地	文化、体育与娱乐业	
	公共设施用地	—	

续表

用地类型		产业类型	
一级类别名称	二级类别名称	大类	门类
公共管理及公共服务用地	公园与绿地	文化、体育与娱乐业	第三产业
	风景名胜设施用地	文化、体育与娱乐业	
特殊用地	军事设施用地	—	第三产业
	使领馆用地	—	
	监教场用地	—	
	宗教用地	—	
	殡葬用地	卫生、社会保障和社会福利业	
交通运输用地	铁路用地	交通运输业	第三产业
	公路用地	—	
	街巷用地	—	
	机场用地	—	
	港口码头用地	交通运输业	
	管道运输用地	—	
水域及水利设施用地	水库水面	水利、环境和公共设施管理业	第三产业
	水工建筑物用地		

表 A－5　　　　　2000—2014 年我国及各省份城市化水平　　　单位：%

地区	2000 年	2005 年	2006 年	2007 年	2008 年	2009 年	2010 年	2011 年	2012 年	2013 年	2014 年
中国	36.22	42.99	44.34	45.89	46.99	48.34	49.95	51.27	52.57	53.73	54.77
北京	77.54	83.62	84.33	84.50	84.90	85.00	85.96	86.20	86.20	86.30	86.35
天津	71.99	75.11	75.73	76.31	77.23	78.01	79.55	80.50	81.55	82.01	82.27
河北	26.08	37.69	38.77	40.25	41.90	43.74	44.50	45.60	46.80	48.12	49.33
山西	34.91	42.11	43.01	44.03	45.11	45.99	48.05	49.68	51.26	52.56	53.79
内蒙古	42.68	47.20	48.64	50.15	51.71	53.40	55.50	56.62	57.74	58.71	59.51
辽宁	54.24	58.70	58.99	59.20	60.05	60.35	62.10	64.05	65.65	66.45	67.05
吉林	49.68	52.52	52.97	53.16	53.21	53.32	53.35	53.40	53.70	54.20	54.81
黑龙江	51.94	53.10	53.50	53.90	55.40	55.50	55.60	56.50	56.90	57.40	58.01
上海	88.31	89.09	88.70	88.70	88.60	88.60	89.30	89.30	89.30	89.60	89.60
江苏	41.50	50.50	51.90	53.20	54.30	55.60	60.58	61.90	63.00	64.11	65.21

续表

地区	2000 年	2005 年	2006 年	2007 年	2008 年	2009 年	2010 年	2011 年	2012 年	2013 年	2014 年
浙江	48.70	56.02	56.50	57.20	57.60	57.90	61.62	62.30	63.20	64.00	64.87
安徽	28.00	35.50	37.10	38.70	40.50	42.10	43.01	44.80	46.50	47.86	49.15
福建	42.00	49.40	50.40	51.40	53.00	55.10	57.10	58.10	59.60	60.77	61.80
江西	27.67	37.00	38.68	39.80	41.36	43.18	44.06	45.70	47.51	48.87	50.22
山东	38.00	45.00	46.10	46.75	47.60	48.32	49.70	50.95	52.43	53.75	55.01
河南	23.20	30.65	32.47	34.34	36.03	37.70	38.50	40.57	42.43	43.80	45.20
湖北	40.22	43.20	43.80	44.30	45.20	46.00	49.70	51.83	53.50	54.51	55.67
湖南	29.75	37.00	38.71	40.45	42.15	43.20	43.30	45.10	46.65	47.96	49.28
广东	55.00	60.68	63.00	63.14	63.37	63.40	66.18	66.50	67.40	67.76	68.00
广西	28.15	33.62	34.64	36.24	38.16	39.20	40.00	41.80	43.53	44.81	46.01
海南	40.11	45.20	46.10	47.20	48.00	49.13	49.80	50.50	51.60	52.74	53.76
重庆	33.09	45.20	46.70	48.30	49.99	51.59	53.02	55.02	56.98	58.34	59.60
四川	26.69	33.00	34.30	35.60	37.40	38.70	40.18	41.83	43.53	44.90	46.30
贵州	23.87	26.87	27.46	28.24	29.11	29.89	33.81	34.96	36.41	37.83	40.01
云南	23.36	29.50	30.50	31.60	33.00	34.00	34.70	36.80	39.31	40.48	41.73
西藏	19.33	20.85	21.13	21.50	21.90	22.30	22.67	22.71	22.75	23.71	25.75
陕西	32.30	37.23	39.12	40.62	42.10	43.50	45.76	47.30	50.02	51.31	52.57
甘肃	24.01	30.02	31.09	32.25	33.56	34.89	36.12	37.15	38.75	40.13	41.68
青海	34.76	39.25	39.26	40.07	40.86	41.90	44.72	46.22	47.44	48.51	49.78
宁夏	32.43	42.28	43.00	44.02	44.98	46.10	47.90	49.82	50.67	52.01	53.61
新疆	33.82	37.15	37.94	39.15	39.64	39.85	43.01	43.54	43.98	44.47	46.07

注：数据来自历年《中国统计年鉴》。

参考文献

［1］［美］M. 歌德白戈、P. 钦洛依:《城市土地经济学》,中国人民大学出版社 1990 年版。

［2］边学芳、吴群、刘玮娜:《城市化与中国城市土地利用结构的相关分析》,《资源科学》2005 年第 3 期。

［3］岑树田、李晔:《土地利用结构变化与中国经济增长:模型及应用》,《南方经济》2013 年第 4 期。

［4］陈斌开、林毅夫:《发展战略、城市化与中国城乡收入差距》,《中国社会科学》2013 年第 4 期。

［5］陈斌开、林毅夫:《重工业优先发展战略、城市化和城乡工资差距》,《南开经济研究》2010 年第 1 期。

［6］陈波翀、郝寿义:《自然资源对中国城市化水平的影响研究》,《自然资源学报》2005 年第 3 期。

［7］陈丽红、石培基:《兰州市产业结构与土地利用结构的相关性研究》,《国土与自然资源研究》2008 年第 3 期。

［8］陈龙:《供给侧结构性改革:宏观背景、理论基础与实施路径》,《河北经贸大学学报》2016 年第 5 期。

［9］陈奇斌:《供给侧结构性改革中的政府与市场》,《学术研究》2016 年第 6 期。

［10］陈彦光、刘明华:《城市土地利用结构的熵值定律》,《人文地理》2001 年第 4 期。

［11］陈章喜:《我国城市用地结构调整的研究》,《暨南学报》(哲学社会科学版)2001 年第 6 期。

［12］陈振华:《从生产空间到生活空间——城市职能转变与空间规划

策略思考》，《城市规划》2014 年第 4 期。

[13] 程德理：《基于产业集群的城市化动力机制研究》，《上海管理科学》2008 年第 6 期。

[14] 程洁如：《梅州市城市化发展与土地利用研究》，《经济地理》2009 年第 10 期。

[15] 程开明、李金昌：《城市偏向、城市化与城乡收入差距的作用机制及动态分析》，《数量经济技术经济研究》2007 年第 7 期。

[16] 程开明：《城市专业化、多样性与技术创新能力——基于 195 个地级以上城市面板数据的实证分析》，《经济统计学》（季刊）2013 年第 1 期。

[17] 楚建群、许超诣、刘云中：《论城市工业用地"低价"出让的动机和收益》，《经济纵横》2014 年第 5 期。

[18] 崔功豪、王本琳、查彦玉：《城市地理学》，江苏教育出版社1992 年版。

[19] 崔云：《中国经济增长中土地资源的"尾效"分析》，《经济理论与经济管理》2007 年第 11 期。

[20] 单丁洁、徐勉：《以供给侧结构性改革推动城市土地供应制度创新》，《中国土地》2016 年第 8 期。

[21] 但承龙、熊华：《海南土地利用结构与产业发展关系研究》，《资源科学》2010 年第 4 期。

[22] 邓翔、朱高峰、路征：《土地供应、产业结构与城镇化的关系——基于中国 31 个省级行政区的实证分析》，《城市与环境研究》2014 年第 2 期。

[23] 邓元媛、杨帆、常江：《老工业基地城市改造中企业园区的城市化研究》，《工业建筑》2015 年第 8 期。

[24] 刁承泰、葛永军、黄京鸿：《重庆市城市用地与城市发展的互动关系》，《长江流域资源与环境》2001 年第 6 期。

[25] 刁琳琳：《中国城市空间重构对经济增长的效应机制分析》，《中国人口·资源与环境》2010 年第 5 期。

[26] 丁守海、丁洋、沈煜、南毓：《新常态背景下服务业就业的滞

后风险》，《中国软科学》2016 年第 9 期。

［27］ 方敏、胡涛：《供给侧结构性改革的政治经济学》，《山东社会科学》2016 年第 6 期。

［28］ 方明：《城市用地结构影响经济竞争力的机理与实证研究》，博士学位论文，浙江大学，2015 年。

［29］ 冯广京：《土地领域供给侧结构性改革的重心和方向》，《中国土地科学》2016 年第 11 期。

［30］ 冯志峰：《供给侧结构性改革的理论逻辑与实践路径》，《经济问题》2016 年第 2 期。

［31］ 傅晓珊：《城市土地利用与产业结构均衡性研究》，硕士学位论文，中国地质大学（北京），2011 年。

［32］ 高翔、鱼腾飞、程慧波：《城镇体系结构及与城市化的耦合机制——以西陇海兰新经济带甘肃段为例》，《地理科学进展》2009 年第 5 期。

［33］ 葛立成：《产业集聚与城镇化的地域模式：以浙江省为例》，《中国工业经济》2004 年第 1 期。

［34］ 郭瑞雪、李枝枝：《近年来我国城市经济增长与用地结构情况分析》，《国土资源情报》2015 年第 5 期。

［35］ 何芳：《城市土地经济与利用》，同济大学出版社 2004 年版。

［36］ 何景熙、何懿：《产业—就业结构变动与中国城市化发展趋势》，《中国人口·资源与环境》2013 年第 6 期。

［37］ 胡鞍钢、周绍杰、任皓：《供给侧结构性改革——适应和引领中国经济新常态》，《清华大学学报》（哲学社会科学版）2016 年第 2 期。

［38］ 胡俊波、竹俊：《现行土地制度是阻碍我国城市化进程的深层次原因》，《育业研究》2006 年第 9 期。

［39］ 黄发儒：《推进土地供给侧结构性改革的思考》，《中国土地》2016 年第 12 期。

［40］ 黄燕芬、李怡达、夏方舟：《土地领域供给侧结构性改革研究——基本内涵、关键问题与核心对策》，《价格理论与实践》

2016 年第 9 期。

[41] ［美］ P. 霍尔：《多中心大都市：来自欧洲巨型城市区域的经验》，中国建筑工业出版社 2010 年版。

[42] 贾康：《中国供给侧结构性改革中创新制度供给的思考》，《区域经济评论》2016 年第 3 期。

[43] 贾宇清、贾廷源：《底特律破产对城市发展的启示》，《中国国情国力》2014 年第 7 期。

[44] 江林茜：《自然资源与经济增长的关系分析——李嘉图模型的再思考》，《成都理工学院学报》2000 年第 S1 期。

[45] 江曼琦：《城市空间结构优化的经济分析》，人民出版社 2001 年版。

[46] 江曼琦：《聚集效应与城市空间结构的形成与演变》，《天津社会科学》2001 年第 4 期。

[47] 蒋南平、曾伟：《土地资源与城市化发展：理论分析与中国实证研究》，《经济学家》2012 年第 4 期。

[48] 瞿颖：《基于产城融合理念的土地利用结构优化研究——以扬中市为例》，硕士学位论文，南京师范大学，2015 年。

[49] 雷鸣、杨昌明、王丹丹：《我国经济增长中能源尾效约束的计量分析》，《能源技术与管理》2007 年第 5 期。

[50] 李陈：《马克思主义政治经济学经济发展方式理论的演进与创新》，《西部论坛》2017 年第 1 期。

[51] 李诚固、韩守庆、郑文升：《城市产业结构升级的城市化响应研究》，《城市规划》2004 年第 4 期。

[52] 李传裕：《江西省城市化发展与土地利用研究》，《中国人口·资源与环境》2005 年第 2 期。

[53] 李春临、刘航、许薛璐：《土地供应结构对产能过剩的影响——基于省级数据的分析》，《城市问题》2017 年第 1 期。

[54] 李国平：《转变投资、发展的城市偏向缩小城乡收入差距》，《前沿》2005 年第 8 期。

[55] 李江、郭庆胜：《基于信息熵的城市用地结构动态演变分析》，

《长江流域资源与环境》2002 年第 5 期。

[56] 李金艳、宋德勇：《专业化、多样化与城市集聚经济——基于中国地级单位面板数据的实证研究》，《管理世界》2008 年第 2 期。

[57] 李克强：《城镇化是现代化应有之义和基本之策》，http：//www. chinanews. com/gn/2012/09 – 19/4196978. shtml，2010 – 10 – 26/2011 – 3 – 9。

[58] 李蕾、张迪、郭瑞雪：《供给侧结构性改革背景下的产业用地供应》，《中国土地》2016 年第 8 期。

[59] 李敏飞：《土地资源优化配置促进城镇化进程研究》，博士学位论文，福建师范大学，2013 年。

[60] 李培祥：《城市土地利用结构转换与产业结构演变关系分析——以广东城市为例》，《资源与产业》2010 年第 2 期。

[61] 李强、陈宇琳、刘精明：《中国城镇化“推进模式”研究》，《中国社会科学》2012 年第 7 期。

[62] 李若建：《就业结构变迁对中国城市化地区差异的影响分析》，《中山大学学报》（社会科学版）2006 年第 5 期。

[63] 李文彬、陈浩：《产城融合内涵解析与规划建议》，《城市规划学刊》2012 年第 S1 期。

[64] 李宪印：《城市化、经济增长与城乡收入差距》，《农业技术经济》2011 年第 8 期。

[65] 李秀霞、徐艺、江恩赐：《产业结构与土地利用结构“同步”与“错位”的理论和实证研究——以吉林省四平市为例》，《国土资源科技管理》2013 年第 2 期。

[66] 李永乐、刘建生、吴群、舒帮荣：《不同类型房价对城镇化的影响研究——来自中国省际面板数据的证据》，《中国土地科学》2014 年第 4 期。

[67] 李永乐、吴群、舒帮荣：《城市化与城市土地利用结构的相关研究》，《中国人口·资源与环境》2013 年第 4 期。

[68] 历伟：《城市化进程与土地持续利用》，博士学位论文，南京农业大学，2012 年。

［69］ 梁川：《乐山市城市用地结构与产业结构关联研究》，硕士学位论文，四川师范大学，2015 年。

［70］ 林善浪、姜冲：《产城融合是新型城镇化的重要路径》，《中国国情国力》2014 年第 11 期。

［71］ 刘海楠：《土地整治促进区域经济协调发展的机制及路径研究》，博士学位论文，首都经济贸易大学，2014 年。

［72］ 刘华军、何礼伟、杨骞：《中国人口老龄化的空间非均衡及分布动态演进：1989—2011》，《人口研究》2014 年第 2 期。

［73］ 刘华军、张权、杨骞：《城镇化、空间溢出与区域经济增长——基于空间回归模型偏微分方法及中国的实证》，《农业技术经济》2014 年第 10 期。

［74］ 刘力、程华强：《产业集群生命周期演化的动力机制研究》，《上海经济研究》2006 年第 6 期。

［75］ 刘瑞明、石磊：《中国城市化迟滞的所有制基础：理论与经验证据》，《经济研究》2015 年第 4 期。

［76］ 刘士林：《中国城市发展的空间问题与时间问题》，《学术界》2015 年第 7 期。

［77］ 刘新卫、张定祥、陈百明：《快速城镇化过程中的中国城镇土地利用特征》，《地理学报》2008 年第 3 期。

［78］ 刘彦随、乔陆印：《中国新型城镇化背景下耕地保护制度与政策创新》，《经济地理》2014 年第 4 期。

［79］ 刘耀彬、陈斐：《中国城市化进程中的资源消耗"尾效"分析》，《中国工业经济》2007 年第 11 期。

［80］ 刘耀彬、刘莹、胡观敏：《资源环境约束下的江苏省城市化适宜水平测度与分析》，《华东经济管理》2011 年第 10 期。

［81］ 龙奋杰：《建设用地供给对城市增长的作用机理与实证研究》，硕士学位论文，清华大学，2009 年。

［82］ 卢为民：《土地利用创新为产业集群助力——基于上海的调研和思考》，《中国土地》2014 年第 12 期。

［83］ 卢为民：《推动供给侧结构性改革的土地制度创新路径》，《城

市发展研究》2016 年第 6 期。

[84] 鲁春阳：《城市用地结构演变与产业结构演变的关联研究》，博士学位论文，西南大学，2011 年。

[85] 鲁春阳、杨庆媛、靳东晓、李新阳、文枫：《中国城市土地利用结构研究进展及展望》，《地理科学进展》2010 年第 7 期。

[86] 鲁春阳、杨庆媛、文枫：《城市化与城市土地利用结构关系的协整检验与因果分析——以重庆市为例》，《地理科学》2010 年第 4 期。

[87] 陆大道、姚士谋：《中国城镇化进程的科学思辨》，《人文地理》2007 年第 4 期。

[88] 陆铭、陈钊：《城市化、城市倾向的经济政策与城乡收入差距》，《经济研究》2004 年第 6 期。

[89] 陆铭、向宽虎、陈钊：《中国的城市化和城市体系调整：基于文献的评论》，《世界经济》2011 年第 6 期。

[90] 吕苑鹃：《土地在供给侧结构性改革中不可或缺》，《中国国土资源报》2016 年 3 月 16 日第 2 版。

[91] 孟媛、张凤荣、姜广辉、陈铁森：《北京市产业结构与土地利用结构的关系研究》，《地域研究与开发》2011 年第 3 期。

[92] 聂翔宇、刘新静：《城市化进程中"鬼城"的类型分析及其治理研究》，《南通大学学报》（社会科学版）2013 年第 4 期。

[93] 牛凤瑞、潘家华：《中国城市发展报告》，社会科学文献出版社2007 年版。

[94] 潘乐：《城市用地结构与城市功能的研究》，《四川师范大学学报》（自然科学版）1999 年第 5 期。

[95] 逢锦聚：《经济发展新常态中的主要矛盾和供给侧结构性改革》，《政治经济学评论》2016 年第 2 期。

[96] 彭官章：《中国原始城市形成管窥》，《求索》1991 年第 2 期。

[97] 彭坤焘、赵民：《关于"城市空间绩效"及城市规划的作为》，《城市规划》2010 年第 8 期。

[98] 彭山桂：《地方政府建设用地供给行为及其对要素流动的影响

机制研究》，博士学位论文，中国矿业大学，2016 年。

［99］彭山桂、汪应宏、陈晨、王健、雷刚、程道平：《山东省建设用地供给结构对人口流动的影响研究》，《资源科学》2016 年第 1 期。

［100］彭水军、包群：《资源约束条件下长期经济增长的动力机制——基于内生增长理论模型的研究》，《财经研究》2006 年第 6 期。

［101］秦静：《优化土地供应结构助推供给侧结构性改革——以安徽省为例》，《中国国土资源经济》2016 年第 6 期。

［102］任泽平：《楼市问题说到底是城市问题》，http：//www. fx8088. com/news/2017/01/22/952808. html，2017 - 01 - 22。

［103］任泽平：《土地错配是根源房产调控需供给侧改革》，http：// money. 163. com/17/0117/08/CAVG7BIP00258151. html，2017 - 01 - 17。

［104］沈可、章元：《中国的城市化为什么长期滞后于工业化？——资本密集型投资倾向视角的解释》，《金融研究》2013 年第 1 期。

［105］沈坤荣：《供给侧结构性改革是经济治理思路的重大调整》，《南京社会科学》2016 年第 2 期。

［106］石忆邵：《城市生态用地与城市竞争力关系》，《广东社会科学》2013 年第 6 期。

［107］宋戈：《中国城镇化过程中土地利用问题研究》，博士学位论文，东北农业大学，2004 年。

［108］孙维胜、滕越：《城市化进程与教育结构调整》，《当代教育科学》2003 年第 1 期。

［109］孙秀林、周飞舟：《土地财政与分税制：一个实证解释》，《中国社会科学》2013 年第 4 期。

［110］孙永强、巫和懋：《出口结构、城市化与城乡居民收入差距》，《世界经济》2012 年第 9 期。

［111］孙永正、勾丽：《工业地价与居住地价"剪刀差"的弊端及其治理》，《社会科学战线》2014 年第 8 期。

［112］孙志刚：《论城市功能的叠加性发展规律》，《经济评论》1999
年第 1 期。

［113］谭术魁、朱祥波、张路：《基于计量地理模型和信息熵的湖北
省土地利用结构地域差异研究》，《地域研究与开发》2014 年
第 1 期。

［114］唐建荣、廖祥宾、程静：《环境约束对工业化的阻尼效应研
究》，《管理现代化》2015 年第 4 期。

［115］唐志军、谌莹：《为什么中国的城市化进程滞后？——基于比
较和历史的视角》，《云南财经大学学报》2011 年第 1 期。

［116］万永坤、董锁成、王隽妮、毛琦梁、刘佳骏：《北京市水土资
源对经济增长的阻尼效应研究》，《资源科学》2012 年第 3 期。

［117］王超：《浙江省城市化与城市土地利用结构的相互关系研究》，
博士学位论文，浙江大学，2015 年。

［118］王德起：《城市化进程中土地增值机制的理论探析》，《城市发
展研究》2010 年第 4 期。

［119］王德起：《城市群发展中产业用地结构优化研究——一个逻辑
机制框架》，《城市发展研究》2013 年第 5 期。

［120］王德起、钟顺昌：《城市发展新空间及其现实驱动：观察远郊
工业区》，《改革》2016 年第 9 期。

［121］王缉慈：《地方产业群战略》，《中国工业经济》2002 年第
3 期。

［122］王家庭、崔凤玉：《我国人口教育结构与城市化关系的实证研
究》，《城市发展研究》2010 年第 12 期。

［123］王晋良：《大连城市化进程与土地利用的关系》，《中国人口·
资源与环境》2009 年第 1 期。

［124］王书汉：《现代城市功能结构的优化思路》，《鞍山师范学院学
报》2006 年第 5 期。

［125］王云平：《产业集群：发展动力、风险及防范》，《当代财经》
2006 年第 4 期。

［126］王志彬、迟超楠：《陕西省水土资源对经济增长的阻尼效应分

析》，《东北农业大学学报》（社会科学版）2015 年第 6 期。

[127] 王志宏：《城市化与农村土地流转制度关系研究》，《边疆经济与文化》2005 年第 3 期。

[128] 魏后凯：《中国城镇化：和谐之路》，社会科学文献出版社 2014 年版。

[129] 魏后凯：《中国城镇化进程中两极化倾向与规模格局重构》，《中国工业经济》2014 年第 3 期。

[130] 吴次芳、陆张维、杨志荣、郑娟尔、冯科：《中国城市化与建设用地增长动态关系的计量研究》，《中国土地科学》2009 年第 2 期。

[131] 吴可人、华晨：《城市规划中四类利益主体剖析》，《城市规划》2005 年第 11 期。

[132] 吴群、曹春艳：《税收偏好与我国城市用地结构演变——基于 35 个大城市的实证》，《东南学术》2015 年第 6 期。

[133] 郗磊：《土地供给调整优化产业结构机制研究》，硕士学位论文，首都经济贸易大学，2013 年。

[134] 夏绪梅：《农村土地制度对城市化的制约及对策研究》，《西安联合大学学报》2004 年第 3 期。

[135] 夏英煌、张家义：《城市化进程中农村土地制度改革的构想》，《中国地质矿产经济》2003 年第 7 期。

[136] 肖林：《新供给经济学：供给侧结构性改革经济学思想与理论创新》，《科学发展》2016 年第 5 期。

[137] 谢刚：《陕西省土地利用结构对经济增长的影响研究》，硕士学位论文，西北农林科技大学，2016 年，第 48 页。

[138] 熊鹰、文先明、郭娴：《湖南省城市化发展与土地利用关系》，《经济地理》2006 年第 6 期。

[139] 徐萍：《城市产业结构与土地利用结构优化研究——以南京为例》，硕士学位论文，南京农业大学，2004 年。

[140] 许冬兰、李琰：《山东省城市化和能源消耗的关系研究》，《中国人口·资源与环境》2010 年第 11 期。

[141] 许君燕：《城市化与土地资源利用的耦合办调机制研究》，《资源开发与市场》2010 年第 10 期。

[142] 许梦博、李世斌：《基于马克思社会再生产理论的供给侧结构性改革分析》，《当代经济研究》2016 年第 4 期。

[143] 杨星、林日丽、布慧敏：《城市化发展与土地资源匮乏：矛盾与解析——以广东省为例》，《经济问题探索》2006 年第 5 期。

[144] 杨杨：《土地资源对中国经济的"增长阻尼"研究》，博士学位论文，浙江大学，2008 年。

[145] 杨于成：《城市土地利用结构与产业结构关系研究》，硕士学位论文，华中农业大学，2012 年。

[146] 杨治、杜朝晖：《经济结构的进化与城市化》，《中国人民大学学报》2000 年第 6 期。

[147] 杨重光：《调整用地结构是 21 世纪初中国城市土地管理的主要内容》，《中国土地科学》2001 年第 1 期。

[148] 殷少美：《关于土地供给侧结构性改革的思考》，《中国物价》2016 年第 11 期。

[149] 于斌：《FDI 对我国城市化的影响研究》，硕士学位论文，湖南师范大学，2012 年。

[150] 《中共中央 国务院进一步加强城市规划管理工作的若干意见》，http：//news. xinhuanet. com/politics/2016 – 02/21/c_1118109 546. htm，2016 – 02 – 22。

[151] 曾伟：《土地资源对城市经济增长的影响分析：理论与实证》，《资源科学》2014 年第 7 期。

[152] 曾振、周剑峰、肖时禹：《产城融合背景下传统工业园区的转型与重构》，《规划师》2013 年第 12 期。

[153] 甄峰：《城市规划经济学》，东南大学出版社 2014 年版。

[154] 张弘：《开发区带动区域整体发展的城市化模式——以长江三角洲地区为例》，《城市规划汇刊》2001 年第 6 期。

[155] 张乐勤：《资源要素组合对城镇化演进"增长阻尼"测度及演化趋势探析》，《西南师范大学学报》（自然科学版）2015 年

第 8 期。

［156］ 张雷、张淑敏：《现代城镇化发育的土地资源基础》，《资源科学》2008 年第 4 期。

［157］ 张琳、李娟、李影：《土地资源对中国城市化进程的增长阻力分析》，《华东经济管理》2011 年第 12 期。

［158］ 张琳、许晶、王亚辉、李娟：《中国城镇化进程中土地资源尾效的空间分异研究》，《中国土地科学》2014 年第 6 期。

［159］ 张秋月、严金明：《东莞市双转型背景下产业结构与土地利用结构关系研究》，《经济研究参考》2013 年第 11 期。

［160］ 张生玲、李跃、酒二科、姬卿伟：《路径依赖、市场进入与资源型城市转型》，《经济理论与经济管理》2016 年第 2 期。

［161］ 张松林、李清彬、武鹏：《对中国城市化与服务业发展双重滞后的一个解释——基于新兴古典经济学的视角》，《经济评论》2010 年第 5 期。

［162］ 张文爱：《能源约束对经济增长的"阻尼效应"研究——以重庆市为例》，《统计与信息论坛》2013 年第 4 期。

［163］ 张颖、王群、王万茂：《中国产业结构与用地结构相互关系的实证研究》，《中国土地科学》2007 年第 2 期。

［164］ 张兆福：《我国城市化进程中的土地利用问题》，《国土与自然资源研究》2002 年第 1 期。

［165］ 赵崔莉、刘新卫：《基于城镇化视角的中国农村土地制度改革》，《中国人口·资源与环境》2011 年第 1 期。

［166］ 赵航：《产业集聚效应与城市功能空间演化》，《城市问题》2011 年第 3 期。

［167］ 赵红、陈雨蒙：《我国城市化进程与减少碳排放的关系研究》，《中国软科学》2013 年第 3 期。

［168］ 赵静：《兰州城市化进程中的土地资源"尾效"研究》，硕士学位论文，兰州大学，2014 年。

［169］ 赵可、张雄、张炳信：《城市化与城市建设用地关系实证——基于中国大陆地区 1982—2011 年时序数据》，《华中农业大学

学报》（社会科学版）2014 年第 2 期。

[170] 赵荣钦、黄贤金、钟太洋、揣小伟：《区域土地利用结构的碳效应评估及低碳优化》，《农业工程学报》2013 年第 17 期。

[171] 赵燕菁：《土地财政：历史、逻辑与抉择》，《城市发展研究》2014 年第 1 期。

[172] 郑新奇、孙元军、付梅臣、胡璇：《中国城镇建设用地结构合理性分析方法研究》，《中国土地科学》2008 年第 5 期。

[173] 钟水映、李晶：《经济结构、城市结构与中国城市化发展》，《人口研究》2002 年第 5 期。

[174] 钟顺昌、李坚、简光华：《产城融合视角下城镇化发展的新思考》，《商业时代》2014 年第 17 期。

[175] 钟顺昌、任媛：《产业专业化、多样化与城市化发展——基于空间计量的实证研究》，《山西财经大学学报》2017 年第 3 期。

[176] 钟顺昌、王德起：《产城分离视野下对增长极理论的重新审视》，《现代经济探讨》2015 年第 11 期。

[177] 周刊：《土地利用结构与产业结构相互关系研究》，硕士学位论文，东华理工大学，2015 年。

[178] 周葵、戴小文：《中国城市化进程与碳排放量关系的实证研究》，《中国人口·资源与环境》2013 年第 4 期。

[179] 周敏、雷国平、匡兵：《基于计量地理模型和区位熵的城市用地结构地域分异研究——以辽中南城市群为例》，《资源开发与市场》2016 年第 1 期。

[180] 周其仁：《产城融合增强综合改革穿透力》，《决策探索（下半月）》2015 年第 12 期。

[181] 周翔：《城市用地与城市发展关系初探》，《长沙铁道学院学报》（社会科学版）2005 年第 2 期。

[182] 周一星：《城市地理学》，商务印书馆 1995 年版。

[183] 朱道林、赵小双、林瑞瑞：《我国城市土地利用结构及其利用效益》，《现代城市研究》2013 年第 7 期。

[184] Alonsow, *Location and Land Use：Toward a General Theory of*

Land Rent, Cambridge: Haerard University Press, 1964.

[185] Appleyard, B., Zheng, Y., Watson, R. et al., "Smart Cities: Solutions for China's Rapid Urbanization", New York: National Resources Defense Council, 2007.

[186] Batty, M. and Longley, P. A., "The Morphology of Urban Land Use", Enviroment and Planning B: Planning and Design, Vol. 15, No. 4, Apr, 1988, pp. 461 –488.

[187] Bhatta, B., Saraswati, S. and Bandyopadhyay, D., "Urban Sprawl Measurement from Remote Sensing Data", *Applied Geography*, No. 4, Apr. 2010, pp. 731 – 740.

[188] Cai, H. and Treisman, D., "Does Competition for Capital Discipline Governments? Decentralization, Globalization, and Public Policy", *The American Economic Review*, Vol. 95, No. 3 Mar, 2005, pp. 817 – 30.

[189] Daniels, T., "Smart Growth: A New American Approach to RegionalPlanning", *Planning Practice and Research*, No. 4, Apr. 2001, pp. 271 – 279.

[190] David Romer, *Advanced Macroeconomics*, New York: The Mc Graw – Hill Companies, 2001.

[191] Downs, A., "What does Smart Growth Really Mean?", *Planning*, No. 4, Apr. 2001, pp. 67.

[192] Duranton, G. and Puga, D., Nursery Cities: Urban Diversity, Process Innovation, and the Life Cycle of Products, *The American Economist*, Vol. 91, No. 5 May 2001, pp. 1454 – 1477.

[193] Duranton, G. and Puga, D., "Diversity and Specialisation in Cities: Why, Where and When Does it Matter?", *Urban Studies*, No. 3, Mar. 2000, pp. 533 – 555.

[194] Feng Jian, "Spatial – temporal Evolution of Urban Morphology and Land Use Structure in Hangzhou", *Acta Geographica Sinica*, No. 3, Mar. 2003, pp. 343 – 353.

[195] Frenkel, A. and Ashkenazi, M., "Measuring Urban Sprawl: How can We deal with It?", Environment and Planning B: Planning and Design, No. 1, Jan. 2008, pp. 56 – 79.

[196] Geller, A. L., "Smart Growth: A Prescription for Livable Cities", American Journal of Public Health, Vol. 93, No. 9, Sep. 2003, pp. 1410 – 1415.

[197] Haiyan Zhang, Michinori Uwasu, Keishiro Hara and Helmut Yabar, "Land Use Change Patterns and Sustainable Urban Development in China", Journal of Asian Architecture and Building Engineering, No. 3, Mar. 2010, pp. 131 – 138.

[198] Hare, M., "Exploring Growth Management Roles in Ontario: Learning from 'Who Does What' Elsewhere," Toronto: Ontario Professional Planners Institute, 2001.

[199] Perloff, H. and Wingo, L., "Natural Resources Endowment and Regional Economic Growth", Background Areas in Advanced Countries, London, 1961.

[200] Jacobs, J., The Economy of Cities, New – York: Vintage, 1969.

[201] Jiang Guanghui, Ma Wenqiu, Wang Deqi, Zhou Dingyang, Zhang Ruijuan and Zhou Tao, "Identifying the Internal Structure Evolution of Urban Built – up Land Sprawl (UBLS) from a Composite Structure Perspective: A Case Study of the Beijing Metropolitan Area, China", Land Use Policy, Vol. 62, No. 1, Jan. 2017, pp. 258 – 267.

[202] Johnson, M. P., "Environmental Impacts of Urban Sprawl: A Survey of the Literature and Proposed Research Agenda", Environment and Planning A, No. 4, Apr. 2001, pp. 717 – 735.

[203] Krugman, Geography and Trade, Cambridge: The MIT Press, 1991.

[204] Krugman, "Increasing Returns and Economic Geopraphy", The Journal of Political Economy, Vol. 99, No. 3, Mar, 1991, pp. 483 – 499.

[205] Moglen, G. E., Gabriel, S. A. and Faria, J. A., "A Framework

Forquantitative Smart Growth in Land Development", *Journal of the American Water Resources Association*, No. 4, Apr, 2003, pp. 947 – 959.

[206] Naughton, B., "How Much can Regional Integration do to Unify China's Markets?", Paper presented for the Conference for Research on Economic Development and Policy Research, Stanford University. 1999.

[207] Peter Hall, "Creative Cities and Ecnomic Developmen", *Urban Studies*, Vol. 37, No. 4 2000, pp. 639 – 649.

[208] Poncet, S., "Measuring Chinese Domestic and International Integration", *China Economic Review*, Vol. 14, No. 1, Fab. 2003, pp. 1 – 21.

[209] Steven A. Gabriel, Jose A. Faria, Glenn E. Moglen, "A Multiobjective Optimization Approach to Smart Growth in Land Development", *Socio – Economic Planning Sciences*, No. 4, Apr. 2006, pp. 212 – 248.

[210] Wang, P., "Agglomeration in a Linear City with Heterogeneous Households", *Regional Science and Urban Economics*, Vol. 23, No. 2, Feb. 1993, pp. 291 – 306.

[211] Wang, Lu, Fang, Liting and Hu, Yueming, "Dynamic Land Use Change in Rapidly Urbanizing Region", 18th International Conference on Geoinformatics, UN 18 – 20, 2010.

[212] William Nordhuas, "Lethal Model 2: The Limits to Growth Revisited", Brookings Paperson Economic Activity, No. 2, Feb. 1992.

[213] Zhao Jing, Xu Jianhua and Mei Anxin, "A Study on the Information Entropy and Fractal Dimension of Land Use Structure and form in Shanghai", *Geographical Research*, No. 2, Feb. 2004, pp. 137 – 146.

[214] ZHOU Xian – peng, ZHAI Wen – xia and KE Xin – li, "Effectiveness of Land Use Structure Evolution to Industrial Structure Transformation", *Asian Agricultural* Research, No. 4, Apr. 2012, pp. 50 – 51 + 55.